Jungbauer

RVG, GKG und FamGKG
für RA-Fachangestellte

RVG, GKG und FamGKG für RA-Fachangestellte

Ausgewählte Prüfungsschwerpunkte des RVG, GKG und FamGKG

Übungsfälle und Lösungen

von

Sabine Jungbauer

Geprüfte Rechtsfachwirtin, München

4. Auflage

CFM

C.F. Müller Verlag · Heidelberg

Bibliografische Information der Deutschen Nationalbibliothek

Die Deutsche Nationalbibliothek verzeichnet diese Publikation in der Deutschen Nationalbibliografie; detaillierte bibliografische Daten sind im Internet über <http://dnb.d-nb.de> abrufbar.

Bei der Herstellung des Werkes haben wir uns zukunftsbewusst für umweltverträgliche und wiederverwertbare Materialien entschieden.

ISBN 978-3-8114-4551-2

E-Mail: kundenbetreuung@hjr-verlag.de

Telefon: +49 89/2183-7928
Telefax: +49 89/2183-7620

© 2009 C.F. Müller, eine Marke der Verlagsgruppe Hüthig Jehle Rehm GmbH
Heidelberg, München, Landsberg, Frechen, Hamburg

www.cfmueller.de
www.hjr-verlag.de

Dieses Werk, einschließlich aller seiner Teile, ist urheberrechtlich geschützt. Jede Verwertung außerhalb der engen Grenzen des Urheberrechtsgesetzes ist ohne Zustimmung des Verlages unzulässig und strafbar. Dies gilt insbesondere für Vervielfältigungen, Übersetzungen, Mikroverfilmungen und die Einspeicherung und Verarbeitung in elektronischen Systemen.

Satz: Hölzer, Hagenbach
Druck: Druckerei C.H. Beck, Nördlingen

Meinem Mann
Werner

Vorwort

Liebe Auszubildende,
liebe Leserinnen und Leser,

die nachfolgenden Abhandlungen sollen Ihnen helfen, sich gezielt und intensiv auf die Abschlussprüfung zur(m) Rechtsanwaltsfachangestellten vorzubereiten. In den einzelnen Kapiteln finden Sie einen kurzen Abriss über die wichtigsten Punkte, die zu den jeweiligen Gebühren zu beachten sind. Die folgenden Kapitel ersetzen ein umfassendes Lehrbuch nicht, sondern helfen Ihnen, das Lösen von Aufgaben für die Prüfung zu trainieren.

Einige Änderungen, wie die Reform des Gesetzes über die Angelegenheiten der freiwilligen Gerichtsbarkeit und damit des neuen FamGKG sowie die Änderungen zu Vergütungsvereinbarungen und andere Änderungen haben eine Neuauflage dieses Werks erforderlich gemacht. All diese Neuerungen sind berücksichtigt.

Eine „Prüfungssituation" unter Zeitvorgabe können Sie beim Lösen der Muster-Klausur üben. Der Lösungsvorschlag im Anhang hilft Ihnen, Ihre Ergebnisse zu überprüfen.

Die Sprache wurde bewusst möglichst einfach gewählt, damit auch für junge Auszubildende, die nicht schon seit Jahren im Lesen von Gesetzestexten Übung haben, die Ausführungen verständlich sind. Das Buch wurde mit größter Sorgfalt erstellt. Dennoch lassen sich Fehler nicht immer vermeiden. Anregungen, Ergänzungen und Feedback an die Autorin sind willkommen.

Ein Buch zu schreiben, sich in die Leser und ihre Bedürfnisse hinein zu versetzen braucht Zeit. Ich möchte all den Menschen danken, die mir bei der Umsetzung geholfen haben. An erster Stelle meinem Mann für seine Geduld und Liebe und meinen Eltern für ihre tatkräftige Unterstützung.

Danken möchte ich auch meiner Freundin Walli Okon, für den fortwährenden fachlichen und freundschaftlichen Austausch, Wolfgang Boiger, der vor vielen Jahren den Grundstein für diese Reihe legte sowie Herrn Frenke und Frau Lindrath vom C.F. Müller Verlag für die freundliche und kompetente Betreuung.

Erfolg ist auch eine Sache des Fleißes. Noch mehr aber der Einstellung und Liebe zum Beruf. Dies zu entdecken wünsche ich Ihnen als angehende KollegInnen von Herzen.

München, im August 2009   *Sabine Jungbauer*

Wichtige Hinweise

1. Abkürzungen

Folgende Abkürzungen wurden in diesem Buch verwendet:

Anm.	Anmerkung
ArbGG	Arbeitsgerichtsgesetz
BRAO	Bundesrechtsanwaltsordnung
FamGKG	Gerichtskostengesetz für Familiensachen
GKG	Gerichtskostengesetz
JuModG	Justizmodernisierungsgesetz
KostO	Kostenordnung
RA	RA
RVG	Rechtsanwaltsvergütungsgesetz
Vorbem.	Vorbemerkung
VV	Vergütungsverzeichnis

2. Beispiele und Übungsfälle

Zu den **Beispielen** in diesem Buch erfolgen oft Erläuterungen. Die Beispiele sind daher manchmal ausführlicher, als dies für die Prüfung benötigt wird. Bei den **Übungsfällen** handelt es sich um Aufgaben, wie sie auch in Abschlussprüfungen vorkommen können. Die Lösungen sind bewusst gleich im Anschluss an die jeweilige Aufgabe abgedruckt, um sofort eine Lernkontrolle zu ermöglichen und damit sich das Wissen verfestigen kann. Sie können die Lösungen zu den Übungsfällen auch trainieren, indem Sie die Lösungen zunächst abdecken. Wer noch mehr üben möchte, kann dies mit der Aufgabensammlung, dem Buch »Übungsfälle« tun. Dort sind die Lösungen erst im Anhang abgedruckt. »Schummeln« ist nicht so leicht möglich.

Sie finden in diesem Buch selten Rechtsprechungshinweise zu problematischen Fällen, da in den Abschlussprüfungen für Rechtsanwaltsfachangestellte das Arbeiten mit Kommentaren nicht zugelassen ist und somit die Aufgaben in der Regel so gestellt werden, dass sie anhand von Gesetzestexten gelöst werden können.

3. Arbeitsweise

Bevor Sie loslegen, sollten Sie sich außer Papier, Stift, einer Gebührentabelle und einem Taschenrechner eine aktuelle (!) Textausgabe des RVG zurechtlegen, denn Sie sollten die Aufgaben mit Hilfe des Gesetzestextes lösen! Nur so können Sie sicher sein, die notwendigen Inhalte und die Paragrafen mit Absätzen auch alle in der Lösung angegeben zu haben.

Übungsfall:

Der RA erhält den Auftrag, für seinen Auftraggeber einen Prozess zu führen. Er reicht die Klage ein. Kann der RA neben den zu verauslagenden Gerichtskosten von seinem Auftraggeber einen Vorschuss auf seine Gebühren über eine 1,3 Verfahrens- u. eine 1,2 Terminsgebühr zzgl. Auslagen und Umsatzsteuer verlangen?

Lösungsvorschlag:

Ja, der **RA** ist nach **§ 9 RVG berechtigt**, von seinem Auftraggeber die **entstandenen** und die **voraussichtlich entstehenden Gebühren** und **Auslagen** im Rahmen eines **angemessenen** Vorschusses zu verlangen.

Erläuterung: Ohne Gesetz würde man hier vielleicht aus dem Gedächtnis nur unvollständig antworten. Wichtig für die Antwort sind die fett markierten Stellen. Hand aufs Herz. Hätten Sie diese alle angegeben, ohne in das Gesetz zu schauen?

4. Zitierweise

Damit man entsprechende Stellen im Gesetz schnell findet, sind Gesetze in Paragrafen unterteilt. So auch das RVG. Das RVG verfügt über einen Gesetzesteil mit 61 Paragrafen und hat 2 Anlagen (1. Anlage ist die Gebührentabelle zu § 13 I RVG und 2. Anlage ist das Vergütungsverzeichnis zu § 2 II RVG).

Innerhalb eines Paragrafen gibt es oft mehrere Sätze, manchmal auch nur Halbsätze oder Alternativen, aus denen sich Wichtiges ergibt. Neben den Absätzen und Sätzen gibt es noch Nummern.

Beispiel:

Aus § 19 I 2 Nr. 14 RVG ergibt sich, dass der RA, der als Prozessbevollmächtigter tätig ist, für das Kostenfestsetzungsverfahren keine Gebühren berechnen kann, da diese Tätigkeit zum Rechtszug gehört und der RA nach § 15 II 2 RVG in gerichtlichen Verfahren die Gebühren in jedem Rechtszug nur einmal fordern kann.

Es ist möglich, so zu zitieren: **§ 19 I 2 Nr. 14 RVG**.
Möglich wäre auch zu schreiben: **§ 19 Abs. 1 S. 2 Nr. 14 RVG**.

Beide Schreibweisen sind richtig. Einprägsamer und zeitsparender (v.a. für die Abschlussprüfung) ist die erste Schreibweise. Auch aus Platzgründen ist in der Prüfung die erste Schreibweise günstiger.

Die Verfasserin hat zumeist die kürzere Schreibweise verwandt. Muss jedoch ein Absatz einer Vorbemerkung zitiert werden, so kann diese Schreibweise optisch ungünstig sein. Hier wurde dann Absatz mit Abs. abgekürzt.

> **Beispiel:**
>
> Vorbemerkung 3 Abs. 6 VV RVG
> statt
> Vorbemerkung 3 VI VV RVG

Wählt man die erste (kürzere) Schreibweise, sind Absätze in römischen Ziffern (I, II, III usw.) und die Sätze in arabischen Ziffern (1, 2, 3 usw.) darzustellen. Wie Sie die Gebühren, die im Vergütungsverzeichnis aufgeführt sind, richtig zitieren, wird im Kapitel »Das Vergütungsverzeichnis« umfassend dargestellt.

Gewöhnen Sie sich am besten möglichst frühzeitig an, die Gebühren korrekt zu bezeichnen. Es wäre schade, wenn falsche Bezeichnungen in der Abschlussprüfung Punkte kosten und erfahrungsgemäß sind Prüfer unterschiedlich »pingelig«. Mit der korrekten Schreibweise sind Sie jedoch immer auf der richtigen Seite.

5. Welche Paragrafen sind in der Prüfung anzugeben?

Häufig wird die Frage gestellt, welche Paragrafen in einer Prüfung anzugeben sind.

> **Beispiel:**
>
> Geschäftsgebühr nach Nr. 2300 VV RVG
>
> 1,3 Geschäftsgebühr, Nr. 2300 VV RVG
> oder
> 1,3 Geschäftsgebühr, §§ 2 II, 13 I, 14 I RVG, Nr. 2300 VV RVG?
> (§ 2 II für die Anwendung des Vergütungsverzeichnisses, § 13 I RVG für die Anwendung der »normalen« Tabelle – bei PKH-Gebühren wäre es hier der § 49 RVG und § 14 I RVG, weil die Geschäftsgebühr eine Rahmengebühr ist).

Hierzu ist folgendes zu sagen. Der Gesetzgeber fordert in § 10 RVG lediglich die Angabe von Vergütungsverzeichnis-Nummern. Dem Gesetzgeber war dies so wichtig, dass er sogar in seiner Gesetzesbegründung noch mal betont hat: »Die Angabe der Vergütungsverzeichnis-Nummern soll daher ausreichen.« Das Gebührenrecht sollte einfacher werden. Die Verfasserin vertritt die Auffassung, dass es in der Praxis ausreichend sein sollte, in einer Vergütungsrechnung die entsprechende Vergütungsverzeichnis-Nummer anzugeben. Einige Autoren sehen das anders und geben die Paragrafen zu den Gebühren immer mit an, weil nach ihrer Meinung die Rechnung für den Mandanten nur so transparent wird. Wie auch immer. Die Prüfung ist natürlich ein ganz anderes Thema als die Praxis. Der Verfasserin ist bekannt, dass einige Kammern nur die Angabe der Vergütungsverzeichnis-Nummern fordern, bei anderen Kammerbezirken will man auch die Paragrafen in der Prüfung sehen. Da dieses Buch nicht auf einen Kammerbezirk beschränkt ist, muss ich Ihnen raten, sich danach zu erkundigen, was in Ihrem Kammerbezirk gefordert wird. Die Paragrafen, die zu den einzelnen Gebühren gehören, sind in diesem Buch in Klammern gesetzt. Sofern Sie unsicher sind, was in der Prüfung gefordert wird, sollten Sie lieber die entsprechenden Paragrafen mit angeben.

> **Aber Achtung:** Werden allgemeine Fragen gestellt, wie z.B. »Aus welcher Vorschrift ergibt sich die Anrechnungspflicht für die Geschäftsgebühr?«, so muss natürlich in der Antwort die Vorbemerkung 3 Abs. 4 des VV RVG zitiert werden! Auch wenn eine Aufgabe mit PKH-Bezug gestellt ist, sollten Sie angeben, nach welcher Tabelle Sie die Gebühren berechnen (§ 13 oder § 49 RVG). Entsprechende Hinweise, wann welche §§ anzugeben sind, erhalten Sie auch in den jeweiligen Kapiteln.

Zur Frage, wie man Gebührenvorschriften richtig zitiert, lesen Sie bitte auch das Kapitel »Das Vergütungsverzeichnis«.

Inhaltsverzeichnis

I. Anwaltliche Vergütungsrechnung

Kapitel 1
Grundsätze der anwaltlichen Vergütung

Kapitel 2
Das Vergütungsverzeichnis

Kapitel 3
Rahmen- und Festgebühren

Inhaltsverzeichnis

Inhaltsverzeichnis

Kapitel 21
Zwangsvollstreckungssachen

Kapitel 22
Familiensachen

Kapitel 23
Auslagen

Kapitel 24
Hebegebühr

II. Übungsklausur mit Lösungsvorschlag

Inhaltsverzeichnis

III. Die etwas andere Prüfungsvorbereitung

I. Anwaltliche Vergütungsrechnung

Kapitel 1
Grundsätze der anwaltlichen Vergütung

1. Geltungsbereich des RVG (Rechtsanwaltsvergütungsgesetz)

Nach RVG können abrechnen, § 1 I 1–3 RVG:

- Rechtsanwälte,
- Rechtsanwältinnen,
- Partnerschaftsgesellschaften,
- sonstige Rechtsanwaltsgesellschaften (z.B. RA-GmbH, GbR),
- andere Mitglieder einer Rechtsanwaltskammer,
- Prozesspfleger nach §§ 57, 58 ZPO.

Nicht nach RVG kann abgerechnet werden, wenn der RA eine der folgenden Tätigkeiten übernimmt, § 1 II 1 RVG:

- Vormund,
- Betreuer,
- Pfleger,
- Verfahrenspfleger,
- Verfahrensbeistand,
- Testamentsvollstrecker,
- Insolvenzverwalter,
- Sachverwalter,
- Mitglied des Gläubigerausschusses,
- Nachlassverwalter,
- Zwangsverwalter,
- Treuhänder,
- Schiedsrichter
- oder eine ähnlichen Tätigkeit.

Der RA kann jedoch für die in § 1 II 1 RVG genannten Tätigkeiten ggf. nach anderen Bestimmungen eine Vergütung erhalten, so z.B. nach § 1835 III BGB oder § 158 VII FamFG, nicht aber nach dem RVG!

Übungsfall:

Kann der RA eine Tätigkeit als Nachlassverwalter nach dem RVG abrechnen?

Lösungsvorschlag:

Nein, gem. § 1 II 1 RVG gilt das RVG für die Tätigkeit des RA als Nachlassverwalter nicht.

Übungsfall:

Nach welcher gesetzlichen Vorschrift rechnet die Artus RAe GmbH eine anwaltliche Tätigkeit ab?

Lösungsvorschlag:

Die Rechtsanwaltsgesellschaft (hier: GmbH) rechnet nach dem RVG ab, § 1 I 1 u. 3 RVG.

---

2. Vorschuss

Der RA ist berechtigt, vom Auftraggeber einen Vorschuss zu verlangen. Dies ergibt sich aus § 9 RVG. Der RA kann dabei

– alle bereits entstandenen und
– auch die voraussichtlich entstehenden Gebühren und Auslagen

als Vorschuss vom Auftraggeber verlangen.

Dabei sollte darauf geachtet werden, dass der Vorschuss immer zuzüglich der gesetzlichen Umsatzsteuer (seit 01.01.2007 19 %) in Rechnung gestellt wird.

Übungsfall:

Der RA erhält den Auftrag, für seinen Auftraggeber einen Prozess zu führen. Er reicht die Klage ein. Kann der RA neben den zu verauslagenden Gerichtskosten von seinem Auftraggeber einen Vorschuss für seine Gebühren (1,3 Verfahrens- u. eine 1,2 Terminsgebühr zzgl. Auslagen und Umsatzsteuer) verlangen?

Lösungsvorschlag:

Ja, der RA ist nach § 9 RVG berechtigt, von seinem Auftraggeber die entstandenen und die voraussichtlich entstehenden Gebühren und Auslagen im Rahmen eines angemessenen Vorschusses zu verlangen.

Erläuterung:
Die Verfahrensgebühr i.H.v. 1,3 ist mit der Entgegennahme der Information und Einreichung der Klage entstanden (vgl. Vorbem. 3 Abs. 2, Nr. 3100 VV RVG; Erläuterung: Sie ist zwar entstanden, aber noch nicht zur Zahlung fällig. Fällig wird sie z.B. erst mit Beendigung des Rechtszugs/Verfahrens; vgl. § 8 RVG; noch nicht fällige aber bereits entstandene Gebühren kann der RA vorschussweise abrechnen). Der RA geht davon aus, dass ein Gerichtstermin stattfinden wird. Die Terminsgebühr ist noch nicht entstanden, kann aber bereits, da sie im vorliegenden Fall voraussichtlich entsteht, ebenfalls als Vorschuss gefordert werden. Auslagen und Umsatzsteuer könne daneben nach § 9 RVG ebenfalls im Rahmen eines Vorschusses verlangt werden, soweit sie bereits entstanden sind oder voraussichtlich künftig entstehen werden.

3. Vergütungsvereinbarung und Gebührenvereinbarung

Die Gebühren und Auslagen, die im RVG geregelt sind, nennt man »gesetzliche Vergütung«. Es gibt verschiedene Gründe, warum ein RA nicht die gesetzliche Vergütung abrechnet, sondern vielmehr mit seinem Auftraggeber eine Vergütung vereinbart. Die Gründe können sein:

- die gesetzliche Vergütung ist in dem speziellen Fall **zu niedrig**,
- die gesetzliche Vergütung ist z.B. aufgrund eines sehr hohen Streitwerts **zu hoch** oder
- der RA führt eine **Tätigkeit gemäß § 34 I RVG** aus:
  - eine mündliche Beratung oder Auskunft
  - eine schriftliche Beratung oder Auskunft
  - die Erstellung eines Gutachtens
  - die Tätigkeit als Mediator.

Für die Tätigkeiten, die in § 34 I RVG genannt sind, **soll** der RA eine Gebührenvereinbarung treffen.

Übungsfall:

Eine Mandantin sucht die RAin Klar auf. Sie bittet um Beratung in einer Erbsache. Eine Vertretung wünscht sie nicht. Worauf weist RAin Klar die Mandantin hin?

Lösungsvorschlag:

RAin Klar wird die Mandantin darauf hinweisen, dass sie eine Gebührenvereinbarung mit ihr treffen soll, § 34 RVG.

Hinweis: »Soll« heißt nicht »muss«. Es gibt aber gute Gründe für den Anwalt, dieser »Sollvorschrift« des § 34 I RVG zu folgen. Schließt er keine Vereinbarung, hat dies für ihn Konsequenzen, die in § 34 I 2 RVG geregelt sind (§ 34 RVG lesen!). Bei Fehlen einer Gebührenvereinbarung schuldet der Auftraggeber eine Vergütung nach dem BGB. Da der Anwaltsvertrag ein Dienstvertrag ist (Unterform: Geschäftsbesorgungsvertrag, § 675 BGB), gilt § 612 II BGB, die »übliche Vergütung«. Die übliche Vergütung richtet sich nach dem, was in der speziellen Branche (hier: Anwälte) ortsüblich ist. In den meisten Fällen wird dies eine Stundensatz- oder Pauschalvereinbarung sein (Bei Stundensatzvereinbarungen verpflichtet sich der Auftraggeber, die Tätigkeit des Anwalts mit einem bestimmten Betrag pro Stunde zu vergüten. Die Stundensätze können je nach Stadt/Ort sehr unterschiedlich hoch sein).

Aber: Ist der Auftraggeber ein Verbraucher, schuldet dieser bei fehlender Gebührenvereinbarung nicht eine Vergütung nach § 612 II BGB sondern maximal 250,00 €, wobei § 14 RVG zu beachten ist, und, wenn es sich um ein erstes Beratungs**gespräch** handelte, maximal 190,00 €. Diese Beschränkung gilt für Beratungen und die Erstellung eines Gutachtens. Sie gilt nicht, wenn der Auftraggeber zwar ein Verbraucher ist, der Anwalt aber als Mediator tätig ist.

Was macht ein Mediator?   Der Mediator ist so etwas wie ein Schlichter. Er kommt sehr häufig bei Familiensachen vor. Hier suchen die Eheleute gemeinsam einen Anwalt auf, der gleichzeitig als Mediator tätig wird und der versucht, mit den Parteien zusammen eine Scheidungsvereinbarung zu erreichen. Da der Mediator neutral sein muss, darf er im späteren gerichtlichen Verfahren aber keine der Parteien vertreten. Aber auch bei Erbauseinandersetzungen oder Unternehmensproblemen sucht man häufig die Hilfe eines Mediators.

Übungsfall:

RAin Klar hat mit ihrer Auftraggeberin, die sie in einer Erbsache beraten hat, keine Gebührenvereinbarung getroffen. Was bedeutet dies für die Abrechnung?

Lösungsvorschlag:

Die Auftraggeberin schuldet RAin Klar maximal 250,00 €, wobei § 14 I RVG zu berücksichtigen ist. Wenn es sich darüber hinaus um ein erstes Beratungsgespräch gehandelt hat, darf RAin Klar maximal 190,00 € als Gebühr abrechnen, § 34 I 3 RVG. Die Umsatzsteuer kann daneben gesondert verlangt werden. Eine Auslagenpauschale oder einzeln berechnete Auslagen darf RAin Klar nur dann abrechnen, wenn sie auch wirklich Auslagen gehabt hat. Dies ist bei einem ersten Beratungsgespräch häufig nicht der Fall. Für das Übersenden der Vergütungsrechnung entstehen zwar Auslagen (Porto), dieses darf aber nach Anmerkung zu Nr. 7001 VV RVG nicht geltend gemacht werden.

Übungsfall:

RAin Klar hat mit ihrer Auftraggeberin, die sie in einer Angelegenheit für ihr Unternehmen beraten hat, keine Gebührenvereinbarung getroffen. Was bedeutet dies für die Abrechnung?

Lösungsvorschlag:

Die Auftraggeberin schuldet RAin Klar eine Vergütung nach dem BGB (»übliche Vergütung«), § 34 I 2 RVG.

Wir unterscheiden: Es gibt eine gesetzliche Vorgabe, nach der der RA eine Vereinbarung über seine Gebühren treffen **soll**, das sind die in § 34 I RVG aufgeführten Tätigkeiten. In anderen Fällen (z.B. außergerichtliche oder gerichtliche Vertretung) ist dem RA der Abschluss einer Vergütungsvereinbarung mit dem Mandanten freigestellt.

Wir halten fest:

*Die Beratung fällt also unter § 34 RVG, eine Vergütungsvereinbarung für eine außergerichtliche oder gerichtliche Vertretung fällt jedoch unter die §§ 3a bis 4b RVG. Hier besteht ein Unterschied, denn § 3a RVG enthält z.B. einige strenge Vorschriften, die beim Abschluss einer Vergütungsvereinbarung zu beachten sind. So muss eine Vergütungsvereinbarung **in Textform** geschlossen werden. Sie darf nicht in einer Vollmacht* enthalten sein und muss von **anderen Vereinbarungen** (z.B. Mandatsbedingungen, Haftungsbeschränkung usw.) **deutlich abgesetzt** sein.

> **Aufgepasst:** Der RA darf in gerichtlichen Verfahren grundsätzlich keine Vergütungsvereinbarung schließen, die **unter** den gesetzlichen Gebühren liegt! Einzige Ausnahme: eine erlaubte Erfolgshonorarvereinbarung, vgl. dazu § 49b I BRAO (Bundesrechtsanwaltsordnung) in Verbindung mit § 4 I u. II sowie 4a RVG.

Wieso heißt es in § 34 RVG »Gebührenvereinbarung«, in § 4 RVG aber »Vergütungsvereinbarung«? Es weiß niemand so genau, ob das ein Versehen oder Absicht war. Ganz egal ist die Bezeichnung aber nicht, weshalb wir uns genauer anschauen müssen, was sich hinter dem Begriff »Vergütung« versteckt. Aufschluss gibt uns § 1 I RVG. Dort finden wir gleich im ersten Satz die Legaldefinition (gesetzliche Definition) des Begriffs »Vergütung«: Es sind die Gebühren und Auslagen.

Es wird teilweise angenommen, dass bei einer Gebührenvereinbarung nach § 34 RVG der Auftraggeber die Auslagen nach Teil 7 gesondert schuldet, ohne dass man dies extra schriftlich aufnehmen müsste. Bei einer Vergütungsvereinbarung sind die Auslagen inklusive. Das heißt: Will der RA neben dem vereinbarten Honorar noch die Auslagen abrechnen, muss er das auch mit dem Auftraggeber vereinbaren, indem er z.B. in die Vereinbarung aufnimmt: »Die Auslagen werden nach Teil 7 gesondert geschuldet.«

Durch eine Vergütungsvereinbarung, die für eine **Vertretung** (außergerichtlich oder gerichtlich) geschlossen wird, kann z.B. Folgendes vereinbart werden:

– Pauschalgebühr (z.B. 3.000,00 €)
– Stundensatz (z.B. 150,00 € oder 300,00 €)
– Zusatzhonorar für Besprechungen
– doppelter oder dreifacher Satz der gesetzlichen Gebühren
– Berechnung der Höchstgebühren bei Rahmengebühren (z.B. 2,5 bei der Geschäftsgebühr)
– Festlegung eines willkürlichen Streitwertes
– Tagespauschale für Abwesenheit
– höhere Reisekosten
  etc.

Nicht zulässig ist:

– die Vereinbarung eines Erfolgshonorars, dass nicht den strengen gestzlichen Anforderungen des § 4a RVG entspricht, vgl. dazu auch § 49b I 1 BRAO
– der Abschluss einer Vergütungsvereinbarung unter Druck (z.B. »Auf dem Gerichtsflur: Entweder Sie unterschreiben hier, oder ich werde Sie im Termin hängen lassen.«), § 138 I BGB.

> #### Übungsfall:
>
> **Gibt es für den Abschluss einer Vergütungsvereinbarung zwischen RA und Auftraggeber eine Formvorschrift**
> **a) wenn der RA den Mandanten außergerichtlich vertritt?**
> **b) wenn der RA den Mandanten berät?**

Lösungsvorschlag:

a) Ja, gem. § 3a I 1 RVG ist eine Vergütungsvereinbarung in Textform abzuschließen.

b) Nein, weil die Formvorschrift des § 3a I 1 RVG hier nicht gilt, vgl. dazu § 3a I 4 RVG und in § 34 RVG keine Formvorschrift geregelt ist. Aus Beweisgründen empfiehlt es sich aber, die Vereinbarung ebenfalls in Textform festzuhalten.

Textform? Was versteht man denn hierunter?

Zum 01.07.2008 hat der Gesetzgeber statt der früheren Schriftform die Textform für Vergütungsvereinbarungen eingeführt. Was unter Textform zu verstehen ist, regelt § 126b BGB. Textform bedeutet, dass es sich um lesbare Schriftzeichen handeln muss (z.B. also auch Dateiformate wie html, doc, pdf), die Erklärung einen Namenszug tragen und der Abschluss der Erklärung erkennbar sein muss (z.B. »Mit freundlichen Grüßen – Ihr Hans Meier). Die Textform ist also gewahrt, wenn man z.B. eine Vergütungsvereinbarung eingescannt, per Mail oder auch per Fax verschickt wird. Allerdings ist die Einhaltung der Textform nicht die einzige Voraussetzung für eine wirksame Vergütungsvereinbarung. Einige wurden bereits zuvor S. 22–23 aufgezählt. Weitere wichtige Voraussetzung ist, dass die Vereinbarung einen Hinweis enthalten muss, dass die gegnerische Partei, ein Verfahrensbeteiligter oder die Staatskasse im Falle der Kostenerstattung regelmäßig nicht mehr als die gesetzliche Vergütung erstatten muss, § 3a I 3 RVG.

Erfolgshonorare darf man seit dem 01.07.2008 nur unter ganz bestimmten Voraussetzungen vereinbaren. Diese sind (vgl. dazu § 4a RVG):

– Vereinbarung nur im Einzelfall,

– Vereinbarung nur, wenn der Auftraggeber aufgrund seiner wirtschaftlichen Verhältnisse bei verständiger Betrachtung ohne die Vereinbarung eines Erfolgshonorars von der Rechtsverfolgung abgehalten würde;

– in gerichtlichen Verfahren nur, wenn für den Fall des Misserfolgs keine oder geringere Gebühren zu zahlen sind, wenn im Gegenzug für den Erfolgsfall ein angemessener Zuschlag auf die gesetzliche Vergütung vereinbart wird;

– wenn die in § 4a II u. III RVG geforderten Bestandteile enthalten sind, d.h voraussichtliche gesetzliche Vergütung; ggf. die erfolgsunabhängige vertragliche Vergütung, zu der der RA bereit wäre, den Auftrag zu übernehmen,

– eine Angabe, welche Vergütung bei Eintritt welcher Bedingungen verdient sein soll;

– wesentliche Gründe für die Bemessung des Erfolgshonorars sowie

– ein Hinweis, dass die Vereinbarung keinen Einfluss auf die ggf. vom Auftraggeber zu zahlenden Gerichtskosten, Verwaltungskosten und die von ihm zu erstattenden Kosten anderer Beteiligter hat.

Wir halten fest:

- *Vergütungsvereinbarungen (für die Vertretung) sind in §§ 3a bis 4b RVG geregelt.*
- *Gebührenvereinbarungen für Beratungen, Mediation und Erstellung eines Gutachtens sind in § 34 RVG geregelt.*
- *Vergütungsvereinbarungen nach §§ 3a bis 4b RVG gelten in außergerichtlichen und gerichtlichen Angelegenheiten.*
- ***Vergütungs****vereinbarungen nach §§ 3a bis 4b RVG **kann** der RA abschließen.*

- *Gebührenvereinbarungen nach § 34 RVG **soll** der RA abschließen.*
- *Erfolgshonorare darf man unter ganz engen Voraussetzungen vereinbaren, vgl. § 4a RVG.*
- *Die Vergütung des RA besteht aus Gebühren und Auslagen.*
- *Nach § 3a I 2 RVG muss die Vergütungsvereinbarung als Vergütungsvereinbarung oder in vergleichbarer Weise bezeichnet sein.*
- *Eine Vergütungsvereinbarung darf nicht in einer Vollmacht enthalten sein.*
- *Andere Vereinbarungen wie z.B. eine Haftungsbeschränkung dürfen enthalten sein, müssen aber deutlich abgesetzt werden.*
- *Bei Stundensatzvereinbarungen wird die Tätigkeit des RA mit einem »Stundenlohn« vergütet.*
- *Man kann auch höhere Abwesenheitsgelder, Sonderhonorare für Besprechungen und z.B. Pauschalvergütungen vereinbaren.*
- *Hat der RA für eine Beratung keine Vereinbarung getroffen, schuldet der Auftraggeber die übliche Vergütung; bei einem Verbraucher max. 250,00 € und beim ersten Beratungsgespräch gegenüber einem Verbraucher max. 190,00 €.*
- *Der RA kann nicht 250,00 € plus 190,00 € abrechnen, sondern maximal 250,00 €.*
- *Beim Unternehmer und bei der Mediation gelten die Höchstbeträge aus § 34 I 3 RVG nicht.*

4. Fälligkeit/Verjährung

Wir unterscheiden:

- Entstehung von Gebühren
- Erstattungsfähigkeit von Gebühren
- Fälligkeit von Gebühren
- Verjährung von Gebührenansprüchen.

Gebühren **entstehen**
- sobald der erste Gebührentatbestand erfüllt ist.

Beispiel:

RA nimmt die Informationen eines Mandanten entgegen, der ihn beauftragt, eine außergerichtliche Vertretung zu übernehmen. Die Geschäftsgebühr Nr. 2300 ist **entstanden**.

Gebühren sind **erstattungsfähig**

- wenn der Gegner verpflichtet ist, die Kosten, die dem Auftraggeber entstanden sind, zurückzuzahlen. Im Prozess (= prozessualer Kostenerstattungsanspruch) ergibt sich die Erstattungsfähigkeit von Gebühren meistens aus § 91 ZPO, d.h., es sind nur solche Kosten erstattungsfähig, die zur zweckentsprechenden Rechtsverfolgung oder Rechtsverteidigung notwendig waren. Außerhalb eines Prozesses (= materiell-rechtlicher Kostenerstattungsanspruch) kann sich ein Anspruch auf Erstattung von Kosten z.B. aus Verzug ergeben (z.B.: Wir senden dem Gegner eine Berechnung unserer Kosten zusammen mit dem Aufforderungsschreiben) oder auch aus unerlaubter Handlung (z.B. Unfall) oder aus anderen Haftungsnormen des BGB.

Die Gebühren des RA sind nach § 8 I RVG **fällig**, wenn

– der Auftrag erledigt oder
– die Angelegenheit beendet ist.

Ist der RA in einem gerichtlichen Verfahren tätig, so wird die Vergütung auch **fällig**, wenn

– eine Kostenentscheidung ergangen oder
– der Rechtszug beendet ist oder
– wenn das Verfahren länger als drei Monate ruht.

Vorsicht: Der Lauf der Verjährungsfrist hängt von der Fälligkeit ab, nicht – wie vielfach in der Praxis angenommen wird – von der Rechnungstellung (vgl. dazu § 10 RVG). Ist z.B. eine Instanz beendet, hat der Auftraggeber das Mandat gekündigt oder der Anwalt das Mandat niedergelegt ist die 3-jährige Regelverjährungsfrist (§ 195 BGB) unbedingt zu beachten! Die Verjährungsfrist beginnt mit dem Schluss des Jahres zu laufen, in dem der Anspruch entstanden (fällig geworden) ist. Wird z.B. die Instanz durch Urteil im Dezember 2009 beendet und die Rechnung im Januar 2010 übersandt, beginnt die Verjährung schon am 31.12.2009, 24.00 Uhr (= 01.01.2010, 0.00 Uhr) zu laufen und nicht erst am 31.12.2010.

Die Verjährung der Vergütung in einem gerichtlichen Verfahren wird nach § 8 II 1 RVG gehemmt, solange das Verfahren anhängig ist.

Die **Hemmung endet**, § 8 II 2 u. 3 RVG

– mit rechtskräftiger Entscheidung oder
– anderweitiger Beendigung,
– bei Ruhen endet die Hemmung der Verjährung 3 Monate nach Eintritt der Fälligkeit.

Aber: Die Hemmung beginnt erneut, wenn das Verfahren weiter betrieben wird, § 8 II 4 RVG.

5. Vergütungsrechnung

Der RA kann seine Vergütung nur aufgrund einer von **ihm** unterzeichneten und dem Auftraggeber mitgeteilten **Berechnung** einfordern, § 10 RVG.

Wichtig: In der Berechnung sind anzugeben:

– die Beträge der einzelnen Gebühren und Auslagen,
– Vorschüsse,
– kurze Bezeichnung des jeweiligen Gebührentatbestands,
– Bezeichnung der Auslagen sowie
– angewandte Vergütungsverzeichnisnummern und
– bei Gebühren, die nach dem Gegenstandswert berechnet werden, auch dieser.

Bei Entgelten für Post- und Telekommunikationsdienstleistungen (Nr. 7001 VV RVG) genügt die Angabe des Gesamtbetrags. Dies ergibt sich aus § 10 RVG.

Beispielrechnung:	
Gegenstandswert: 7.344,20 €, § 2 I RVG	
1,3 Verfahrensgebühr	
(§§ 2 II, 13 I VV RVG), Nr. 3100 VV RVG	€ 535,60
1,2 Terminsgebühr	
(§§ 2 II, 13 I VV RVG), Nr. 3104 RVG	€ 494,40
PT-Pauschale, Nr. 7002 VV RVG	€ 20,00
Zwischensumme	€ 1.050,00
19 % Umsatzsteuer, Nr. 7008 VV RVG	€ 199,50
Summe	€ 1.249,50
verauslagte Gerichtskosten, § 12 I 1 GKG, Nr. 1210 KV GKG	
als Anlage 1 zu § 3 II GKG	€ 498,00
Summe	**€ 1.747,50**
Unterschrift RA Müller	
Hinweis: Keine USt. auf Gerichtskosten!	

Hinweis: Nach § 14 UStG (Umsatzsteuergesetz) muss eine Rechnung weiteres enthalten, so z.B.:

– Rechnungsnummer
– Umsatzsteuer-Identnummer oder Einkommenssteuernummer
– Leistungszeitraum

6. Festsetzung der Vergütung gegen den Auftraggeber

Zahlt der Auftraggeber die Vergütung seines eigenen RA nicht, so besteht **in gerichtlichen Verfahren** die Möglichkeit, eine Kostenfestsetzung gegen den eigenen Auftraggeber nach **§ 11 RVG** zu erreichen.

Voraussetzungen zur Festsetzung nach § 11 RVG sind:

– Fälligkeit der Gebühren;
– ein gerichtliches Verfahren (vorgerichtliche Gebühren sind nicht festsetzbar!);
– Anhörung der Beteiligten vor der Festsetzung;
– Anwendung der Vorschriften der §§ 103 ff ZPO;
– Aussetzung des Verfahrens, wenn der Gegenstandswert vom Gegner bestritten wird, bis der Gegenstandswert vom Gericht festgesetzt worden ist;
– es dürfen keine »nicht gebührenrechtlichen Einwendungen des Gegners« erfolgen (z.B. Anwalt habe den Verlust des Prozesses verschuldet – in diesen Fällen ist eine Fortsetzung des Kostenfestsetzungsverfahrens gegen den Auftraggeber nicht möglich – nur noch Klage oder Mahnbescheid);
– bei Rahmengebühren ist lediglich die Festsetzung der Mindestgebühr möglich, außer es wird mit dem Antrag eine Einverständniserklärung des Auftraggebers vorgelegt (z.B. eine Vergütungsvereinbarung oder nachträgliche Zustimmung zur Rechnung).

Rechtsfolge: Hemmung der Verjährungsfrist für den Vergütungsanspruch des RA, § 11 VII RVG.

Das Verfahren läuft somit ähnlich ab wie ein normales Kostenfestsetzungsverfahren, nur dass die Gebühren und Auslagen hier nicht gegen den Gegner, sondern gegen den eigenen Auftraggeber festgesetzt werden.

Vorteil:

– die Vergütung wird kostengünstig tituliert, da das Verfahren nach § 11 RVG keine Gebühren auslöst, vgl. dazu § 19 I 2 Nr. 14 RVG;
– das Verfahren ist wesentlich schneller als ein Klage- oder Mahnverfahren;
– es erfordert weniger Aufwand, da eine Begründung des Anspruchs wie z.B. bei der Klage nicht notwendig ist.

Übungsfall:

Können Sie eine Verfahrensgebühr nach Nr. 3102 VV RVG, die in einer sozialgerichtlichen Angelegenheit entstanden ist, gegen den Auftraggeber nach § 11 RVG festsetzen lassen?

Lösungsvorschlag:

Eine Festsetzung der Gebühren nach § 11 VIII RVG gegen den eigenen Auftraggeber kann nur erfolgen, wenn im vorliegenden Fall lediglich die Mindestgebühr angesetzt ist, oder mit dem Antrag eine Zustimmungserklärung des Auftraggebers über eine höhere Gebühr vorgelegt wird, da es sich bei der Gebühr nach Nr. 3102 VV RVG um eine Rahmengebühr handelt.

Wir halten fest:

- *Hat der Auftraggeber seine Rechnung nicht bezahlt, kann in bestimmten Fällen beantragt werden, dass die entstandenen Kosten gegen ihn festgesetzt werden.*
- *Die Voraussetzungen für eine Festsetzung der Kosten gegen den eigenen Auftraggeber nach § 11 RVG sind:*
  - *Es müssen Kosten eines gerichtlichen Verfahrens sein, § 11 I 1 RVG.*
  - *Der RA muss einen Antrag stellen, § 11 I 1 RVG.*
  - *Die Kosten müssen fällig sein, § 11 II 1 RVG.*
  - *Vor der Festsetzung sind die Beteiligten zu hören, § 11 II 2 RVG.*
  - *Bei Rahmengebühren können nur die Mindestgebühren festgesetzt werden; Ausnahme: Mit dem Festsetzungsantrag wird eine Zustimmungserklärung des Auftraggebers zur Gebührenhöhe vorgelegt, dann können auch z.B. Mittel- oder Höchstgebühren festgesetzt werden, § 11 VIII RVG.*
- *Bei Bestreiten des Gegenstandswertes ist das Verfahren bis zur Streitwertfestsetzung auszusetzen, § 11 IV RVG.*
- *Durch den Antrag auf Festsetzung wird die Verjährung wie durch Klagerhebung gehemmt, § 11 VII RVG.*
- *Durch die Festsetzung der Gebühren gegen den eigenen Auftraggeber erhält der RA schnell und kostengünstig einen Titel, aus dem die Zwangsvollstreckung möglich ist.*
- *Eine Klage oder ein Mahnbescheid gegen den Mandanten wg. der Gebühren sind in gerichtlichen Verfahren erst möglich, wenn der Rechtspfleger die Festsetzung*

ablehnt, z.B. weil der Auftraggeber Einwendungen erhebt, die außerhalb des Gebührenrechts liegen (z.B. der Anwalt ist schuld, dass der Prozess verloren wurde).
- Handelt es sich um eine nicht bezahlte Rechnung für eine Beratung oder außergerichtliche Vertretung, kann – wenn der Auftraggeber sich in Verzug befindet – sogleich der Erlass eines Mahnbescheides beantragt oder eine Klage erhoben werden.

7. Gebührentabelle und Gebührenhöhe

Richten sich die Gebühren nach einem Gegenstandswert, so berechnet der RA seine Gebühr nach der Tabelle zu § 13 I RVG.

Aber: Ist dem Auftraggeber Prozesskostenhilfe (PKH) bewilligt worden, so berechnet der RA seine Gebühren nur bis zu einem Streitwert von 3.000,00 € nach der Tabelle zu § 13 I RVG (also der »normalen« Tabelle), bei Streitwerten darüber hat der RA die Tabelle zu § 49 RVG heranzuziehen. Die Gebührentabellen nach § 13 I und § 49 schließen sich somit gegenseitig aus.

Tabelle § 13 RVG	Tabelle § 49 RVG
Tabelle für Wahlanwaltsgebühren (auch Regelgebühren genannt)	Tabelle für den RA, der im Wege der PKH beigeordnet wurde
	ist erst bei einem Streitwert über 3.000 € vom PKH-Anwalt heranzuziehen; bis 3.000 € gilt auch für den PKH-Anwalt die Tabelle zu § 13 RVG
ist im Streitwert auf 30 Mio., bzw. 100 Mio. begrenzt, vgl. § 22 II RVG	ist im Streitwert auf über 30.000 € begrenzt; höhere Streitwerte haben keine Auswirkung mehr auf die Gebührenhöhe

Übungsfall:

RA Müller ist dem Kläger im Wege der PKH beigeordnet worden. Im Gerichtstermin erscheint der Beklagte nicht, so dass für den Kläger gegen den Beklagten ein Versäumnisurteil beantragt wird. Der Gegenstandswert beträgt 6.500,00 €.

Bitte erstellen Sie die Vergütungsrechnung für RA Müller.

Lösungsvorschlag:

Gegenstandswert: 6.500 €, § 2 I RVG	
1,3 Verfahrensgebühr	
(§§ 2 II, 49 RVG), Nr. 3100 VV RVG	€ 299,00
0,5 Terminsgebühr	
(§§ 2 II, 49 RVG), Nr. 3105 VV RVG	€ 115,00
PT-Pauschale, Nr. 7002 VV RVG	€ 20,00
Zwischensumme	€ 434,00
19 % Umsatzsteuer, Nr. 7008 VV RVG	€ 82,46
Summe	**€ 516,46**

Erläuterung: Da vorliegend die Tabelle zu § 49 RVG verwendet wird, sollte § 49 RVG unbedingt angegeben werden!

Variante:

Der Gegenstandswert beträgt 2.000,00 €.

Lösungsvorschlag:

1,3 Verfahrensgebühr (§§ 2 II, 13 I RVG), Nr. 3100 VV RVG	€ 172,90
0,5 Terminsgebühr (§§ 2 II, 13 I RVG), Nr. 3105 VV RVG	€ 66,50
PT-Pauschale, Nr. 7002 VV RVG	€ 20,00
Zwischensumme	€ 259,40
19 % Umsatzsteuer, Nr. 7008 VV RVG	€ 49,29
Summe	**€ 308,69**

Erläuterung: Weil der Streitwert unter 3.000 € liegt, wird hier die Tabelle zu § 13 RVG herangezogen und auch angegeben, da es eine Besonderheit ist, wenn bei einem PKH-Verfahren die Tabelle zu § 13 RVG Verwendung findet.

Die Gebührenhöhe richtet sich nach § 2 RVG. So bestimmt zunächst § 2 I RVG, dass sich die Gebühren – soweit im RVG nichts anderes geregelt ist – nach dem Wert berechnen, den der Gegenstand der anwaltlichen Tätigkeit hat (Gegenstandswert).

Die Höhe der Vergütung bestimmt sich nach dem Vergütungsverzeichnis, das als Anlage 1 dem RVG beigefügt ist, § 2 II RVG. Gebühren werden auf den nächstliegenden Cent auf- oder abgerundet; 0,5 Cent werden aufgerundet.

8. Abgeltungsbereich

a) Allgemeines

Nach § 15 I RVG gelten die Gebühren, soweit das RVG nichts anderes bestimmt, die gesamte Tätigkeit des RA vom Auftrag bis zur Erledigung der Angelegenheit ab. § 15 I RVG regelt das sogenannte Pauschgebührensystem, d.h.: Der RA erledigt eine Reihe von Tätigkeiten und erhält hierfür pauschal eine Gebühr.

Beispiel:

Durch die Geschäftsgebühr Nr. 2300 VV RVG werden z.B. folgende Tätigkeiten pauschal abgegolten:
– Entgegennahme der Information
– Fertigung eines Schreibens an den Gegner
– Besprechung mit dem Mandanten
– Telefonat mit dem Gegner
– Recherchen im Rahmen des Mandats
– Lesen eines gegnerischen Briefes
– Diktieren eines Antwortschreibens
– usw.

Der RA kann die Gebühren in derselben Angelegenheit nur einmal fordern, § 15 II 1 RVG. In gerichtlichen Verfahren kann er die Gebühren in jedem Rechtszug fordern, § 15 II 2 RVG.

Beispiel:

RA Flott nimmt in einem Zivilprozess drei Verhandlungstermine wahr. Es entsteht für jeden Verhandlungstermin eine Terminsgebühr. RA Flott kann aber die Terminsgebühr wg. § 15 II 1 RVG nur einmal abrechnen.

Welche Tätigkeiten als »**dieselbe**« Angelegenheit bezeichnet werden, ergibt sich aus § 16 RVG. In § 17 RVG sind »verschiedene Angelegenheiten« und in § 18 RVG »besondere Angelegenheiten« geregelt. § 15 II RVG ist daher in Verbindung mit diesen §§ 16–18 RVG zu sehen.

Prüfungstipp: § 15 II 1 RVG sollte immer in Verbindung mit §§ 16–18 RVG (je nachdem, welcher Paragraph zur Anwendung kommt) zitiert werden. Denn aus § 15 II 1 RVG ergibt sich erst, dass die in § 16 RVG aufgezählten Verfahren nur einmal abgerechnet werden können. Im Umkehrschluss zu § 15 II 1 RVG bilden die §§ 17 und 18 RVG die Ausnahme, dass eben gesondert abgerechnet werden kann. Näheres finden Sie auch im nachfolgenden Kapitel »Dieselbe, verschiedene und besondere Angelegenheiten«.

§ 15 II 2 RVG besagt, dass der RA die Gebühren in jedem Rechtszug fordern kann. Welche Tätigkeiten wiederum zum Rechtszug gehören, ergibt sich aus § 19 RVG. In § 19 RVG aufgeführte Tätigkeiten können nicht gesondert abgerechnet werden, wenn der RA sonst schon als Vertreter tätig geworden ist.

Beispiel:

RA Klose hat den Auftraggeber in einem gerichtlichen Verfahren in 1. Instanz vertreten. Nachdem er den Prozess gewonnen hat, beantragt er, die entstandenen Kosten gegen den unterlegenen Gegner festzusetzen. Die Kostenfestsetzung gehört nach § 19 I 2 Nr. 14 RVG zum Rechtszug. Es kann damit diese Tätigkeit nicht mehr gesondert abgerechnet werden.

Aber: Wenn RA Klose im gerichtlichen Verfahren als Prozessbevollmächtigter nicht tätig war, und er **lediglich** für seinen Mandanten Kostenfestsetzung (z.B. wegen der Gerichtskosten) beantragt, handelt es sich um eine Einzeltätigkeit, für die nach Nr. 3403 VV RVG eine 0,8 Verfahrensgebühr entsteht. Wann kommt so etwas vor? Manche Mandanten wollen aus Kostengründen einen Prozess vor dem Amtsgericht (kein Anwaltszwang) selbst führen. Wenn sie dann ein Urteil in den Händen halten, sind sie oft mit ihrem »Latein« am Ende, wenn der Gegner nicht zahlt und suchen dann doch einen RA auf. Dieser wird i.d.R. dann zunächst vor einer Vollstreckung noch die eingezahlten Gerichtskosten für den Mandanten festsetzen lassen und eine vollstreckbare Ausfertigung des Titels beantragen.

b) Kürzung nach § 15 Abs. 3 RVG

In den Fällen, in denen für Teile des Gegenstands verschiedene Gebührensätze anzuwenden sind, erhält der RA für die Teile gesondert berechnete Gebühren, jedoch nicht mehr als die aus dem Gesamtbetrag der Wertteile nach dem höchsten Gebührensatz berechnete Gebühr, § 15 III RVG. Diese Regelung wird allgemein auch als »Kürzungsvorschrift«, »Obergrenze« oder »Abgleichung« bezeichnet.

Beispiel:

RA Scholl wird beauftragt, eine Klage über 4.000,00 € einzureichen. Vor Klageerhebung zahlt der Gegner S einen Betrag in Höhe von 1.000,00 €, so dass Klage nur noch über den Restbetrag erhoben wird. RA Scholl kann wie folgt abrechnen:

1,3 Verfahrensgebühr aus 3.000,00 €	
(§§ 2, 13 I RVG), Nr. 3100 VV RVG	€ 245,70
0,8 Verfahrensgebühr aus 1.000,00 €	
(§§ 2, 13 I RVG), Nr. 3101 Nr. 2 VV RVG	€ 68,00
Summe	**€ 313,70**

nach § 15 III RVG höchstens:
1,3 aus 4.000,00 € = € 318,50, hier keine Kürzung, weil die Summe aus den einzeln berechneten Gebühren niedriger ist, als die Gebühr mit dem höchsten Satz aus dem addierten Wert.

Wir halten fest:

Für die Anwendung des § 15 **III** *RVG müssen* **drei** *Voraussetzungen vorliegen:*

– unterschiedliche Gebührensätze
– verwandte Gebühren (z.B. 1,3 u. 0,8 Verfahrensgebühr; 1,0 und 1,5 Einigungsgebühr)
– die Einzelgebühr berechnet sich aus Teilen des Gesamtgegenstandswertes

Prüfungstipp: *§ 15 III RVG sollten Sie gut anwenden können, da dieser regelmäßig in Abschlussprüfungen vorkommt. Dabei sollten Sie detailliert angeben, was Sie geprüft haben, siehe das Beispiel oben.*

c) Kein Wegfall einmal entstandener Gebühren

Nach § 15 IV RVG ist es auf bereits entstandene Gebühren, soweit das RVG nichts anderes bestimmt, ohne Einfluss, wenn sich die Angelegenheit vorzeitig erledigt oder der Auftrag endigt, bevor die Angelegenheit erledigt ist.

Mit dieser Vorschrift wird der allgemeine Grundsatz, dass **einmal entstandene Gebühren nicht wieder wegfallen,** beschrieben. Im Vergütungsverzeichnis zu § 2 II RVG finden sich jedoch eine Reihe von Vorschriften, die für eine vorzeitige Beendigung des Auftrags reduzierte Gebühren vorsehen, so z.B. Nr. 3101 VV RVG (vorzeitige Beendigung im 1. Rechtszug) oder Nr. 3201 VV RVG (vorzeitige Beendigung im 2. Rechtszug) usw.

d) Weitergehende Tätigkeit

Wird der RA, nachdem er in einer Angelegenheit tätig geworden ist, beauftragt, in derselben Angelegenheit weiter tätig zu werden, so erhält er nicht mehr an Gebühren, als er erhalten würde, wenn er von vornherein hiermit beauftragt worden wäre, § 15 V 1 RVG.

Beispiel:

RA Huber reicht Klage auf Zahlung von 4.000,00 € gegen Schuldner Zahltnix ein. Die Klage wird schließlich um weitere 3.000,00 € erweitert.

RA Huber erhält nach § 15 V 1 RVG eine 1,3 Verfahrensgebühr gem. Nr. 3100 VV RVG aus 7.000,00 € = 487,50 €. RA Huber kann wegen § 15 V 1 RVG **nicht** eine 1,3 Verfahrensgebühr aus 4.000,00 € = 318,50 € und zusätzlich eine 1,3 Verfahrensgebühr aus 3.000,00 € = 245,70 €, somit zusammen 564,20 € abrechnen.

Ist der frühere Auftrag seit mehr als zwei Kalenderjahren erledigt, gilt die weitere Tätigkeit als neue Angelegenheit, § 15 V 2 RVG. Dies bedeutet, dass der RA die Gebühren neu abrechnen darf bzw. im RVG bestimmte Anrechnungen von Gebühren entfallen.

Übungsfall:

RA Huber vertritt seinen Auftraggeber in einer Darlehensangelegenheit gegenüber der Bank. Nach drei Jahren erhält er betreffend dieser Darlehensangelegenheit einen Prozessauftrag. Muss die Geschäftsgebühr, die für die außergerichtliche Tätigkeit entstanden ist, auf die Verfahrensgebühr des gerichtlichen Verfahrens angerechnet werden?

Lösungsvorschlag:

Nein, die vor drei Jahren entstandene Geschäftsgebühr ist auf die Verfahrensgebühr des gerichtlichen Verfahrens **nicht** anzurechnen, § 15 V 2 RVG.

---

e) Mehrere Einzeltätigkeiten

Ist der RA nur mit **einzelnen Handlungen** beauftragt, so erhält er nicht mehr an Gebühren, als der mit der gesamten Angelegenheit beauftragte RA für die gleiche Tätigkeit erhalten würde, § 15 VI RVG.

Beispiel:

RA Huber wird zunächst als Unterbevollmächtigter beauftragt. Später wird er zum Prozessbevollmächtigten im 1. Rechtszug. RA Huber kann nur die 1,3 Verfahrensgebühr nach Nr. 3100 VV RVG berechnen. Nach § 15 VI RVG steht ihm die Verfahrensgebühr nach Nr. 3401 VV RVG daneben nicht zu.

---

9. Dieselbe Angelegenheit

Die §§ 16–18 RVG stellen eine Ergänzung zu § 15 RVG dar, da sie den Begriff der Angelegenheit weiter definieren, indem sie eine Unterscheidung zwischen »dieselbe«, »verschiedene« und »besondere« Angelegenheiten vornehmen.

Dieselbe Angelegenheit (und damit Angelegenheiten, die nur einmal abgerechnet werden können, § 15 II 1 RVG) sind nach § 16 RVG z.B.:

– das Verfahren über die Prozesskostenhilfe und das Verfahren, für das Prozesskostenhilfe beantragt worden ist, § 16 Nr. 2 RVG.
– eine Scheidungssache oder ein Verfahren über die Aufhebung der Lebenspartnerschaft und die Folgesachen, § 16 Nr. 4 RVG.

Vorsicht: Eine Angelegenheit bedeutet aber nicht, dass diese nicht verschiedene Gegenstände haben könnte. Verschiedene Gegenstände werden in einer Angelegenheit addiert und hieraus werden die Gebühren einmal berechnet, § 22 I RVG.

Beispiel:

Eine Scheidungssache und die Folgesachen. Wird z.B. in einem Scheidungsverfahren der Versorgungsausgleich mit durchgeführt, so ist die Ehesache (Scheidung) zu bewerten und auch der Versorgungsausgleich. Die beiden ermittelten Streitwerte für Ehesache und Versorgungsausgleich werden addiert, die Gebühren werden sodann hieraus berechnet. Die Addition der Werte ergibt sich aus § 22 I RVG. Dort heißt es: In **derselben Angelegenheit** werden die Werte **mehrerer Gegenstände** zusammengerechnet.

Ein weiteres sehr schönes Beispiel ist z.B. auch eine Unfallsache. Im Anschreiben an die gegnerische Versicherung macht man den Fahrzeugschaden, den Nutzungsausfall, Sachverständigenkosten, Barauslagen usw. geltend. Wir legen eine Akte an. Es gibt **ein** Aktenzeichen beim RA und auch **ein** Aktenzeichen bei der Versicherung. Es handelt sich um **dieselbe Angelegenheit**. Geltend gemacht werden aber **mehrere Gegenstände,** z.B. der Fahrzeugschaden, Sachverständigenkosten, Nutzungsausfall usw. Dabei spielt es keine Rolle, ob wir diese mehreren Gegenstände in einem Schreiben an die Versicherung geltend machen oder in mehreren Schreiben. Die Werte werden addiert. Gerade in Unfallsachen kommt es oft vor, dass der Mandant immer wieder irgendwelche Quittungen vorbeibringt (z.B. von der Apotheke, vom Arzt), die wir dann der Versicherung mitteilen. Aber eben immer in »derselben Angelegenheit«.

Sie sehen, die Begriffe Angelegenheit und Gegenstand tauchen immer wieder im Gebührenrecht auf. Daher ist es enorm wichtig, diese Begriffe richtig zu verstehen.

10. Verschiedene Angelegenheiten nach § 17 RVG

»Verschiedene Angelegenheiten« bedeutet, dass § 15 II 1 RVG im Umkehrschluss anzuwenden ist und diese Angelegenheiten gesondert abgerechnet werden können. § 17 RVG umfasst insgesamt 12 Nummern.

Verschiedene Angelegenheiten nach § 17 RVG sind **z.B.**:

- das Mahnverfahren **und** das streitige Verfahren, § 17 Nr. 2 RVG;

- das vereinfachte Verfahren über den Unterhalt Minderjähriger **und** das streitige Verfahren, § 17 Nr. 3 RVG;

- das Verfahren in der Hauptsache **und** ein Verfahren über einen Antrag auf a) Anordnung eines Arrestes, b) Erlass einer einstweiligen Verfügung oder, einer einstweiligen Anordnung, (c) usw.), § 17 Nr. 4a u. b) RVG;

- der Urkunden- und Wechselprozess **und** das ordentliche Verfahren, das nach Abstandnahme vom Urkunden- oder Wechselprozess oder nach einem Vorbehaltsurteil anhängig bleibt (§§ 596, 600 ZPO), § 17 Nr. 5 RVG;

- das gerichtliche Verfahren **und** ein vorausgegangenes a) Güteverfahren vor einer durch die Landesjustizverwaltung eingerichteten oder anerkannten Gütestelle (§ 794 Abs. 1 Nr. 1 ZPO) oder, wenn die Parteien den Einigungsversuch einvernehmlich unternehmen, vor einer Gütestelle, die Streitbeilegung betreibt (§ 15a Abs. 3 EGZPO), b) Verfahren vor einem Ausschuss der in § 111 Abs. 2 ArbGG bezeichneten Art (Schlichtungsausschuss betr. Ausbildungsverhältnisse), c) Verfahren vor dem Seemannsamt zur vorläufigen Entscheidung von Arbeitssachen und d) Verfahren vor sonstigen gesetzlich eingerichteten Einigungsstellen, Gütestellen oder Schiedsstellen, § 17 Nr. 7 RVG;

- das strafrechtliche Ermittlungsverfahren **und** ein nach dessen Einstellung sich anschließendes Bußgeldverfahren, § 17 Nr. 10 RVG.

Nehmen wir zur **Erläuterung** mal das Beispiel des § 17 Nr. 2 RVG:

Hier heißt es zunächst, »Verschiedene Angelegenheiten sind: 2. das Mahnverfahren und das streitige Verfahren.« Kann man diese beiden Verfahren also nun gesondert abrechnen? Die Antwort lautet: Ja. Diese beiden Verfahren (das Mahnverfahren und ein sich nach dem Wider- oder Einspruch anschließendes streitiges Verfahren) werden nach dem RVG gesondert abgerechnet!

ABER ACHTUNG: Es gibt eine Anrechnungsvorschrift für die Verfahrensgebühr des Mahnverfahrens auf die Verfahrensgebühr für das gerichtliche Verfahren! Es sind also zwei Berechnungen (in einer Abrechnung, z.B. 1. Mahnverfahren; 2. streitiges Verfahren) zu erstellen, wobei die Anrechnung der Mahnverfahrens- auf die Verfahrensgebühr des gerichtlichen Verfahrens vorzunehmen ist.

Merksatz:

Anrechnungsvorschriften ergeben sich immer nur aus dem Vergütungsverzeichnis!

Während uns im Gesetzesteil zunächst mitgeteilt wird, ob, gegen wen und wie oft wir abrechnen können, ergibt sich eine Anrechnungsvorschrift nur aus dem Vergütungsverzeichnis! Die Anrechnungsvorschrift für die Mahnverfahrensgebühr ergibt sich aus der Anmerkung zu Nr. 3305 VV RVG.

Hoppla: Für die in § 17 RVG aufgeführten Tätigkeiten **kann** es Anrechnungsvorschriften geben, muss es aber nicht. So ist z.B. in § 17 Nr. 4b RVG geregelt, dass eine einstweilige Verfügung und ein späteres gerichtliches Hauptsacheverfahren verschiedene Angelegenheiten darstellen. Hier wird jeweils gesondert abgerechnet, eine Anrechnungsvorschrift für die Verfahrensgebühr des einstweiligen Verfügungsverfahrens gibt es aber nicht.

Und: Wenn Anrechnungsvorschriften bestehen, ergeben sich diese aus dem Vergütungsverzeichnis, vgl. dazu z.B. die Abs. 4–6 zu Vorbem. 3 sowie die Anmerkungen Abs. 1–3 zu Nr. 3100 VV RVG!

Aber: Die PT-Pauschale fällt für die in § 17 aufgeführten Angelegenheiten immer jeweils gesondert an. In unserem Fall mit dem Mahnverfahren bedeutet dies, dass die PT-Pauschale sowohl einmal für das Mahnverfahren als auch einmal für das streitige Verfahren anfällt.

Übungsfall:

RA Bogs beantragt auftragsgemäß einen Mahnbescheid gegen Schuldner Hatimmernochnix. Die Hauptforderung beträgt 3.450,00 €. Der Schuldner erhebt gegen den zugestellten Mahnbescheid Widerspruch. Die Sache wird an das Streitgericht abgegeben. Der Anspruch wird begründet. Das Gericht bestimmt Termin zur mündlichen Verhandlung. Die Parteien schließen einen Vergleich.

Bitte erstellen Sie die Vergütungsrechnung für RA Bogs.

Lösungsvorschlag:

Gegenstandswert: 3.450,00 €, § 2 I RVG

1. Mahnverfahren

1,0 Mahnverfahrensgebühr (§§ 2 II, 13 I RVG), Nr. 3305 VV RVG	€ 217,00
PT-Pauschale, Nr. 7002 VV RVG	€ 20,00
Zwischensumme	€ 237,00
19 % Umsatzsteuer, Nr. 7008 VV RVG	€ 45,03
Summe	**€ 282,03**

2. Gerichtliche Tätigkeit

1,3 Verfahrensgebühr (§§ 2 II, 13 I), Nr. 3100 VV RVG	€ 282,10
abzgl. 1,0 Mahnverfahrensgebühr (§§ 2 II, 13 I), Anmerkung zu Nr. 3305 VV RVG	./. € 217,00
Zwischensumme	€ 65,10
1,2 Terminsgebühr, Nr. 3104 VV RVG	€ 260,40
1,0 Einigungsgebühr, Nr. 1003 VV RVG	€ 217,00
Zwischensumme	€ 542,50
PT-Pauschale, Nr. 7002 VV RVG	€ 20,00
Zwischensumme	€ 562,50
19 % Umsatzsteuer, Nr. 7008 VV RVG	€ 106,88
Summe	**€ 669,38**

Hinweis: Es erscheint unverständlich, warum man erst eine Gebühr berechnet, die man dann nachher wieder voll abziehen muss und die Frage stellt sich dabei, ob man nicht einfach das Mahnverfahren bei der Abrechnung unberücksichtigt lässt.

Vorsicht: Aus praktischen Gründen mag dies nachvollziehbar sein, in einer Prüfung wäre dies aber falsch. Denn im Gesetz ist nun mal geregelt, dass man die Gebühr zunächst berechnet und dann anrechnet (abzieht). Zum einen erhält man so auch die PT-Pauschale doppelt und zum anderen prägt sich die Systematik der Abrechnung besser ein. Das heißt, dass man mit der Abrechnung dann weniger Probleme hat, wenn z.B. die Anrechnung mal nicht aus dem vollen Wert erfolgt, weil die Gegenstandswerte unterschiedlich sind.

Merksatz bei der Erstellung von Vergütungsrechnungen:

1. Schritt: Prüfen, wie viele Angelegenheiten vorliegen.
2. Schritt: Die einzelnen Angelegenheiten werden abgerechnet.
3. Schritt: Nun wird geprüft, ob und ggf. in welcher Höhe eine Anrechnung vorzunehmen ist.

---

11. Besondere Angelegenheiten nach § 18 RVG

In § 18 RVG sind die Tätigkeiten aufgezählt, die grundsätzlich selbständige Angelegenheiten bilden, gleichgültig mit welchen anderen Tätigkeiten des Anwalts sie in Zusammenhang stehen. Dies unterscheidet § 18 von 17 RVG, da in § 17 RVG die Tätigkeiten eines Anwalts, die als verschiedene Angelegenheiten aufgeführt sind, immer in Zusammenhang mit einer bestimmten anderen Tätigkeit stehen (Bitte beachten Sie das im obigen Kapitel fett gedruckte Wort »und«, aus dem sich dies ergibt.).

Wir halten fest:
Für die in § 18 aufgeführten Tätigkeiten gibt es keine Anrechnungsvorschriften!

Prüfungstipp: *Da sich immer wieder das RVG durch verschiedene Gesetze auch in Detailfragen ändern kann, sollten Sie grundsätzlich mit einem aktuellen Gesetzestext in die Prüfung gehen! Das RVG hat seit dem 01.07.2004 bereits zahlreiche Änderungen erfahren.*

Besondere Angelegenheiten nach § 18 I RVG (Stand: Sept. 2009) sind:

– jede Vollstreckungsmaßnahme zusammen mit den durch diese vorbereiteten weiteren Vollstreckungshandlungen bis zur Befriedigung des Gläubigers; dies gilt entsprechend im Verwaltungszwangsverfahren (Verwaltungsvollstreckungsverfahren), § 18 I Nr. 1 RVG;

– weitere Maßnahmen der Zwangsvollstreckung, § 18 I Nr. 2 – 20 RVG

Besondere Angelegenheiten werden also gesondert abgerechnet, Anrechnungsvorschriften gibt es für die hier aufgeführten Angelegenheiten nicht.

Übungsfall:

RA Schön lässt auftragsgemäß ein vorläufiges Zahlungsverbot an den Drittschuldner/ Arbeitgeber des Schuldners durch den Gerichtsvollzieher zustellen. Gleichzeitig beantragt er beim Vollstreckungsgericht den Erlass eines Pfändungs- und Überweisungsbeschlusses. Der Gegenstandswert für beide Tätigkeiten beträgt 655,00 €.

Bitte erstellen Sie die Vergütungsrechnung für RA Schön (ohne Gerichtskosten).

Lösungsvorschlag:

Die Vollstreckungsmaßnahme (Pfändungs- und Überweisungsbeschluss) stellt mit dem vorläufigen Zahlungsverbot (vorbereitende Maßnahme) **zusammen** eine besondere Angelegenheit dar, § 18 I Nr. 1 RVG. Die Vollstreckungsgebühr kann daher **nur einmal** abgerechnet werden.

Wert: 655,00 €

0,3 Verfahrensgebühr, Nr. 3309 VV RVG	€ 19,50
PT-Pauschale, Nr. 7002 VV RVG	€ 3,90
Zwischensumme	€ 23,40
19 % Umsatzsteuer, Nr. 7008 VV RVG	€ 4,45
Summe	**€ 27,85**

12. Der Rechtszug – § 19 RVG

Zum Rechtszug oder dem Verfahren gehören auch alle Vorbereitungs-, Neben- und Abwicklungstätigkeiten und solche Verfahren, die mit dem Rechtszug oder Verfahren zusammenhängen, wenn die Tätigkeit nicht nach § 18 RVG eine besondere Angelegenheit ist, § 19 I 1 RVG.

Tätigkeiten, die zum Rechtszug gehören, können nicht gesondert abgerechnet werden, sondern sind mit den Gebühren für das Verfahren selbst abgegolten.

Zum Rechtszug gehören insbesondere:
- die Vorbereitung der Klage, des Antrags oder Rechtsverteidigung, soweit kein besonderes gerichtliches oder behördliches Verfahren stattfindet, § 19 I 2 Nr. 1 RVG;
- außergerichtliche Verhandlungen, § 19 I 2 Nr. 2 RVG;
- Zwischenstreite, die Bestimmung des zuständigen Gerichts, die Bestellung von Vertretern durch das in der Hauptsache zuständige Gericht, die Ablehnung von Richtern, Rechtspflegern, Urkundsbeamten der Geschäftsstelle oder Sachverständigen, die Festsetzung des Streit- oder Geschäftswerts, § 19 I 2 Nr. 3 RVG;
- das Verfahren über die Erinnerung (§ 573 ZPO) und die Gehörsrüge (§ 321a ZPO), § 19 I 2 Nr. 5 RVG;
- die Berichtigung und Ergänzung der Entscheidung oder ihres Tatbestandes, § 19 I 2 Nr. 6 RVG;
- die Einlegung von Rechtsmitteln in Verfahren, in denen sich die Gebühren nach Teil 4–6 VV richten (z.B. Strafsachen), außer, ein neu beauftragter RA wird tätig, dann richtet sich die Gebührenhöhe nach dem Rechtsmittelverfahren, § 19 I 2 Nr. 10 RVG;

– die erstmalige Erteilung der Vollstreckungsklausel, § 19 I 2 Nr. 13 RVG;
– die Kostenfestsetzung und die Einforderung der Vergütung, § 19 I 2 Nr. 14 RVG, usw.

Übungsfall:

RA Huber, der den Kläger in der 1. Instanz erfolgreich vertreten hat, stellt einen Kostenfestsetzungsantrag an das Gericht. Kann er für den Antrag auf Festsetzung der entstandenen Gebühren und Auslagen sowie Gerichtskosten eine gesonderte Vergütung berechnen?

Lösungsvorschlag:

Nein. Da RA Huber bereits als Prozessbevollmächtigter tätig geworden ist, gehört das Kostenfestsetzungsverfahren nach § 19 I 2 Nr. 14 RVG zum Rechtszug. Er erhält somit für diese Tätigkeit keine gesonderte Vergütung, § 15 II 2 RVG.

Kapitel 2
Das Vergütungsverzeichnis

1. Vergütungsverzeichnis

Das Vergütungsverzeichnis ist als Anlage zu § 2 II RVG beigefügt und bildet das Kernstück des RVG, da sich aus ihm die einzelnen Gebühren und ihre Höhe ergeben.

Das Vergütungsverzeichnis ist in drei bzw. vier Spalten aufgeteilt. Die Teile 1, 2, 3 und 7 haben drei Spalten. In Spalte 1 ist die Nummer des Vergütungsverzeichnisses zu der jeweiligen Gebühr, in Spalte 2 der Gebührentatbestand und in Spalte 3 die Gebühr oder der Satz der Gebühr nach § 13 RVG eingestellt.

Die Teile 4, 5 und 6 des Vergütungsverzeichnisses haben eine weitere vierte Spalte, in der die Gebühr des gerichtlich bestellten oder beigeordneten Rechtsanwalts (Pflichtverteidiger) verzeichnet ist.

2. Die 7 Teile des Vergütungsverzeichnisses

Das Vergütungsverzeichnis ist gegliedert. So lassen sich die einzelnen Gebühren schneller finden.

Prüfungstipp: *Die nachfolgenden Überschriften der 7 Teile des Vergütungsverzeichnisses sollten Sie kennen. So haben Sie in Ihrer Abschlussprüfung einen klaren Zeitvorteil und müssen nicht in sämtlichen Teilen suchen, wenn Sie z.B. die Gebühren in Strafsachen berechnen sollen, sondern lediglich in Teil 4.*

Die 7 Teile sind wie in der folgenden Tabelle aufgeführt untergliedert:

Teil 1	Allgemeine Gebühren
Teil 2	Außergerichtliche Tätigkeit einschließlich Tätigkeit im Verwaltungsverfahren
Teil 3	Zivilsachen, Verfahren der öffentlich-rechtlichen Gerichtsbarkeiten, Verfahren nach dem Strafvollzugsgesetz; auch in Verbindung mit § 92 des Jugendgerichtsgesetzes und ähnliche Verfahren
Teil 4	Strafsachen
Teil 5	Bußgeldsachen
Teil 6	Sonstige Verfahren (Rechtshilfeverfahren, Disziplinarverfahren, etc.)
Teil 7	Auslagen

3. Vergütungsverzeichnisnummern

Im Vergütungsverzeichnis sind über 230 Vergütungsverzeichnisnummern aufgeführt. Damit man sich in diesen vielen Nummern schnell zurechtfindet, ist die Gliederung des Vergütungsverzeichnisses wichtig. Sollen Gebühren für das Strafverfahren berechnet werden, so sind diese z.B. in Teil 4 geregelt. Hier hilft die weitere Untergliederung (1. Instanz, Vorverfahren etc.) weiter, die gesuchten Gebühren schnell zu finden.

4. Vorbemerkungen und Abschnitte

Um dem Leser das rasche Einfinden in das neue Vergütungsverzeichnis zu erleichtern, soll der Aufbau im Einzelnen zunächst erläutert werden.

Wie oben dargelegt, ist das Vergütungsverzeichnis in sieben Teile untergliedert. Jeder Teil hat eigene Vorbemerkungen, die oft wichtige Inhalte haben. So finden sich in den Vorbemerkungen z.B. auch Anrechnungsvorschriften oder Hinweise darauf, wann eine Gebühr entstehen kann (vgl. z.B. zur Terminsgebühr Vorbemerkung 3 Abs. 3 VV RVG).

Die Vorbemerkungen tragen als erste arabische Ziffer immer die gleiche Ziffer wie der Teil, in dem man sich befindet, so findet sich z.B. Vorbemerkung 1 in Teil 1, Vorbemerkung 2 in Teil 2, Vorbemerkung 3 in Teil 3 usw. Eine Vorbemerkung 2 in Teil 1 gibt es nicht!

Die Vorbemerkungen, die zu jedem Teil aufgeführt sind, regeln Grundsätze, die für alle Gebühren, die in diesem Teil geregelt sind, gelten.

Beispiel:

»Vorbemerkung 1: Die Gebühren dieses Teils entstehen neben den in anderen Teilen bestimmten Gebühren.«

In Teil 1 gibt es 9 Vergütungsverzeichnisnummern (1000 – 1009 VV RVG). Die oben zitierte Vorbemerkung 1 ist auf jede Vergütungsverzeichnisnummer anzuwenden.

Nicht alle, jedoch die meisten Teile des Vergütungsverzeichnisses sind weiter in Abschnitte und Unterabschnitte eingeteilt. Vorbemerkungen, die vor Abschnitte gestellt sind, gelten nur für die in diesem Abschnitt geregelten Gebühren. Vorbemerkungen zu einzelnen Abschnitten tragen die gleiche arabische Ziffer wie der Abschnitt, in dem man sich gerade befindet, so findet sich die Vorbemerkung 2.4 in Teil 2 Abschnitt 4 des Vergütungsverzeichnisses.

Weitergehend sind Vorbemerkungen zu Unterabschnitten ebenfalls der jeweiligen Ziffer zugeordnet, die Vorbemerkung 3.2.1 findet sich z.B. in Teil 3, 2. Abschnitt, 1. Unterabschnitt des Vergütungsverzeichnisses.

Vorbemerkung	3.	2.	1.
	↓	↓	↓
	Teil	Abschnitt	Unterabschnitt

Auch anhand der Vergütungsverzeichnisnummern kann man erkennen, in welchem Teil und welchem Abschnitt des Vergütungsverzeichnisses man sich befindet.

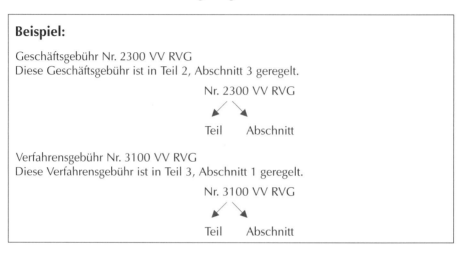

Beispiel:

Geschäftsgebühr Nr. 2300 VV RVG
Diese Geschäftsgebühr ist in Teil 2, Abschnitt 3 geregelt.

Nr. 2300 VV RVG

Teil   Abschnitt

Verfahrensgebühr Nr. 3100 VV RVG
Diese Verfahrensgebühr ist in Teil 3, Abschnitt 1 geregelt.

Nr. 3100 VV RVG

Teil   Abschnitt

5. Anmerkungen

Unter einzelnen Gebührentatbeständen finden sich oft Anmerkungen. Die Anmerkungen sind optisch daran zu erkennen, dass sie kleiner gedruckt sind als die Gebührentatbestände und regelmäßig unterhalb der Gebührenhöhe aufgeführt sind. Beispielhaft soll die Einigungsgebühr nach Nr. 1000 VV RVG angeführt werden. Zur Einigungsgebühr nach Nr. 1000 VV RVG finden sich fünf Anmerkungen. Haben die Parteien z.B. eine außergerichtlichen Einigung auf Widerruf geschlossen, so entsteht die Einigungsgebühr erst mit dem Ablauf der Widerrufsfrist. Dies ergibt sich aus Abs. 3 der Anmerkung (= Anm.) zu Nr. 1000 VV RVG.

Betrachtet man die Aussöhnungsgebühr nach Nr. 1001 VV RVG, so ergibt sich aus der Anmerkung, dass der RA diese Gebühr nur erhält, wenn der ernstliche Wille eines Ehegatten, eine Scheidungssache oder ein Verfahren auf Aufhebung der Ehe anhängig zu machen hervorgetreten ist und die Ehegatten die eheliche Lebensgemeinschaft fortsetzen oder die eheliche Lebensgemeinschaft wieder aufnehmen und er bei der Aussöhnung mitgewirkt hat.

Prüfungstipp: *Die Anmerkungen sind in der Rechnung dann anzugeben, wenn sich aus ihnen z.B. eine Anrechnungsvorschrift ergibt.*

Anhand der Nr. 3101 VV RVG soll beispielhaft die vom Gesetzgeber vorgesehene Zitierweise erläutert werden:

Übersicht

Nr.	Gebührentatbestand	Gebühr oder Satz der Gebühr nach § 13 RVG
3101	1. Endigt der Auftrag, bevor der RA die Klage, den ein Verfahren einleitenden Antrag oder einen Schriftsatz, der Sachanträge, Sachvortrag, die Zurücknahme der Klage oder die Zurücknahme des Antrags enthält, eingereicht oder bevor er einen Termin wahrgenommen hat, 2. soweit lediglich beantragt ist, eine Einigung der Parteien oder der Beteiligten oder mit Dritten über in diesem Verfahren nicht rechtshängige Ansprüche zu Protokoll zu nehmen oder festzustellen (§ 278 Abs. 6 ZPO), oder soweit lediglich Verhandlungen vor Gericht zur Einigung über solche Ansprüche geführt werden, oder 3. soweit in einer Familiensache, die nur die Erteilung einer Genhemigung oder die Zustimmung des Familiengerichts zum Gegenstand hat, oder in einem Verfahren der freiwilligen Gerichtsbarkeit lediglich ein Antrag gestellt und eine Entscheidung entgegengenommen wird, beträgt die Gebühr . . . . (1) In den Fällen der Nummer 2 wird eine Gebühr nach dem Wert der nicht rechtshängigen Ansprüche auf eine Verfahrensgebühr, die wegen desselben Gegenstands in einem anderen Verfahren entsteht, angerechnet. (2) Nummer 3 ist in streitigen Verfahren der freiwilligen Gerichtsbarkeit und in Verfahren nach dem Gesetz über das gerichtliche Verfahren in Landwirtschaftssachen, nicht anzuwenden.	 0,8

Die ersten drei Nummern (1., 2. u. 3.) sind Nummern der Vergütungsverzeichnis-Nr. 3101. Zitiert werden diese z.B.:

– Nr. 3101 Nr. 1 VV RVG (vorzeitige Beendigung);
   Nr. 3101 Nr. 2 VV RVG (Differenzverfahrensgebühr).

Am Beispiel des obigen Auszugs aus dem Vergütungsverzeichnis ist sehr schön zu erkennen, dass die Gebührenhöhe, nämlich 0,8, nicht in der gleichen Zeile steht wie die Zahl 3101. Damit ist klargestellt, dass der gesamte Text, der sich zwischen der Nr. 3101 und der Gebührenhöhe 0,8 befindet, zum Gebührentatbestand zählt. Es wird nochmals auf die optische Unterscheidung zwischen Gebührentatbestand und Anmerkung hingewiesen. Der Gebührentatbestand ist im Schriftbild größer als die unterhalb der Gebührenhöhe 0,8 stehende Anmerkung.

Bei den zwei unteren Absätzen (1) und (2) handelt es sich um Anmerkungen zu der Nr. 3101 VV RVG. Zitiert z.B. als: »Abs. 2 der Anm. zu Nr. 3101 VV RVG« oder »Nr. 3101 Anm. Abs. 2 VV RVG« oder »Nr. 3101 Anm. II VV RVG«.

In diesem Beispiel besteht die Anmerkung zu Nr. 3101 VV RVG aus zwei Absätzen. Anmerkungen zu VV-Nrn. können auch einfach, d.h. ohne in Absätze unterteilt zu sein auftreten, so z.B. die Anm. zu Nr. 4118 VV RVG. Dann wird diese Anmerkung einfach als »Anm. zu Nr. 4118 VV RVG« zitiert.

Die Anmerkungen selbst können wiederum auch mehrere Nummern aufweisen, vgl. z.B. Nr. 3104 VV RVG. Dann lautet das Zitat »Abs. 1 Nr. 1 der Anm. zu Nr. 3401 VV RVG«. In der Nr. 3201 VV RVG weist die Anmerkung hingegen zwar Nummern auf, jedoch keine Absätze. Dann wird folgendermaßen zitiert: »Nr. 2 der Anm. zu Nr. 3201 VV RVG«.

Zur besseren Verständlichkeit: Arabische Zahlen die mit einem Punkt versehen sind, so z.B. 1., werden als Nr. bezeichnet, so z.B. hier Nr. 1. Zahlen die sich in Klammern befinden sind Absätze, z.B. (1) = Absatz 1.

Obwohl es ungewöhnlich scheint zu schreiben: **Nr.** 3101 **Nr.** 1 VV RVG hat die Verfasserin für dieses Werk diese Schreibweise gewählt, da der Gesetzgeber dies ebenfalls so handhabt.

Frage: Könnte man auch schreiben: Nr. 3101 Ziff. 1 VV RVG? Einige Autoren zum RVG zitieren die 0,8 Verfahrensgebühr auf diese Art. 100 % korrekt ist dies nicht, erzählte mir ein zuständiger Mitarbeiter des Bundesjustizministeriums auf Nachfrage, da Ziffer nur bis 12 geht (Ziffernblatt) und im RVG aber z.B. auch Nr. 20 vorkommt (siehe § 18 RVG). Klären Sie daher bitte mit ihren Lehrkräften, ob diese Schreibweise in der Abschlussprüfung akzeptiert wird. In vielen Kammerbezirken lässt man beides gelten (Nr. 3101 Nr. 1 VV RVG oder Nr. 3101 Ziff. 1 VV RVG). Falsch wäre jedoch: Nr. 3101 Abs. 1 VV RVG.

Prüfungstipp:

Es wird immer wieder die Frage gestellt, ob Vorbemerkungen, Anmerkungen und Paragrafen in einer Abrechnung anzugeben sind. Dabei muss zwischen Praxis und Prüfung unterschieden werden.

In der Praxis *fordert der Gesetzgeber weder die Angabe von Vorbemerkungen, noch Anmerkungen oder Paragrafen. In § 10 RVG, der den notwendigen Inhalt einer Rechnung behandelt, wird diesbezüglich nur die Angabe der Vergütungsverzeichnisnummer gefordert.*

Was aber ist mit der Prüfung? *Die Verfasserin kann naturgemäß keine Angaben darüber machen, welche Angaben Ihre Prüfer in Zukunft verlangen werden (vgl. bitte auch das Kapitel 1 »Welche Paragrafen sind in der Prüfung anzugeben?). Sie sollten daher die Angaben auf Ihrer Prüfungsaufgabe genauestens studieren. Ist dort die Angabe von Vorbemerkungen oder Anmerkungen **generell** gefordert, sollten Sie diese auch in den Lösungen angeben. Möglicherweise fordert man dies aber nicht im Vorspann zur Prüfung, sondern gibt Ihnen bei den einzelnen Aufgaben an, welche Angaben zu machen sind. **Lesen Sie bitte daher aufmerksam Ihre Prüfungsaufgaben durch!***

Der Verfasserin ist bekannt, dass einige Kammern sich entschieden haben, bei den vollständigen Abrechnungen (nicht bei den allgemeinen Fragen!) nur die Vergütungsverzeichnisnummern abzufragen und nicht die entsprechenden Paragrafen. Dies wird aber in den verschiedenen Kammerbezirken unterschiedlich gehandhabt, so dass es sinnvoll sein kann, wenn Sie sich bei Ihren Lehrern bzw. bei der für Sie zuständigen Rechtsanwaltskammer danach erkundigen, welche Angaben in der Prüfung verlangt werden. Es sind bei den Beispielrechnungen die notwendigen Paragrafen in Klammern angegeben.

Im Zweifel *sollten Sie Paragrafen, Vorbemerkungen oder Anmerkungen angeben. Haben Sie **richtig** zitiert, wird man Ihnen für zuviel Angegebenes sicherlich keine Punkte abziehen.*

Beispiel Geschäftsgebühr

1,3 Geschäftsgebühr
§§ 2 II, 13 I, 14 I, Nr. 2300 VV RVG
(§ 2 II = Vergütungsverzeichnis
§ 13 I = Tabelle
§ 14 I = Rahmengebühr
Nr. 2300 VV RVG = Geschäftsgebühr)

Notwendig nach § 10 RVG:
1,3 Geschäftsgebühr
Nr. 2300 VV RVG

Beispiel:

Anrechnungsvorschrift Geschäftsgebühr – außergerichtlich gemahnt 5.000,00 €,
Klageerhebung: 5.000,00 €.

1,3 Geschäftsgebühr
(§§ 2 II, 13 I, 14 I RVG), Nr. 2300 VV RVG
PT-Pauschale, Nr. 7002 VV RVG
Zwischensumme
19 % Umsatzsteuer, Nr. 7008 VV RVG
Summe

1,3 Verfahrensgebühr
(§§ 2 II, 13 I), Nr. 3100 VV RVG
PT-Pauschale, Nr. 7002 VV RVG
./. 0,65 Geschäftsgebühr,
Nr. 2300, Abs. 4 der Vorbem. 3 VV RVG
Zwischensumme
19 % Umsatzsteuer, Nr. 7008 VV RVG
Summe

Müssen Sie allgemeine Fragen beantworten, sollten Sie **immer** alle erforderlichen Bestimmungen angeben.

Übungsfall:

Mit welchem Gebührensatz sind die folgenden Geschäftsgebühren anzurechnen?

a) 0,5 Geschäftsgebühr, Nr. 2300 VV RVG
b) 1,3 Geschäftsgebühr, Nr. 2300 VV RVG
e) 2,0 Geschäftsgebühr, Nr. 2300 VV RVG

Lösungsvorschlag:

a) 0,25 Geschäftsgebühr, Nr. 2300, Vorbemerkung 3 Abs. 4 VV RVG
b) 0,65 Geschäftsgebühr, Nr. 2300, Vorbemerkung 3 Abs. 4 VV RVG
e) 0,75 Geschäftsgebühr, Nr. 2300, Vorbemerkung 3 Abs. 4 VV RVG

6. Synopse der Vergütungsverzeichnisnummern

Zum 01.07.2006 wurden die in Nr. 2100 – 2103 VV RVG a.F. geregelten Beratungsgebühren abgeschafft. Die Beratung ist seit dann über § 34 RVG geregelt, siehe auch ausführlicher Kapitel 1. Ab den VV-Nrn. 2100 n.F. (bzw. 2200 a.F.) hat sich keine inhaltliche Änderung ergeben. Lediglich die VV-Nrn. haben sich um eine 100er Stelle verschoben.

RVG a.F. (Fassung bis zum 30.06.2006)	RVG n.F. (Fassung ab 01.07.2006)
Nr. 2100 VV	§ 34 Abs. 1 Satz 1
Nr. 2101 VV	§ 34 Abs. 1 Satz 1
Nr. 2102 VV	§ 34 Abs. 1 Satz 3
Nr. 2103 VV	§ 34 Abs. 1 Satz 1
Nr. 2200 VV	Nr. 2100 VV
Nr. 2201 VV	Nr. 2101 VV
Nr. 2202 VV	Nr. 2102 VV
Nr. 2203 VV	Nr. 2103 VV
Nr. 2300 VV	Nr. 2200 VV
Nr. 2301 VV	Nr. 2201 VV
Vorbem. 2.4.	Vorbem. 2.3.
Nr. 2400 VV	Nr. 2300 VV
Nr. 2401 VV	Nr. 2301 VV
Nr. 2402 VV	Nr. 2302 VV
Nr. 2403 VV	Nr. 2303 VV
Vorbem. 2.5.	Vorbem. 2.4.
Nr. 2500 VV	Nr. 2400 VV
Nr. 2501 VV	Nr. 2401 VV
Vorbem. 2.6.	Vorbem. 2.5.
Nr. 2600 VV	Nr. 2500 VV
Nr. 2601 VV	Nr. 2501 VV
Nr. 2602 VV	Nr. 2502 VV
Nr. 2603 VV	Nr. 2503 VV
Nr. 2604 VV	Nr. 2504 VV
Nr. 2605 VV	Nr. 2505 VV
Nr. 2606 VV	Nr. 2506 VV
Nr. 2607 VV	Nr. 2507 VV
Nr. 2608 VV	Nr. 2508 VV

Kapitel 3
Rahmen- und Festgebühren

Bei den anwaltlichen Gebühren werden verschiedene Gebührenarten unterschieden.

1. Rahmengebühren

Die Rahmengebühren sind eingeteilt in

- **Satzrahmengebühren** und
- **Betragsrahmengebühren**.

Beispiele für eine **Satzrahmengebühr** sind z.B. die Gebühr für die Prüfung der Erfolgsaussichten eines Rechtsmittels nach Nr. 2100 VV RVG und die Geschäftsgebühr, Nr. 2300 VV RVG. Die Gebühr für die Prüfung der Erfolgsaussichten eines Rechtsmittels nach Nr. 2100 VV RVG wird innerhalb eines Satzrahmens von 0,5 bis 1,0 gebildet (Mittelgebühr: 0,5 + 1,0 = 1,5; 1,5 : 2 = 0,75). Der Satzrahmen der Geschäftsgebühr nach Nr. 2300 VV RVG beträgt 0,5 bis 2,5 (Mittelgebühr: 0,5 + 2,5 = 3,0; 3,0 : 2 = 1,5).

Betragsrahmengebühren finden wir hauptsächlich in den Teilen 4–6 RVG. Hier sind Beträge vorgegeben, so z.B. in Nr. 4100 (Grundgebühr) ein Betragsrahmen von 30,00 bis 300,00 €.

Wichtig: Der **RA** bestimmt innerhalb des vorgegebenen Satz- oder Betragsrahmens seine Gebühr gemäß **14 RVG** nach

- billigem Ermessen unter
  Berücksichtigung des Einzelfalls, vor allem aber
- des Umfangs der Angelegenheit,
  - der Schwierigkeit der Angelegenheit,
  - der Bedeutung der Angelegenheit für den Auftraggeber sowie,
  - der Einkommens- und Vermögensverhältnisse des Auftraggebers.

Das **Haftungsrisiko kann** berücksichtigt werden, bei Betragsrahmengebühren **ist** es zu berücksichtigen.

2. Mittelgebühr

Hinweis: Bei durchschnittlichen Fällen wird in der Regel von der sogenannten Mittelgebühr ausgegangen.

Prüfungstipp:

In den Abschlussprüfungen soll meistens von der Mittelgebühr ausgegangen werden. Denn eine Bemessung der Gebühr allein anhand einer gestellten Aufgabe ist schwierig vorzunehmen und noch schwieriger zu korrigieren. Ein entsprechender Hinweis findet sich meist zu Beginn der Prüfungsaufgabe. Daher ist es unbedingt erforderlich, dass das Berechnen der Mittelgebühr keine Schwierigkeiten bereitet.

Übungsfall:

Berechnen Sie bitte die jeweiligen Mittelgebühren:

a) Gebühr für die Prüfung der Erfolgsaussichten eines Rechtsmittels gem. Nr. 2100 VV RVG aus 2.000,00 €

b) Geschäftsgebühr gem. Nr. 2300 RVG aus 4.500,00 €

c) Terminsgebühr gem. Nr. 4108 RVG (Wahlanwalt)

Lösungsvorschlag:

(**Anmerkung:** Die Mittelgebühr bei **Satz**rahmengebühren errechnet sich, indem Mindestsatz und Höchstsatz addiert werden und der sich ergebende Betrag sodann durch 2 geteilt wird.)

a) 0,5 + 1,0 = 1,5; 1,5 : 2 = 0,75 (Mittelgebühr)
   Eine 1,0 Gebühr aus 2.000,00 € beträgt: 133,00 €
   133,00 € × 0,75 = 99,75 €.

b) 0,5 + 2,5 = 3,0; 3,0 : 2 = 1,5 (Mittelgebühr)
   Eine 1,0 Gebühr aus 4.500,00 € beträgt: 273,00 €
   273,00 € × 1,5 = 409,50 €.

(**Anmerkung:** Die Mittelgebühr bei **Betrags**rahmengebühren errechnet sich, indem Mindest- und Höchstbetrag addiert und durch 2 geteilt werden.)

c) 60,00 € + 400,00 € = 460,00 €; 460,00 € : 2 = 230,00 €

Prüfungstipp: *Möglicherweise verlangt man bei der Geschäftsgebühr, dass Sie von der Regelgebühr in Höhe von 1,3 ausgehen.* **Bitte beachten Sie diesbezüglich unbedingt Ihre Angaben in der Prüfung!** *Zur Regelgebühr siehe auch den nachfolgenden Abschnitt.*

3. Die Regelgebühr von 1,3 bei der Geschäftsgebühr

Aus der Anmerkung zu Nr. 2300 VV RVG ergibt sich, dass der RA eine Gebühr von mehr als 1,3 nur fordern kann, wenn seine Tätigkeit **umfangreich** <u>oder</u> **schwierig** war.

Will der RA daher eine Geschäftsgebühr von mehr als 1,3 in Rechnung stellen, muss seine Tätigkeit umfangreich oder schwierig gewesen sein. Die anderen Kriterien, die in 14 RVG genannt werden, spielen daher bei einer Geschäftsgebühr über 1,3 keine Rolle. Dies ist eine Besonderheit.

Übungsfall:

Wann kann der RA eine Geschäftsgebühr für eine außergerichtliche Vertretung in einer Unfallsache, die über 1,3 liegt, berechnen?

Lösungsvorschlag:

Der RA kann eine Geschäftsgebühr von mehr als 1,3 nur fordern, wenn die Tätigkeit umfangreich oder schwierig war, vgl. dazu Anmerkung zu Nr. 2300 VV RVG.

Prüfungstipp: *Achten Sie in Ihrer Abschlussprüfung bei der Aufgabenstellung auf den Hinweis: »Die Tätigkeit des RA war weder umfangreich noch schwierig.« Sie können davon ausgehen, dass in einem solchen Fall nach der sogenannten Regelgeschäftsgebühr gefragt ist. Dies ist z.B. bei der Geschäftsgebühr Nr. 2300 die 1,3 und bei der Geschäftsgebühr Nr. 2301 VV RVG die 0,7.*

4. Festgebühren

Festgebühren sind Gebühren, die feststehen und von denen weder nach oben noch nach unten abgewichen werden kann. Festgebühren sind auch nicht abhängig von der Höhe des Gegenstandswertes. Beispiele für Festgebühren finden wir in Teil 2, Abschnitt 5 des Vergütungsverzeichnisses (Beratungshilfe).

So beträgt beispielsweise die Beratungsgebühr bei Beratungshilfe nach Nr. 2501 VV RVG 30,00 €.

Auch die Gebühren für den Pflichtverteidiger (z.B. 4. Spalte im Vergütungsverzeichnis in Teil 4 des VV RVG) sind Festgebühren, z.B. 132,00 € als Grundgebühr nach Nr. 4100 VV RVG.

5. Wertgebühren

Wertgebühren werden aus dem Gegenstandswert berechnet. Dabei können Wertgebühren einen festen Gebührensatz aufweisen, aber auch einen Satzrahmen.

Beispiel:

Wertgebühr mit festem Gebührensatz:
1,3 Verfahrensgebühr, Nr. 3100 VV RVG

Beispiel:

Wertgebühr mit Satzrahmen:
0,5 bis 2,5 Geschäftsgebühr, Nr. 2300 VV RVG

Kapitel 4
Übergangsvorschriften

1. Allgemeines

Die Übergangsvorschriften, d.h., die Frage, ob altes oder neues Recht anwendbar ist, ist in vielen Fällen nicht einfach zu beantworten. Auf strittige Fälle soll an dieser Stelle nicht eingegangen werden, da die Meinungen, wie solche Fälle abgerechnet werden, unterschiedlich sind und dem Prüfling nicht weiterhelfen. Es werden daher nachstehend weitgehend nach Ansicht der Verfasserin zweifelsfreie Beispielfälle dargestellt.

2. Dauerübergangsregelung, § 60 RVG

§ 60 RVG kommt dann zur Anwendung, wenn sich im RVG einmal selbst etwas ändert (z.B. aufgrund eines Korrekturgesetzes) oder aber sich ein Gesetz ändert, auf das das RVG verweist. § 60 RVG ist z.B. zur Anwendung gekommen, als die Umsatzsteuer von 16 auf 19% erhöht worden ist.

3. Übergangsregelung RVG/BRAGO, § 61 RVG

§ 61 RVG benötigen wir dann, wenn es um die Beantwortung der Frage: »Abrechnung nach BRAGO oder RVG?« geht. § 61 RVG enthält dieselben Kriterien wie § 60 RVG mit einer Erweiterung für die Vergütungsvereinbarung.

Die Kriterien sind:

– unbedingte Auftragserteilung
– Bestellung zum Pflichtverteidiger
– Beiordnung als PKH-Anwalt
– mehrere Gegenstände
– Einlegung eines Rechtsmittels
– Abschluss einer Vergütungsvereinbarung.

Beispiel:

Außergerichtlicher Auftrag:
Im Mai 2004 erfolgt der Auftrag, Schuldnerin Geldlos zur Zahlung eines Betrages anzumahnen. Das Mahnschreiben erfolgt im Juni 2004. Schuldnerin Geldlos setzt sich daraufhin mit RA R telefonisch in Verbindung und bespricht die Angelegenheit. Schuldnerin Geldlos zahlt daraufhin. Die Angelegenheit ist erledigt.

Da der unbedingte Auftrag vor in Kraft treten des RVG erteilt worden ist, ist die Abrechnung nach BRAGO zu erstellen, § 61 I 1 RVG.

Beispiel:

Gerichtlicher Auftrag:
Ende Juni 2004 erfolgt der Auftrag, Klage zu erheben. Die Klageerhebung erfolgt im Juli 2004. Im Juli 2004 erfolgt eine mündliche Verhandlung. Im September 2004 Termin zur Beweisaufnahme.

Der RA hat seine gesamten Gebühren nach der BRAGO zu berechnen, da der unbedingte Auftrag für die Durchführung des gesamten Verfahrens vor dem 01.07.2004 erteilt worden ist, § 61 I 1 RVG.

Beispiel:

Unbedingter Klageauftrag:
Ende Juni 2004 erhält RA R den Auftrag, eine Klage einzureichen und gleichzeitig soll er Antrag auf Bewilligung von Prozesskostenhilfe stellen. Die Prozesskostenhilfe wird im Juli 2004 bewilligt.

Der Auftrag für das Klageverfahren war ohne die Bedingung einer Bewilligung der Prozesskostenhilfe im Juni 2004 erteilt worden. Der RA rechnet somit nach BRAGO ab, § 61 I 1 RVG.

Beispiel:

Einlegung eines Rechtsmittels durch **erstinstanzlich tätigen** RA:
RA Rasch, der seinen Auftraggeber bereits in der ersten Instanz vertreten hat, erhält Mitte Juni 2004, den Auftrag, für seinen Auftraggeber Berufung gegen ein Urteil des Landgerichts München I einzulegen. Die Berufung wird kurz vor Ablauf der Frist Mitte Juli 2004 eingelegt.

Die Abrechnung des Berufungsverfahrens erfolgt nach dem RVG, da es im Rechtsmittelverfahren auf die Einlegung des Rechtsmittels, nicht aber auf den erteilten Auftrag ankommt, aber nur wenn der RA bereits in der ersten Instanz tätig war, § 61 I 2 RVG. Dies ist hier der Fall.

Beispiel:

Einlegung eines Rechtsmittels durch **neuen RA:**
Variante zu vorherigem Fall. Wenn der Auftraggeber nicht RA Rasch sondern einen neuen RA mit der Einlegung der Berufung beim Landgericht München I beauftragt, kommt es für diesen nicht auf die Einlegung des Rechtsmittels sondern auf die unbedingte Auftragserteilung in derselben Angelegenheit an, da er noch nicht in der ersten Instanz tätig war. Sucht der Auftraggeber nun einen neuen RA auf und beauftragt diesen mit der Einlegung der Berufung beispielsweise im Juni 2004, so rechnet dieser RA, wenn die Berufung nach dem 01.07.2004 eingelegt wird, nach BRAGO ab!

Beispiel:

Vergütungsvereinbarung:
Im Mai 2004 wird RA Vollmann beauftragt, ein Klageverfahren vor dem Landgericht Hamburg durchzuführen. Nachdem sich herausstellt, dass die Sache sehr umfangreich wird und RA Vollmann mit den gesetzlichen Gebühren seine Tätigkeit nicht angemes-

sen vergütet sieht, bespricht er mit seinem Auftraggeber den Abschluss einer Vergütungsvereinbarung, die im August 2004 abgeschlossen wird.

Für den Abschluss der Vergütungsvereinbarung gelten die neuen Bestimmungen des § 4 RVG.

4. Übergangsregelungen GKG und FamGKG

Zu beachten sind die anders lautenden Übergangsregelungen für das GKG (§§ 71 u. 72 GKG) sowie das FamGKG (§ 63).

§ 63 FamGKG

(1) In Verfahren, die vor dem Inkrafttreten einer Gesetzesänderung anhängig geworden sind, werden die Kosten nach bisherigem Recht erhoben. Dies gilt nicht im Verfahren über ein Rechtsmittel, das nach dem Inkrafttreten einer Gesetzesänderung eingelegt worden ist. Die Sätze 1 und 2 gelten auch, wenn Vorschriften geändert werden, auf die dieses Gesetz verweist.

(2) Bei Vormundschaften und bei Dauerpflegschaften gilt für Kosten, die vor dem Inkrafttreten einer Gesetzesänderung fällig geworden sind, das bisherige Recht.

Kapitel 5
Das GKG und FamGKG

1. Das GKG

Das Gerichtskostengesetz (GKG) regelt im Wesentlichen die Gerichtskosten des Zivil- und Strafprozesses, das FamGKG regelt die Gerichtskosten aus dem Bereich der freiwilligen Gerichtsbarkeit.

Hinweis: Bis zum 31.08.2009 ist für Angelegenheiten aus dem Bereich der freiwilligen Gerichtsbarkeit die KostO anwendbar gewesen. Seit dem 01.09.2009 ist das FamGKG in Kraft getreten. Es wird nachfolgend nur das FamGKG und nicht mehr die KostO behandelt.

Hoppla: Das Gerichtskostengesetz gibt es bereits seit 1878! Es ist also wesentlich »älter« als das BGB (01.01.1900).

Und wichtig: Das GKG gliedert sich in 9 Abschnitte (Allgemeine Vorschriften, Fälligkeit, Vorschuss und Vorauszahlung, Kostenansatz, Kostenhaftung, Gebührenvorschriften, Wertvorschriften, Erinnerungen und Beschwerde sowie Schluss- und Übergangsvorschriften). Der **Anhang zum GKG** besteht aus **2 Anlagen** (Kostenverzeichnis – Anlage 1 zu § 3 II GKG und Tabelle der vollen Gebühren – Anlage 2 zu § 34 GKG).

Das GKG enthält in den §§ 39–60 wichtige Streitwertbestimmungen – näheres dazu siehe auch Kapitel: Gegenstandswertberechnung.

Prüfungstipp: *Müssen Sie die Gerichtskosten für ein bestimmtes Verfahren berechnen und haben Sie keine Ahnung, wo dieses Verfahren im Kostenverzeichnis (KV) geregelt ist, können Sie die Gliederung zum schnelleren Suchen heranziehen, die vor dem KV steht.*

Hinweis: Auch Arbeitsgerichtssachen werden seit dem 01.07.2004 nach dem GKG abgerechnet, sofern das Verfahren ab dem 01.07.2004 anhängig gemacht worden ist; dies gilt für die Zwangsvollstreckung in Arbeitssachen auch dann, wenn das Amtsgericht Vollstreckungsgericht ist (vgl. dazu § 11 GKG).

Achtung: Gemäß § 12 I GKG soll die Klage in bürgerlichen Rechtsstreitigkeiten erst nach Zahlung der Gebühr für das Verfahren im Allgemeinen zugestellt werden. Die Vorschusspflicht besteht auch bei Klageerweiterung, auch wenn diese erst in der Rechtsmittelinstanz erfolgt, § 12 I 2 GKG.

Für eine Zivilklage sind nach Nr. 1210 KV GKG drei volle Gebühren einzuzahlen.

Ausnahme:

Die Vorschusspflicht gilt nicht für

- die Widerklage (§ 12 II Nr. 1 GKG),
- Rechtsstreitigkeiten über Erfindungen eines Arbeitnehmers, soweit nach § 39 des Gesetzes über Arbeitnehmererfindungen die für Patentstreitsachen zuständigen Gerichte ausschließlich zuständig sind (§ 12 II Nr. 2 GKG).

Mahnverfahren (neu zum 01.09.2009):

Nach § 12 Abs. 3 S. 1 GKG soll der Mahnbescheid erst nach Zahlung der dafür vorgesehenen Gebühr erlassen werden. Nach KV-Nr. 1100 betragen die Gerichtskosten für das Verfahren über den Antrag auf Erlass eines Mahnbescheides in Zivilsachen 0,5, mindestens jedoch 23,00 €.

Aber: Gerichtskosten können sich in zivilprozessualen Angelegenheiten von drei auf eine volle Gebühr reduzieren, und zwar:

- durch Klagerücknahme in bestimmten Fällen (vgl. dazu Nr. 1211 Nr. 1 a–d KV GKG)
- bei Anerkenntnis- oder Verzichtsurteil und abgekürzten Urteilen nach § 313a II ZPO bzw. in den Fällen, in denen das Urteil nur deshalb Tatbestand und Entscheidungsgründe enthält, weil zu erwarten ist, dass das Urteil im Ausland geltend gemacht wird, § 313 IV Nr. 5 ZPO
- Abschluss einer gerichtlichen Einigung
- Erledigungserklärungen nach § 91a ZPO, wenn keine Entscheidung über die Kosten ergeht oder die Entscheidung einer zuvor mitgeteilten Einigung der Parteien über die Kostentragung oder der Kostenübernahmeerklärung einer Partei folgt

es sei denn, dass bereits ein anderes als ein Anerkenntnis-, Verzichts- oder abgekürztes Urteil ergangen ist.

Dies ergibt sich aus den Nrn. 1211 Nr. 1 a-d, 2, 3, 4 KV GKG als Anlage 1 zu § 3 II GKG.

Übungsfall:

RA Müller erhebt Klage vor dem Landgericht Bamberg auf Zahlung eines Betrags von 6.500,00 €. Bitte berechnen Sie die mit der Klage einzuzahlenden Gerichtskosten.

Lösungsvorschlag:

Vorschusspflicht nach § 12 I GKG, 3 volle Gebühren aus 6.500,00 € = 3 × 151,00 € = 453,00 € gem. Nr. 1210 KV GKG, Anlage 1 zu § 3 II GKG.

Abwandlung:

Die Klage wird nach Zustellung an den Beklagten vom Kläger vor dem Schluss der mündlichen Verhandlung zurückgenommen. Welchen Einfluss hat dies auf die eingezahlten Gerichtskosten?

Lösungsvorschlag:

Die Gerichtskosten reduzieren sich gem. Nr. 1211 Nr. 1 a) KV GKG, Anlage 1 zu § 3 II GKG von drei vollen Gebühren auf eine volle Gebühr. Der Kläger erhält somit zwei Gebühren erstattet.

Aufgepasst: In Ehesachen, Folgesachen und Lebenspartnerschaftssachen sind lediglich **zwei** volle Gebühren mit dem Antrag einzuzahlen, Nr. 1110 KV FamGKG.

Übungsfall:

RA Müller reicht für seine Mandantin Scheidungsantrag beim Amtsgericht Garmisch-Partenkirchen ein. Bitte berechnen Sie die Gerichtskosten.

Lösungsvorschlag:

Da Angaben zur Streitwertberechnung fehlen, ist vom Mindeststreitwert 2.000,00 € auszugehen, § 23 I RVG, § 43 I 2 FamGKG. Es sind nach Nr. 1110 KV FamGKG, Anlage 1 zu § 3 II FamGKG 146,00 € einzuzahlen.

Hinweis: Die Gerichtskosten in Zwangsvollstreckungsangelegenheiten finden sich Teil 2 des Kostenverzeichnisses ab Nr. 2110 KV GKG.

So sind folgende Gerichtskosten zu bezahlen:

Nr.	Gebührentatbestand	Gebühr oder Satz der Gebühr nach § 13 RVG
2110	Antrag auf Erteilung einer weiteren vollstreckbaren Ausfertigung nach § 733 ZPO	
	Pfändungs- und Überweisungsbeschluss etc.	15,00 €
2111	Vollstreckungsschutzantrag nach § 765a ZPO	15,00 €
2114	Verfahren über Antrag eines Drittgläubigers auf Erteilung einer Ablichtung aus dem Vermögensverzeichnis	15,00 €

2. Das FamGKG

Das FamFG ist zum 01.09.2009 in Kraft getreten. Es löst das FGG und einige Regelungen zu Familiensachen in der ZPO ab. Durch Art. 2 des FGG-Reformgesetzes tritt zeitgleich auch das FamGKG zum 01.09.2009 in Kraft. Da das Verfahrensrecht in Familiensachen vereinheitlicht worden ist, sollte auch keine Unterscheidung bei der Bewertung der Familiensachen mehr getrennt nach KostO (FGG-Verfahren) und GKG (ZPO-Verfahren) erfolgen.

Da das FamGKG etwa zeitgleich mit Erscheinen dieses Buchs in Kraft tritt und sowohl für Schüler als auch Lehrer neu ist, wird von der prägnanten Kurzdarstellung der einzelnen Themenkreise teilweise abgewichen und ausführlicher auf das FamGKG eingegangen. Einzelne Gegenstandswerte und ihre Berechnung finden Sie im Kapitel Gegenstandswerte.

Inhaltsübersicht

Der Gesetzesteil des FamGKG hat 9 Abschnitte, die wiederum teilweise in Unterabschnitte aufgeteilt sind.

Abschnitt	Überschrift	Inhalt
Abschnitt 1	Allgemeine Vorschriften	§ 1 Geltungsbereich § 2 Kostenfreiheit § 3 Höhe der Kosten § 4 Umgangspflegschaft § 5 Lpartsachen § 6 Verweisung, Abgabe, Fortführung einer Folgesachen als selbständige Familiensache § 7 Verjährung, Verzinsung § 8 elektr. Akte/elektr. Dokument
Abschnitt 2	Fälligkeit	§ 9 Fälligkeit der Geb. in Ehesachen u. selbständigen Familienstreitsachen § 10 Fälligkeit bei Vormundschaften u. Dauerpflegschaften § 11 Fälligkeit der Gebühren in sonstigen Fällen, Fälligkeit der Auslagen
Abschnitt 3	Vorschuss u. Vorauszahlung	§ 12 Grundsatz § 13 Verfahren nach dem internationalen Familienrechtsverfahrensgesetz § 14 Abhängigmachung § 15 Ausnahmen von der Abhängigmachung § 16 Auslagen § 17 Fortdauer der Vorschusspflicht
Abschnitt 4	Kostenansatz	§ 18 Kostenansatz § 19 Nachforderung § 20 Nichterhebung von Kosten wegen unrichtiger Sachbehandlung
Abschnitt 5	Kostenhaftung	§ 21 Kostenschuldner in Antragsverfahren, Vergleich § 22 Kosten bei Vormundschaft u. Dauerpflegschaft § 23 Bestimmte sonstige Auslagen § 24 Weitere Fälle der Kostenhaftung § 25 Erlöschen der Zahlungspflicht § 26 Mehrere Kostenschuldner § 27 Haftung von Streitgenossen

Abschnitt	Überschrift	Inhalt
Abschnitt 6	Gebühren-vorschriften	§ 28 Wertgebühren § 29 Einmalige Erhebung der Gebühren § 30 Teile des Verfahrensgegenstands § 31 Zurückverweisung, Abänderung oder Aufhebung einer Entscheidung § 32 Verzögerung des Verfahrens
Abschnitt 7	Wertvor-schriften – Unterab-schnitt 1 Allgemeine Wertvor-schriften	§ 33 Grundsatz § 34 Zeitpunkt der Wertberechnung § 35 Geldforderung § 36 Genehmigung einer Erklärung oder deren Ersetzung § 37 Früchte, Nutzungen, Zinsen und Kosten § 38 Stufenklageantrag § 39 Klage- und Widerklageantrag, Hilfsanspruch, wechselseitige Rechtsmittel, Aufrechnung § 40 Rechtsmittelverfahren § 41 Einstweilige Anordnung § 42 Auffangwert
	Wertvor-schriften – Unterab-schnitt 2 Besondere Wertvor-schriften	§ 43 Ehesachen § 44 Verbund § 45 Bestimmte Kindschaftssachen § 46 Übrige Kindschaftssachen § 47 Abstammungssachen § 48 Ehewohnungs- und Haushaltssachen § 49 Gewaltschutzsachen § 50 Versorgungsausgleichssachen § 51 Unterhaltssachen § 52 Güterrechtssachen
	Wertvor-schriften – Unterab-schnitt 3 Wertfestset-zung	§ 53 Angabe des Werts § 54 Wertfestsetzung für die Zulässigkeit der Beschwerde § 55 Wertfestsetzung für die Gerichtsgebühren § 56 Schätzung des Werts
Abschnitt 8	Erinnerung und Beschwerde	§ 57 Erinnerung gegen den Kostenansatz, Beschwerde § 58 Beschwerde gegen die Anordnung einer Vorauszahlung § 59 Beschwerde gegen die Festsetzung des Verfahrenswerts § 60 Beschwerde gegen die Auferlegung einer Verzögerungsgebühr § 61 Abhilfe bei Verletzung des Anspruchs auf rechtliches Gehör

Abschnitt	Überschrift	Inhalt
Abschnitt 9	Schluss- und Übergangs- vorschriften	§ 62 Rechnungsgebühren § 63 Übergangsvorschrift
Anlage 1	zu § 3 Abs. 2	Kostenverzeichnis
Anlage 2	zu § 28 Abs. 1	Gebührentabelle

Das Kostenverzeichnis

Das Kostenverzeichnis hat 2 Teile.

Teil 1 behandelt die Gebühren, Teil 2 die Auslagen.

Teil 1 ist in Hauptabschnitte, Abschnitte und Unterabschnitte eingeteilt.

Die Hauptabschnitte in Teil 1 behandeln die Gebühren für folgende Verfahren:

– Hauptabschnitt 1
  Hauptsacheverfahren in Ehesachen einschließlich aller Folgeschen
– Hauptabschnitt 2
  Hauptsachverfahren in selbständigen Familienstreitsachen
– Hauptabschnitt 3
  Hauptsacheverfahren in selbständigen Familiensachen der freiwilligen Gerichtsbarkeit
– Hauptabschnitt 4
  Einstweiliger Rechtsschutz
– Hauptabschnitt 5
  Besondere Gebühren
– Hauptabschnitt 6
  Vollstreckung
– Hauptabschnitt 7
  Verfahren mit Auslandsbezug
– Hauptabschnitt 8
  Rüge wegen Verletzung des Anspruchs auf rechtliches Gehör
– Hauptabschnitt 9
  Rechtsmittel im Übrigen

Wichtiger Hinweis: Mit dem FamFG werden teilweise neue Begriffe eingeführt. So heißen die Verfahren wegen Sorgerecht, Umgangsrecht oder Kindesherausgabe seit 01.09.2009 Kindschaftssachen. Die bis zum 31.08.2009 unter Kindschaftssachen behandelten Verfahren wie z.B. die Vaterschaftsfeststellungsklage heißen seit 01.09. 2009 Abstammungssachen.

Tipp: Auf die neuen Begriffe, die mit dem FamFG eingeführt werden, ist zu achten.

Nach § 1 FamGKG gilt das FamGKG

– in Familiensachen
– in Vollstreckungssachen durch das Familiengericht
– für Verfahren in Familiensachen vor dem OLG nach § 107 FamFG
– in Angelegenheiten der freiwilligen Gerichtsbarkeit
– Beschwerden in den obigen genannten Angelegenheiten
soweit nichts anderes bestimmt ist.

Die Gerichtskosten für ein Mahnverfahren (z.B. Geltendmachung des berechneten Zugewinnausgleichsanspruchs per Mahnbescheid) richten sich nach dem GKG, § 1 S. 3 FamGKG.

> **Achtung:** Für FG-Verfahren gilt bisher die KostO. § 1 KostO erhält einen neuen Absatz 2: »Dieses Gesetz gilt nicht in Verfahren, in denen Kosten nach dem Gesetz über Gerichtskosten in Familiensachen zu erheben sind.«

Die Gebühren richten sich nach dem Wert des Verfahrensgegenstands (**Verfahrenswert**), soweit nichts anderes bestimmt ist, § 3 I FamGKG. Die Kosten werden nach dem Kostenverzeichnis der Anlage 1 zum FamGKG erhoben, § 3 II FamGKG.

Auch im Kostenrecht werden durch das FGG-ReformG neue Begrifflichkeiten definiert. Statt Streitwert heißt es nun »Verfahrenswert« (siehe dazu die Legaldefinition in § 3 I FamGKG). Auch in der KostO soll der Begriff »Geschäftswert« durch »Verfahrenswert« ersetzt werden.

Die Fälligkeit der Gerichtskosten richtet sich nach den §§ 9 – 12 FamGKG. Im Einzelfall gilt:

Verfahrensgebühr

– wird in Ehesachen und selbständigen Familienstreitsachen mit der Einreichung der Antragsschrift, des Klageantrags, der Einspruchs- oder Rechtsmittelschrift oder mit der Abgabe der entsprechenden Erklärung zu Protokoll fällig (§ 9 I FamGKG)

  Die Fälligkeitsregelung soll im Verbundverfahren nur hinsichtlich der Ehesache gelten.[1]

  Die Vorschusspflicht entfällt, soweit dem Antragsteller Verfahrens- oder Prozesskostenhilfe bewilligt ist, § 15 Nr. 1 FamGKG.

Entscheidungsgebühr

– Soweit die Gebühr eine Entscheidung oder sonstige gerichtliche Handlung voraussetzt, wird sie mit dieser fällig, § 9 II FamGKG.

Vormundschaftssachen und Dauerpflegschaften

– Die Gebühren nach den Nrn. 1311 u. 1312 KV FamGKG werden erstmals bei Anordnung und später jeweils zu Beginn eines Kalenderjahres, Auslagen sofort nach ihrer Entstehung fällig.

Sonstige Fälle

– Im Übrigen werden die Gebühren und die Auslagen fällig, § 11 I FamGKG wenn
    1. eine unbedingte Entscheidung über die Kosten ergangen ist,
    2. das Verfahren oder der Rechtszug durch Vergleich oder Zurücknahme beendet ist,
    3. das Verfahren sechs Monate ruht oder sechs Monate nicht betrieben worden ist,

---

1 *Otto/Klüsener/Killmann* Die FGG-Reform »Das neue Kostenrecht«, Bundesanzeiger Verlag, 2008, S. 73 unter Hinweis auf BT-Drs. 16/6308, S. 302.

4. das Verfahren sechs Monate unterbrochen oder sechs Monate ausgesetzt war oder

5. das Verfahren durch anderweitige Erledigung beendet ist.

Dokumentenpauschale/Aktenversendungspauschale

– Die Dokumentenpauschale sowie die Auslagen für die Versendung und die elektronische Übermittlung von Akten werden sofort nach ihrer Entstehung fällig, § 11 II FamGKG.

Folge der Vorschusspflicht

In Ehesachen und selbständigen Familienstreitsachen soll die Antragsschrift oder der Klageantrag erst nach Zahlung der Gerichtsverfahrensgebühr zugestellt werden, § 14 I FamGKG. Bei einer Erweiterung des Antrags soll ebenfalls vor Zahlung der Gerichtsverfahrensgebühr keine gerichtliche Handlung vorgenommen werden, § 14 I 2 FamGKG und zwar auch nicht in Rechtsmittelverfahren.

Dies gilt nicht,

bei Widerklage, § 14 II FamGKG in Verfahren nach dem Internationalen Familienrechtsverfahrensgesetz, § 13 FamGKG

Im Übrigen soll in Verfahren, in denen der Antragsteller die Kosten schuldet (§ 21 FamGKG), vor Zahlung der Gebühr für das Verfahren im Allgemeinen keine gerichtliche Handlung vorgenommen werden, § 14 III FamFG.

Die Kostenhaftung ist § 21–27 FamGKG geregelt. Die Gerichtskostentabelle bestimmt sich nach § 28 FamGKG. Der Mindestbetrag einer Gebühr ist 10 Euro, § 28 II FamGKG. Auch das FamGKG verfügt über ein Kostenverzeichnis, wie auch das »normale« GKG.

Aufgepasst: In Ehesachen, Folgesachen und Lebenspartnerschaftssachen sind lediglich **zwei** volle Gebühren mit dem Antrag einzuzahlen, Nr. 1110 KV FamGKG, Anlage 1 zu § 3 II FamGKG.

Übungsfall:

RA Müller reicht für seine Mandantin Scheidungsantrag beim Amtsgericht Garmisch-Partenkirchen ein. Bitte berechnen Sie die Gerichtskosten.

Lösungsvorschlag:

Da Angaben zur Streitwertberechnung fehlen, ist vom Mindeststreitwert 2.000,00 € auszugehen, § 23 I RVG, § 43 I 2 FamGKG. Es sind nach Nr. 1110 KV GKG, Anlage 1 zu § 3 II GKG 146,00 € einzuzahlen.

Wir halten fest:

- *Die Gerichtskosten sind in ihrer Höhe im Gerichtskostengesetz (GKG) bzw. FamGKG geregelt.*
- *Es gibt Festgebühren, wie z.B. für den Pfändungs- und Überweisungsbeschluss, 15,00 € und Gerichtskosten, die sich nach dem Gegenstandswert berechnen.*
- *Grundsätzlich sind mit der Klageeinreichung drei volle Gerichtsgebühren (berechnet aus dem Gegenstandswert) einzuzahlen, § 12 I GKG.*
- *Gerichtskosten können sich nachträglich reduzieren; es wird dann ein Teil der Gerichtskosten erstattet, wenn das Verfahren z.B. durch Vergleich endet (Reduzierung von 3,0 auf 1,0 Gebühren).*
- *Auch die Gerichtskosten für Arbeitsgerichtssachen werden nach dem GKG berechnet.*
- *Die Gerichtskosten in Familiensachen bestimmen sich nach dem FamGKG.*
- *In Familiensachen sind die Gerichtskosten niedriger als in Zivilsachen; so zahlt man für einen Scheidungsantrag beispielsweise nur 2,0 Gebühren als Vorschuss ein.*
- *Wird in einer Familiensache ein Mahnbescheid beantragt, richten sich die Gerichtskosten nach dem GKG und nicht dem FamGKG.*

Kapitel 6
Gegenstandswert

1. Einführung

Die Berechnung des Gegenstandswerts macht oft Schwierigkeiten. Dies liegt daran, dass es verschiedene Gesetze mit unterschiedlichen Regelungen gibt. Oft weiß man nicht, welches Gesetz nun gilt. Daher ist es von großem Vorteil, wenn man die Reihenfolge bei der Gegenstandswertberechnung kennt und einhält. Diese Reihenfolge wird gleich erklärt, zuerst aber einen Hinweis zum Begriff.

Im **RVG** heißt es: Die Gebühren werden, soweit dieses Gesetz nichts anderes bestimmt, nach dem Wert berechnet, den der Gegenstand der anwaltlichen Tätigkeit hat (**Gegenstandswert**), § 2 I RVG.

Im **GKG** heißt es: Die Gebühren richten sich nach dem Wert des Streitgegenstands (**Streitwert**), soweit nichts anderes bestimmt ist, § 3 I GKG.

Die Gerichtskosten in Familiensachen und anderen Angelegenheiten der freiwilligen Gerichtsbarkeit, wie z.B. Betreuungssachen, Nachlasssachen, Unterbringungssachen, Freiheitsentziehungssachen und Verfahren in Registerssachen sowie unternehmensrechtlichen Verfahren bestimmen sich nach dem **FamGKG**. In § 3 FamGKG heißt es: Die Gebühren richten sich nach dem Wert des Verfahrensgegenstands (**Verfahrenswert**), soweit nichts anderes bestimmt ist, § 3 FamGKG.

In der **ZPO** heißt es: Kommt es nach den Vorschriften dieses Gesetzes oder des GVG auf den Wert des Streitgegenstandes, des Beschwerdegegenstandes, der Beschwer oder der Verurteilung an, so gelten die nachfolgenden Vorschriften, § 2 ZPO. Hier ist der **Verfahrenswert** gemeint.

Das RVG benutzt also den Begriff Gegenstandswert. Im GKG heißt es »Streitwert« oder und im FamGKG »Verfahrenswert«. Gemeint ist im Grunde immer dasselbe. Der Wert, aus dem sich Gebühren berechnen.

Wir halten fest:

Das RVG hat einige Wertbestimmungen, die grundsätzlich anderen Gesetzen vorgehen, wenn der RA den Gegenstandswert für seine Gebühren berechnen möchte. So findet sich z.B. bei der Berechnung des Gegenstandswertes in Zwangsvollstreckungssachen eine eigene (im Übrigen für die Abschlussprüfung immens wichtige) Bestimmung, der § 25 RVG.

Vieles ist jedoch im RVG nicht geregelt. Daher verweist das RVG bei der Berechnung des Gegenstandswerts auf die »für die Gerichtsgebühren geltenden Wertvorschriften.« (siehe dazu § 23 I 1 RVG). Solche Wertvorschriften finden sich z.B. im GKG für ZPO- und Arbeitsgerichtsverfahren und FamGKG für FamGKG-Verfahren (z.B. Ehesache, Sorgerechtssache, Unterhaltssache etc.).

> **Wichtig:** Das **FamGKG** gilt für Familiensachen. Das **GKG** ist hauptsächlich für die Berechnung des Gegenstandswertes in ZPO-Verfahren und in Arbeitsgerichtssachen maßgeblich. Es gilt aber auch für Verwaltungsgerichts- und Finanzgerichtsverfahren.

Hinweis: Über § 23 I 1 RVG gelten die entsprechenden Wertbestimmungen nicht nur für die Berechnung der Gerichtsgebühren sondern auch für die Berechnung der Anwaltsgebühren.

Das Wichtigste in einer Tabelle:

RVG	GKG	FamGKG	KostO
Gegenstandswert § 2 I RVG	Streitwert § 3 I GKG	Verfahrensstreitwert § 3 I FamGKG	Geschäftswert § 18 I 1 KostO
§§ 22–33 RVG gilt für die Berechnung der Anwaltsgebühren	§§ 34–65 GKG gilt für die Berechnung der Gerichtskosten in ZPO-Verfahren	§§ 33–59 FamGKG gilt für die Berechnung der Gerichtskosten in FamGKG-Verfahren (gilt seit 01.09.2009)	§§ 18–31 KostO § 18 I 1 KostO gilt für die Berechnung der Notarkosten (ab § 140 KostO)
geht bei der Berechnung des Anwaltsgebührenwertes anderen Regelungen immer vor	gilt über § 23 I RVG auch für die Anwaltsgebühren, wenn sich im RVG keine Regelung	gilt über § 23 I RVG für die Anwaltsgebühren auch dann, wenn die Tätigkeit des Anwalts gerichtlich ist oder gerichtlich sein könnte (FamGKG)	gilt über § 23 III RVG für die dort aufgezählten Tätigkeiten bei der Erstellung von Verträgen (Tätigkeit ist nicht gerichtlich und könnte auch nicht gerichtlich sein, sogen. »andere Tätigkeiten«)

Aber: Zunächst ist die **Unterscheidung** zwischen **Zuständigkeits (Zulässigkeits)-** und **Gebührenstreitwert** zu treffen.

In den einzelnen Gesetzen finden sich verschiedene Bedeutungen des Streitwertes. In § 2 ZPO finden sich zunächst der Zuständigkeitsstreitwert (Wert des Streitgegenstandes), der Rechtsmittelstreitwert (Wert des Beschwerdegegenstandes, der Beschwer) und des Verurteilungsgegenstandes (Wert der Verurteilung). Diese Begriffe fallen unter den Oberbegriff des **Zuständigkeits- oder Zulässigkeitswert.** Seine Berechnung ergibt sich aus den §§ 3–9 ZPO.

Vorsicht: Von diesem Zuständigkeits- oder Zulässigkeitswert ist der Gebührenstreitwert, dessen Berechnung sich nach §§ 22 ff. RVG, §§ 39 ff. GKG richtet, streng zu unterscheiden, da es ansonsten schon zu Beginn der Streitwertberechnung zu Fehlern kommt.

Prüfungstipp: *Nach dem Zuständigkeits- oder Zulässigkeitswert wird häufig in der Abschlussprüfung ZPO/Verfahrensrecht gefragt; nach dem Gebührenstreitwert meistens in der Gebührenrechtsprüfung!*

Da sich dieses Buch mit dem Anwaltsgebührenrecht befasst, wird auf den Zuständigkeits- oder Zulässigkeitswert nur eingegangen, um den Unterschied darzustellen und Verwechslungen zu vermeiden.

2. Zuständigkeits-/Zulässigkeits- oder Gebührenstreitwert?

Achtung: Diese Werte können ganz unterschiedlich sein!

Die **sachliche Zuständigkeit** des Gerichts bestimmt sich – sofern nicht abweichende Vorschriften bestehen – **nach dem Wert des Streitgegenstandes**. Gemäß § 23 Nr. 1 GVG gehören Streitigkeiten, deren Gegenstand an Geld oder Geldeswert bis 5.000,00 € beträgt, in den Zuständigkeitsbereich der Amtsgerichte. Ab Streitigkeiten von 5.000,01 € ist das Landgericht zuständig, § 71 GVG (bitte beachten Sie aber die Ausnahmeregelungen der §§ 23–27 GVG; Familiensachen, Mietstreitigkeiten über Wohnraum, usw.).

Ob ein **Rechtsmittel zulässig** ist, hängt in vermögensrechtlichen Streitigkeiten vom Beschwerdegegenstand ab, so muss z.B.

- der Beschwerdegegenstand im Berufungsverfahren 600,00 € übersteigen, § 511 II Nr. 1 ZPO
- der Beschwerdegegenstand bei der Nichtzulassungsbeschwerde zur Revision 20.000,00 € übersteigen, § 26 Nr. 8 EGZPO (befristet bis 31.12.2020 – geändert zum 01.09.2009)
- der Beschwerdewert in Kostensachen (Beschwerde gegen die Kostentragungspflicht) 200,00 € übersteigen, § 567 II 1 ZPO
- der Beschwerdewert in Kostensachen (z.B. gegen KFB, § 567 II 2 ZPO) 200,00 € übersteigen.

Sind keine besonderen Bestimmungen hinsichtlich des Werts vorrangig, so richtet sich der **Zuständigkeits- bzw. Zulässigkeitswert** in ZPO-Verfahren **immer** nach den **§§ 3 bis 9 ZPO**.

Achtung: Der Gebührenstreitwert ist **nicht** zwangsläufig identisch mit dem Zuständigkeits- bzw. Zulässigkeitswert!

Der wichtigste Merksatz lautet daher:

Will man den Streitwert für die RA-Gebühren berechnen: Immer erst ins RVG, FamGKG dann über § 23 RVG ins GKG oder andere Kostengesetze schauen. Erst wenn man dort keine Wertvorschrift findet, ist es erlaubt, die Wertvorschriften, die sich aus den §§ 3 bis 9 ZPO ergeben, als Berechnungsgrundlage für den Gebührenstreitwert in Zivilprozesssachen heranzuziehen.

Merksatz:
Für den Anwalts-Gebührenstreitwert gilt:
GKG vor ZPO!!

3. Anwalts-Gebührenstreitwert

a) Vorrang des RVG

In § 2 I RVG finden sich erste Hinweise für die Berechnung des Gebührenstreitwertes. So besagt § 2 I RVG, dass die Gebühren, soweit das RVG nichts anderes bestimmt, nach dem Wert berechnet werden, den der Gegenstand der anwaltlichen Tätigkeit hat (Gegenstandswert).

Übungsfall:

RA Müller fordert für Mandant Huber in einem außergerichtlichen Schreiben 2.780,00 €. Wie hoch ist der Gebührenstreitwert?

Lösungsvorschlag:

Gegenstandswert: 2.780,00 €, § 2 I RVG

Weiter: In derselben Angelegenheit werden die Werte mehrerer Gegenstände zusammengerechnet, § 22 I RVG.

Beispiel:

Klage auf Zahlung eines Fahrzeugschadens (Unfall), der Sachverständigenkosten, des Nutzungsausfalls sowie unfallbedingter Barauslagen. Es handelt sich um vier Gegenstände in derselben Angelegenheit. Die Werte der einzelnen Gegenstände (Fahrzeugschaden, SV-Kosten, etc.) werden addiert, § 22 I RVG, und die Gebühren einmal hieraus berechnet, § 15 II 1 RVG.

Grundsätzlich: Sind im RVG Gegenstandswerte geregelt, so gehen diese bei der Berechnung des Gebührenstreitwerts immer vor.

Beispiel:

§ 25 I RVG:

»Der Gegenstandswert bestimmt sich
1. nach dem Betrag der zu vollstreckenden Geldforderung einschließlich der Nebenforderungen; soll ein bestimmter Gegenstand gepfändet werden und hat dieser einen geringeren Wert, so ist der geringere Wert maßgebend; wird künftig fällig werdendes Arbeitseinkommen nach § 850d III ZPO gepfändet, so sind die noch nicht fälligen Ansprüche nach § 51 Abs. 1 Satz 1 des Gesetzes über Gerichtskosten in Familiensachen und § 42 Abs. 1 des Gerichtskostengesetzes zu bewerten; im Verteilungsverfahren ist höchstens der zu verteilende Geldbetrag maßgebend;
2. nach dem Wert der herauszugebenden oder zu leistenden Sachen; der Gegenstandswert darf jedoch den Wert nicht übersteigen, mit dem der Herausgabe- oder Räumungsanspruch nach den für die Berechnung von Gerichtskosten maßgeblichen Vorschriften zu bewerten ist;

---

3. nach dem Wert, den die zu erwirkende Handlung, Duldung oder Unterlassung für den Gläubiger hat;

4. im Verfahren über den Antrag auf Abnahme der eidesstattlichen Versicherung nach § 807 ZPO nach dem Betrag, der einschließlich der Nebenforderungen aus dem Vollstreckungstitel noch geschuldet wird; der Wert beträgt jedoch höchstens € 1.500,00.«

Achtung: Es gilt nur für Angelegenheiten der Zwangsvollstreckung, dass zur Hauptforderung die Nebenforderungen (Zinsen und Kosten) zu addieren sind. Für übrige Verfahren gilt § 43 I GKG bzw. § 37 I FamGKG, die regeln, dass eben keine Addition der Nebenforderungen erfolgt. Hier geht für die Berechnung des Anwaltsgebührenwerts das RVG dem GKG vor!

Übungsfall:

Gegen Herrn Müller liegt ein Titel vor. Die Hauptforderung beträgt 1.000,00 € zuzüglich Zinsen in Höhe von 67,30 €. Die bisherigen Vollstreckungskosten belaufen sich auf 144,50 € (Vollstreckungsauftrag und Gerichtsvollzieherkosten). Am 28.07.2009 soll ein Pfändungs- und Überweisungsbeschluss beantragt werden.

Bitte bestimmen Sie den Gebührenstreitwert.

Lösungsvorschlag:

Hauptforderung	€ 1.000,00
ausgerechnete Zinsen	€ 67,30
bisherige Vollstreckungskosten	€ 144,50
Summe	**€ 1.211,80**

Ergebnis: Gegenstandswert: 1.211,80 €, § 25 I Nr. 1 RVG

Abwandlung:

RA Müller verklagt Hermann Friedrich in einer Zivilsache auf Zahlung eines Betrags von 4.000,00 € zzgl. 5 Prozentpunkte über dem Basiszinssatz nach § 247 BGB seit dem 28.07.2008. Wie hoch ist der Gegenstandswert?

Lösungsvorschlag:

Gegenstandswert: 4.000,00 €, § 2 I RVG
(Anmerkung: Gemäß § 43 I GKG werden die Nebenforderungen nicht addiert). Hier gilt § 25 I Nr. 1 RVG nicht, da es sich **nicht** um eine Zwangsvollstreckung handelt sondern um eine Klage vor einem Zivilgericht.

§ 28 RVG regelt den Gegenstandswert in Insolvenzverfahren, insbesondere § 28 II für die Forderungsanmeldung (Nennwert der Forderung; Nebenforderungen sind mitzurechnen).

b) Wertvorschrift § 23 RVG

Wichtig: In gerichtlichen Verfahren bestimmt sich der Gegenstandswert nach den für die Gerichtsgebühren geltenden Wertvorschriften, § 23 I 1 RVG. Dies ist in der Regel das Gerichtskostengesetz (GKG), auch das FamGKG oder andere Gesetze.

Und: Diese Wertvorschriften gelten sinngemäß auch für anwaltliche Tätigkeiten, die einem gerichtlichen Verfahren **vorausgehen**, insbesondere für Zahlungsaufforderungen, Mahnungen, Kündigungen, Versuche der gütlichen Einigung, ferner für die Vorbereitung der Klage usw. Dies ergibt sich aus § 23 I 3 RVG.

Aufgepasst: Sind für die Gerichtsgebühren **keine** Wertvorschriften vorgesehen, so bestimmt sich der Gegenstandswert nach § 23 II RVG.

Und: Gemäß § 23 III RVG gelten in **anderen** Angelegenheiten (also die Angelegenheiten, die nicht gerichtlich sind und auch nicht gerichtlich sein könnten, z.B. Entwurf eines Vertrags), für den Gegenstandswert § 18 II, §§ 19 bis 23, 24 I, 2, 4–6, §§ 25, 39 II, III u. 46 IV der KostO sinngemäß.

§ 23 III RVG führt weiter aus: Soweit sich der Gegenstandswert aus diesen Vorschriften **nicht** ergibt **und auch sonst nicht feststeht**, ist er nach **billigem Ermessen** zu bestimmen. In Ermangelung genügender tatsächlicher Anhaltspunkte für eine Schätzung und bei **nicht vermögensrechtlichen Gegenständen** ist der Gegenstandswert auf 4.000,00 € nach Lage des Falles niedriger oder höher, jedoch nicht über 500.000,00 € anzunehmen.

c) Einstweilige Anordnungen gemäß § 41 FamGKG

Betrifft die Tätigkeit eine einstweilige Anordnung in einer Angelegenheit nach dem FamFG, ist der Wert in der Regel unter Berücksichtigung der geringeren Bedeutung gegenüber der Hauptsache zu ermäßigen. Dabei ist von der Hälfte des für die Hauptsache bestimmten Werts auszugehen, § 41 S. 1 u. 2 FamGKG.

Hinweis: 24 RVG wurde zum 01.09.2009 aufgehoben.

Aha: Einstweilige Anordnungen bedürfen seit dem 01.09.2009 keine parallel anhängige Hauptsache bzw. ein parallel anhängiges PKH-Verfahren (vgl. dazu § 49 FamFG). Einstweilige Anordnungen sollen durch diese neue Strukturierung gestärkt werden. Aus diesem Grund ist auch eine kostenrechtliche Änderung erforderlich gewesen. Einstweilige Anordnungen sollen daher künftig regelmäßig Gerichtsgebühren auslösen (vgl. dazu die früher notwendige Regelung in § 24 RVG für die gerichtsgebührenfreien einstweiligen Anordnungen, seit 01.09.2009 gerichtskostenrechtlich geregelt in Hauptabschnitt 4 KV FamGKG). Da einstweilige Anordnungsverfahren in Familiensachen ein anhängiges Hauptsacheverfahren nicht mehr erfordern, wurde der Gegenstandswert für einstweilige Anordnungen angehoben.

d) Gerichtliche Verfahren nach dem GKG

In den §§ 39 bis 60 GKG finden wir spezielle Wertvorschriften, die über § 23 I 1 RVG auch für die Berechnung der Anwaltsgebühren gelten. Einige wesentliche sollen hier herausgegriffen werden.

- **§ 39 I GKG**
  - in demselben Rechtszug Addition der Streitgegenstände, soweit nichts anderes bestimmt ist

- **§ 39 II GKG**
  - Maximalstreitwert für die Gerichtskosten 30 Mio. € (Achtung vgl. § 22 II RVG auch für die Anwaltsgebühren 30 Mio. €, jedoch nur bei einem Auftraggeber, bei mehreren Auftraggebern mehrmals 30 Mio. €, maximal 100 Mio. €)

- **§ 47 I GKG**
  »Im Rechtsmittelverfahren bestimmt sich der Streitwert nach den Anträgen des Rechtsmittelführers. Endet das Verfahren, ohne dass solche Anträge eingereicht werden, oder werden, wenn eine Frist für die Rechtsmittelbegründung vorgeschrieben ist, innerhalb dieser Frist Rechtsmittelanträge nicht eingereicht, ist die Beschwer maßgebend.«

Übungsfall:

Urteil gegen den Beklagten zur Zahlung von 8.000,00 €. Klageabweisung in Höhe von 1.600,00 €. Wegen dieses Anspruchs legt der Kläger Berufung ein.

Bitte berechnen Sie den Gegenstandswert der Gebühren für das Berufungsverfahren.

Lösungsvorschlag:

Wert für das Berufungsverfahren: 1.600,00 €, § 23 I 1 RVG, § 47 I GKG

Abwandlung:

Urteil wie Übungsfall zuvor. Der Kläger möchte wegen eines Teilbetrags von 1.200,00 € Berufung einlegen. Sein RA legt die Berufung ein. Anträge und Begründung sollen einem gesonderten Schriftsatz vorenthalten bleiben. Der Gegenanwalt bestellt sich. Kurz darauf nimmt der RA des Klägers die Berufung wieder zurück, ohne Anträge gestellt zu haben.

Bitte berechnen Sie:

a) **den Streitwert für die Gerichtskosten**
b) **den Gegenstandswert für die Gebühren des RA des Berufungsklägers**
c) **den Gegenstandswert für die Gebühren des RA des Berufungsbeklagten**

Lösungsvorschlag:

a) der Wert für die Gerichtskosten beträgt 1.600,00 €, vgl. dazu § 47 I GKG
b) der Wert für die Gebühren des RA des Berufungsklägers beträgt 1.200,00 € (hier gilt der erteilte Auftrag), § 23 I 1 RVG, § 47 I GKG
c) der Wert für die Gebühren des RA des Berufungsbeklagten beträgt 1.600,00 € (Beschwer, Anträge waren noch nicht gestellt), § 47 I GKG

- **§ 40 GKG**

  Für gerichtliche Verfahren gilt für den Zeitpunkt der Wertberechnung die Vorschrift des § 40 GKG. Es gilt für die Wertberechnung der Zeitpunkt der ersten Antragstellung als entscheidend. Die Wertberechnung kann somit im Klageverfahren eine andere sein, als im Berufungsverfahren. Zwischenzeitliche Schwankungen bleiben unberücksichtigt.

  Für den Zuständigkeits- oder Zulässigkeitswert bestimmt § 4 I Hs. 1 ZPO ebenfalls, dass der Zeitpunkt der Einreichung der Klage bzw. der Einlegung des Rechtsmittels maßgebend ist.

Übungsfall:

RA M verklagt H im Auftrag des L auf Herausgabe von 10 detailliert bezeichneten Aktien. Zum Zeitpunkt der Klageeinreichung hatten die Aktien einen Kurswert von 4.500,00 €; drei Wochen später ist der Kurs auf 12.400,00 € angestiegen.

Wie hoch ist der Gebührenstreitwert?

Lösungsvorschlag:

Der Gebührenstreitwert beträgt gem. § 23 I 1 RVG, § 40 GKG 4.500,00 €.

Anmerkung: Die Kursänderung hat keinen Einfluss auf die sachliche Zuständigkeit des Amtsgerichts, §§ 2, 4 I 1 Hs. ZPO, §§ 23 Nr. 1, 71 I GVG.

Abwandlung:

Das Amtsgericht gibt der Klage vollumfänglich statt. RA M legt Berufung gegen das Urteil ein. Am Tag der Berufungseinlegung hatten die Aktien einen Kurswert von 11.200,00 €, zwei Wochen später aufgrund eines großen Börsencrashs nur noch von 460,00 €.

Ist das Rechtsmittel noch zulässig und wie hoch ist der Wert für die Gebühren?

Lösungsvorschlag:

Die Zulässigkeit des Rechtsmittels ist durch den Kursverfall nicht berührt, es zählt der Tag der Einlegung der Berufung, (§§ 2, 4 I Hs. 1, 511 II Nr. 1 ZPO Beschwerdegegenstand 600,00 € wird überstiegen). Die Gebühren berechnen sich entsprechend § 40 GKG nach dem Tag der Berufungseinlegung, Wert also hier: 11.200,00 €.

Wir halten fest:

*Werterhöhungen, die sich durch Klageerweiterung ergeben, fallen **nicht** unter § 40 GKG.*

Übungsfall:

Eine Klage auf Zahlung von 22.000,00 € ist beim Landgericht München I anhängig. Im Laufe des Verfahrens wird die Klage wegen eines Betrages von 21.000,00 € zurückgenommen. Bleibt das Landgericht München I zuständig?

Lösungsvorschlag:

Ja. Die einschlägige Vorschrift hierfür findet sich jedoch nicht in § 40 GKG oder § 4 ZPO. Vielmehr ist § 261 III Nr. 2 ZPO anwendbar: *»Die Zuständigkeit des Prozessgerichts wird durch eine Veränderung der sie begründenden Umstände nicht berührt.«*

- **§ 41 I 1 GKG**

  #### Miet-, Pacht- und ähnliche Nutzungsverhältnisse
  »Ist das Bestehen oder die Dauer eines Miet- Pacht- oder ähnlichen Nutzungsverhältnisses streitig, ist der Betrag des auf die streitige Zeit entfallenden Entgelts und, wenn das einjährige Entgelt geringer ist, dieser Betrag für die Wertberechnung maßgebend. Das Entgelt nach Satz 1 umfasst neben dem Nettogrundentgelt Nebenkosten dann, wenn diese als Pauschale vereinbart sind und nicht gesondert abgerechnet werden.«

Nebenkosten, die als nicht mehr abzurechnende Pauschale neben der Miete gefordert werden, sind zur Miete zu addieren sind und der Gegenstandswert erhöht sich somit entsprechend.

Prüfungstipp: *Achten Sie in der Abschlussprüfung bei derartigen Aufgaben auf Hinweise dazu, dass die Nebenkosten noch abgerechnet werden oder nicht abgerechnet werden.*

Übungsfall:

RA Flott kündigt ein bestehendes Mietverhältnis durch ein entsprechendes Kündigungsschreiben im Auftrag seiner Mandantin. Die monatliche Miete beträgt 600,00 € plus einer Nebenkostenpauschale von 100,00 €, die jeweils im Folgejahr abgerechnet wird.

Berechnen Sie bitte den Gegenstandswert.

Lösungsvorschlag:

Gegenstandswert: 600,00 € × 12 = 7.200,00 €, §§ 23 I 1 RVG, 41 I GKG

Erläuterung: Die Nebenkostenpauschale ist hier nicht zu addieren, da sich aus der Aufgabenstellung ergibt, dass über diese eine gesonderte Abrechnung erfolgt.

Übungsfall:

Die Parteien streiten sich vor Gericht darüber, ob das Mietverhältnis am 31.01.2009 oder aber am 31.03.2009 beendet ist. Die Miete beträgt 800,00 € zzgl. einer nicht mehr abzurechnenden Nebenkostenpauschale von 100,00 €.

Wie hoch ist hier der Gegenstandswert?

Lösungsvorschlag:

Gegenstandswert: 800,00 € + 100,00 € × 2 = 1.800,00 €, §§ 23 I 1 RVG, 41 I 1 u. 2 GKG

Erläuterung: Da sich aus der Aufgabenstellung ergibt, dass über die Nebenkostenpauschale keine gesonderte Abrechnung mehr erfolgt, ist diese zum Nettogrundentgelt (Miete) zu addieren. Da Streit nur über 2 Monate besteht, ist auch nur der 2-monatige Wert zugrundezulegen.

- **§ 41 II 1 GKG**

  »Wird wegen Beendigung eines Miet-, Pacht- oder ähnlichen Nutzungsverhältnisses die Räumung eines Grundstücks, Gebäudes oder Gebäudeteils verlangt, so ist ohne Rücksicht darauf, ob über das Bestehen des Nutzungsverhältnisses Streit besteht, das für die Dauer eines Jahres zu entrichtende Entgelt maßgebend, wenn sich nicht nach Absatz 1 ein geringerer Streitwert ergibt.«

  Verlangt ein Kläger die Räumung oder Herausgabe auch aus einem anderen Rechtsgrund (also nicht wegen Beendigung; z.B. bei Hausbesetzung), so ist der Wert der Nutzung eines Jahres maßgebend, § 41 II 2 GKG.

Übungsfall:

Jörg Müller wurde die Wohnung gekündigt. Zum Kündigungszeitpunkt zieht er nicht aus, so dass schließlich eine Räumungsklage gegen ihn eingereicht wird. Die Miete hat monatlich 400,00 € betragen.

Bitte berechnen Sie den Gegenstandswert für die Anwaltsgebühren.

Lösungsvorschlag:

Gegenstandswert: 12 × 400,00 € nach § 23 I 1 RVG, § 41 II GKG = 4.800,00 €.

Werden mit der Räumungsklage Mietrückstände geltend gemacht, sind diese zu addieren (mehrere Gegenstände in einer Klage – die Werte sind zu addieren – auch sogenannte objektive Klagenhäufung), §§ 22 I RVG, 39 I GKG.

Übungsfall:

Jörg Müller wurde die Wohnung gekündigt, da er mit der Zahlung der Miete 4 Monate in Rückstand ist. Zum Kündigungszeitpunkt zieht er nicht aus, so dass schließlich Räumungsklage gegen ihn eingereicht wird. Die Miete hat monatlich 400,00 € betragen. Mit der Klage werden Mietrückstände von zwischenzeitlich 6 Monaten geltend gemacht.

Bitte berechnen Sie den Gegenstandswert für die Anwaltsgebühren.

Lösungsvorschlag:

Gegenstandswert: 12 × 400,00 € nach § 23 I 1 RVG, § 41 II GKG = 4.800,00 € zzgl. 6 × 400,00 € (Rückstände) = 2.400,00 €, insgesamt somit 7.200,00 €, § 22 I RVG (§ 39 I GKG).

- **Schadensersatzrente, § 42 I 1 GKG**
  »Wird wegen der Tötung eines Menschen oder wegen der Verletzung des Körpers oder der Gesundheit eines Menschen Schadensersatz durch Entrichtung einer Geldrente verlangt, ist der fünffache Betrag des einjährigen Bezugs maßgebend, wenn nicht der Gesamtbetrag der geforderten Leistungen geringer ist. Dies gilt nicht bei Ansprüchen aus einem Vertrag, der auf Leistung einer solchen Rente gerichtet ist.«

Übungsfall:

Frau Müller klagt aufgrund eines Unfalls. Ihr wird durch Urteil die eingeklagte monatliche Rentenzahlung in Höhe von 1.000,00 € zugesprochen.

Bitte ermitteln Sie den Gegenstandswert.

Lösungsvorschlag:

Gegenstandswert: 1.000,00 € × 12 = 12.000,00 € × 5 = 60.000,00 €, §§ 23 I 1 RVG, 42 I 1 GKG

Abwandlung:

Gleicher Sachverhalt wie zuvor. Allerdings war auch eine Schmerzensgeldzahlung zusätzlich zur Rente in Höhe von 70.000,00 € beantragt. Diese wurde auch zuerkannt. Gegenstandswert?

Lösungsvorschlag:

Gegenstandswert: 60.000,00 € + 70.000,00 € = 130.000,00 €, § 23 I 1 RVG, § 42 II 1 GKG, § 22 I RVG, (§ 39 I GKG).

Prüfungstipp: *Mehrere Ansprüche werden nach § 22 I RVG und § 39 GKG zusammengerechnet. § 22 I RVG, der diesbezüglich gleichen Inhalts ist, gilt für die Rechtsanwaltsgebühren! Wird nach dem Gegenstandswert für die Anwaltsgebühren gefragt,* ist richtigerweise § 22 I RVG in derartigen Fällen zu zitieren, da das RVG immer als Spezialgesetz vorgeht. In vielen Prüfungen wird aber auch § 39 I GKG oder sogar, weil die Neuregelung seit 01.07.2004 in § 39 I GKG übersehen wird, § 5 ZPO angegeben. Das ist für die Anwaltsgebühren eigentlich falsch. Sprechen Sie hier mit Ihrer Lehrkraft und erkundigen Sie sich, was für die Abschlussprüfung verlangt wird.

- **§ 45 GKG**
  § 45 I 1 u. 3 GKG: Klage und Widerklage
  »In einer Klage und in einer Widerklage geltend gemachte Ansprüche, die nicht in getrennten Prozessen verhandelt werden, werden zusammengerechnet. . . . Betreffen die Ansprüche des Satzes 1 oder 2 **denselben** Gegenstand, ist nur der Wert des höheren Anspruchs maßgebend.«

Übungsfall:

Klage in einer Unfallsache. Der Kläger fordert 2.600,00 €, der Beklagte erhebt Widerklage und beantragt, den Kläger zur Zahlung von 2.000,00 € zu verurteilen.

Bitte berechnen Sie den Gegenstandswert.

Lösungsvorschlag:

Es handelt sich **nicht** um denselben Gegenstand, da es verschiedene Ansprüche sind. Hier also Wertaddition, somit 2.600,00 € + 2.000,00 € = 4.600,00 €, §§ 23 I 1 RVG, 45 I 1 GKG.

Zu beachten: Beim **Zuständigkeits- oder Zulässigkeitswert** werden Klage und Widerklage *nicht* **addiert, § 5 ZPO!!**

- **§ 45 III GKG: Hilfsweise Aufrechnung**
  »Macht der Beklagte hilfsweise die Aufrechnung mit einer bestrittenen Gegenforderung geltend, so erhöht sich der Streitwert um den Wert der Gegenforderung, soweit eine der Rechtskraft fähige Entscheidung über sie ergeht.
  § 45 IV GKG: Bei Erledigung des Rechtsstreits durch Vergleich sind die Absätze 1 bis 3 entsprechend anzuwenden.«

Übungsfall für »Einserkandidaten«:

Huber verklagt Müller auf Zahlung von 10.000,00 €. Der Beklagte stellt den Antrag, die Klage abzuweisen. Hilfsweise rechnet er mit einer Gegenforderung in Höhe von 12.000,00 € auf. Das Gericht urteilt, dass die Klageforderung zwar begründet, aber durch die hilfsweise zur Aufrechnung gestellte Gegenforderung erloschen ist.

Bitte berechnen Sie den Gegenstandswert.

Lösungsvorschlag:

10.000,00 € + 10.000,00 € = 20.000,00 €.

Der Gegenstandswert beträgt hier deswegen 20.000,00 €, weil Klageforderung und Gegenforderung bestritten waren und das Gericht über die Gegenforderung »der Rechtskraft fähig« entschieden hat. Zudem ist noch § 322 II ZPO zu beachten. Die Gegenforderung kann nur bis zur Höhe der Klageforderung in Höhe von 10.000,00 € berücksichtigt werden, § 322 II ZPO, §§ 23 I 1 RVG, 45 III GKG.

Erläuterung: Beide Forderungen (Klageforderung und Gegenforderung) waren bestritten. (Wäre die Klageforderung nicht bestritten, so wäre nicht eine Hilfs- sondern eine Primäraufrechnung erfolgt, die sich nicht werterhöhend auswirkt!) Dies liegt daran, dass bei einer Primäraufrechnung, also einer direkten Aufrechnung die Klageforderung nicht bestritten wird und sich das Gericht deshalb auch gar nicht damit befassen muss. Über die Gegenforderung wurde auch eine der Rechtskraft fähige Entscheidung verkündet. (Beachten Sie bitte: Die Entscheidung muss nicht rechtskräftig werden, nur der Rechtskraft fähig sein!)

Erläuterung des § 322 II ZPO an einem Beispiel:

Müller klagt auf Zahlung von 2.000,00 € gegen Huber. Huber sagt in seiner Klageerwiderung sinngemäß: Das stimmt nicht. Der Müller bekommt keine 2.000,00 € mehr von mir. Höchst vorsorglich erkläre ich aber hilfsweise die Aufrechnung (hilfsweise = nur für den Fall, dass das Gericht die Klage für begründet hält) mit 3.000,00 €.

Das Gericht prüft nun also, ob diese Gegenforderung dem Huber wirklich zusteht und die Klageforderung deshalb erloschen ist. Stellen wir uns vor, dass Gericht bejaht dies.

Dann erstreckt sich die Entscheidung des Gerichts bezüglich der Gegenforderung aber nur bis zur Höhe der eingeklagten 2.000,00 €. Würde sich die Rechtskraft des Urteils auf die vollen 3.000,00 € erstrecken, könnte der Huber seine restlichen 1.000,00 € in den Wind schreiben. Daher erstreckt sich das Urteil über die Gegenforderung nur bis maximal zur Höhe der Klageforderung. Ist ja auch logisch, denn Huber wäre ganz schön sauer, wenn er die restlichen 1.000,00 € (seine Gegenforderung betrug ja 3.000,00 €) nicht mehr einklagen könnte. Und weil das Gericht zusätzliche Arbeit mit der Prüfung der Gegenforderung hatte, erhöht sich der Gegenstandswert entsprechend.

Übungsfall:

Es wird Klage über 4.200,00 € nebst Zinsen i.H.v. 5 Prozentpunkten über dem Basiszinssatz seit dem 02.08.2009 eingereicht.

Bitte berechnen Sie den Gegenstandswert.

Lösungsvorschlag:

Gegenstandswert: 4.200,00 €, § 23 I 1 RVG, § 43 I GKG

Bitte beachten Sie: In Zwangsvollstreckungssachen gilt etwas anderes, § 25 I Nr. 1 RVG (Zinsen, Kosten usw. sind zu berücksichtigen!)

Und: Etwas anderes gilt auch, wenn Zinsen als eigenständige Hauptforderung geltend gemacht werden. Dann gilt der Wert der Nebenforderungen, soweit er den Wert des Hauptanspruchs nicht übersteigt, § 43 II GKG.

Übungsfall:

Klage auf Zahlung von 7.400,00 € zzgl. 5 Prozentpunkte Zinsen über dem Basiszinssatz seit dem 02.08.2009 und 600,00 € Zinsen aus einer früheren, bereits bezahlten Hauptforderung.

Wie berechnet sich der Streitwert?

Lösung:

Streitwert: 7.400,00 € + 600,00 € = 8.000,00 €, §§ 22 I RVG, § 43 I, II GKG (39 I GKG).

Anmerkung: Die Zinsen i.H.v. 600,00 € können addiert werden, weil sie eine eigenständige von der 1. Hauptforderung unabhängige Forderung darstellen. Die übrigen Zinsen sind als Nebenforderung nicht zu addieren.

Wir halten fest:

- *Gegenstandswertbestimmungen nach dem RVG gehen bei der Berechnung des Anwaltsgebührenwerts immer vor (§§ 22–33 RVG).*
- *Sind im RVG keine speziellen Paragrafen für die Berechnung des Gegenstandswerts zu finden, gelten in gerichtlichen Verfahren und in Verfahren, die gerichtlich werden könnten die Wertvorschriften für die Gerichtsgebühren, vornehmlich also das GKG und das FamGKG über § 23 I RVG.*
- *Für Fälle, die nicht gerichtlich werden können (z.B. Vertragsentwürfe) sind in § 23 III RVG spezielle Vorschriften aus der KostO angegeben.*
- *Arbeitsgerichtssachen werden auch nach dem GKG bewertet.*
- *Nur in den Fällen – **und nur dann** –, in denen sich für Zivilprozess-Angelegenheiten im GKG keine Paragrafen finden, dürfen für die Berechnung des Gebührenwerts die Wertvorschriften des §§ 3 bis 9 ZPO herangezogen werden, die sonst für die Berechnung des Zuständigkeits- oder Zulässigkeitswerts maßgeblich sind.*
- *In jede Vergütungsrechnung des RA sind die Paragrafen für die Wertbestimmung anzugeben.*

Prüfungstipp: *In der Abschlussprüfung ist jede Gegenstandswertberechnung mit Rechenschritten (12 × 500,00 € = 6.000,00 €, statt nur 6.000,00 €) anzugeben, damit der Prüfer nachvollziehen kann, wie der Prüfling das Ergebnis ermittelt hat.*

e) Gerichtliche Verfahren nach dem FamGKG

- **§ 38 FamGKG – Stufenklage**
  - Wird mit dem Klageantrag
  - auf Rechnungslegung oder
  - auf Vorlegung eines Vermögensverzeichnisses oder

- auf Abgabe einer eidesstattlichen Versicherung der Klageantrag
- auf Herausgabe desjenigen verbunden, was der Antragsgegner aus dem zugrunde liegenden Rechtsverhältnis schuldet, ist für die Wertberechnung nur einer der verbundenen Ansprüche, und zwar der höhere, maßgebend, § 38 FamGKG.

Wie in § 45 III GKG regelt § 39 FamGKG die Klage Widerklage, u. hilfsweise Aufrechnung, siehe auch das Beispiel dort auf S. 74.

- **Ehesachen, § 43 FamGKG**
  - Berücksichtigung alle Umstände des Einzelfalls
  - insbesondere Umfang und Bedeutung der Sache und Einkommens- und Vermögensverhältnisse der Ehegatten; für Einkommensverhältnisse Einsatz des in drei Monaten erzielte Nettoeinkommens der Ehegatten
  - Mindestwert: 2.000,00 €
  - Höchstwert: 1 Mio. €

Übungsfall:

20 Jahre waren Roland Kochl und Angela März verheiratet, dann trennen sie sich. Roland Kochl beauftragt Rechtsanwalt Super, Scheidungsantrag einzureichen, als das Trennungsjahr vorüber ist. Zum Zeitpunkt des Antrags beläuft sich das monatliche Nettoeinkommen beider Ehegatten auf 5.400,00 €.

Bitte berechnen Sie den Gegenstandswert.

Lösungsvorschlag:

Gegenstandswert: 5.400,00 € × 3 = 16.200,00 €, §§ 23 I 1 RVG, 43 I 1 FamGKG.

- **Bestimmte Kindschaftssachen, § 45 FamGKG**
  In einer Kindschaftssache, die
  - die Übertragung oder Entziehung der elterlichen Sorge oder eines Teils der elterlichen Sorge, § 45 Abs. 1 Nr. 1 FamGKG
  - das Umgangsrecht einschließlich der Umgangspflegschaft, § 45 Abs. 1 Nr. 2 FamGKG
  oder
  - die Kindesherausgabe, § 45 Abs. 1 Nr. 3 FamGKG betrifft,
    beträgt der Verfahrenswert 3.000 €.

Aha: Eine Kindschaftssache nach Absatz 1 ist auch dann als ein Gegenstand zu bewerten, wenn sie mehrere Kinder betrifft, § 45 II FamGKG.

Achtung: Ist der nach Absatz 1 bestimmte Wert nach den besonderen Umständen des Einzelfalls unbillig, kann das Gericht einen höheren oder einen niedrigeren Wert festsetzen, § 45 III FamGKG.

Die obige Wertregelung gilt in isolierten Verfahren, d.h., solchen, die nicht im Verbund mit anhängig gemacht werden. Bei dem Wert des § 45 FamGKG handelt es sich nicht um einen Festwert. Vielmehr bestimmt § 45 III FamGKG, dass der Wert höher

oder niedriger festgesetzt werden kann, wenn er nach den besonderen Umständen des Einzelfalls unbillig wäre.

- **Sorgerecht im Verbund, § 44 II 1 FamGKG**
  - Erhöhung des Wertes je Kindschaftssache (z.B. Sorgerecht, Umgangsrecht, Kindesherausgabe) um 20%; höchstens um 3.000,00 €; eine Kindschaftssache gilt auch dann als ein Gegenstand, wenn mehrere Kinder betroffen sind

---

Übungsfall:

Im Scheidungsverfahren Kochl/März (siehe oben) beantragt Herr Kochl mit Einreichung des Scheidungsantrags die Übertragung des Sorgerechts für das Kind Anton auf sich alleine.

Bitte berechnen Sie den Gegenstandswert für die Folgesache Sorgerecht.

Lösungsvorschlag:

Gegenstandswert: 20% von 16.200,00 € = 3.240,00 €, jedoch Höchstwert: 3.000,00 €, §§ 23 I 1 RVG, 44 I 1 FamGKG.

- **Versorgungsausgleich, § 50 I FamGKG**
  - In Versorgungsausgleichssachen beträgt der Verfahrenswert für jedes Anrecht 10 Prozent, bei Ausgleichsansprüchen nach der Scheidung für jedes Anrecht 20 Prozent des in drei Monaten erzielten Nettoeinkommens der Ehegatten. Der Wert nach Satz 1 beträgt insgesamt mindestens 1.000 €, § 50 I FamGKG.

Übungsfall:

Im Scheidungsverfahren Kochl/März soll der Versorgungsausgleich zwischen den Eheleuten durchgeführt werden. Es sind ausschließlich Anrechte gegenüber dem gesetzlichen Rentenversicherungsträger auszugleichen.

Bitte berechnen Sie den Gegenstandswert für den Versorgungsausgleich.

Lösungsvorschlag:

Gegenstandswert: 10% von 16.200,00 € = 1.620,00 €, §§ 23 I 1 RVG, 50 I FamGKG.

- **Gegenstandsaddition im Verbund, § 44 II 2 FamGKG**
  - Werte der Folgesachen werden zum Verbund addiert
  - Für die vorhergehende Familiensache Kochl/März bedeutet dies:
    - Wert der Scheidungssache   16.200,00 €
    - Wert des Sorgerechts   3.240,00 €
    - Wert des Versorgungsausgleiches   1.620,00 €
    - Summe   21.080,00 €

- **Unterhaltssachen, § 51 I u. II FamGKG**

  - »(1) [1]In Unterhaltssachen, die Familienstreitsachen sind und wiederkehrende Leistungen betreffen, ist der für die ersten zwölf Monate nach Einreichung des Klageantrags oder des Antrags geforderte Betrag maßgeblich, höchstens jedoch der Gesamtbetrag der geforderten Leistung. [2]Bei Unterhaltsansprüchen nach den §§ 1612a bis 1612c des Bürgerlichen Gesetzbuchs ist dem Wert nach Satz 1 der Monatsbetrag des zum Zeitpunkt der Einreichung des Klageantrags oder des Antrags geltenden Mindestunterhalts nach der zu diesem Zeitpunkt maßgebenden Altersstufe zugrunde zu legen.

    (2) [1]Die bei Einreichung des Klageantrags fälligen Beträge werden dem Wert hinzugerechnet. [2]Der Einreichung des Klageantrags steht die Einreichung eines Antrags auf Bewilligung der Prozesskostenhilfe gleich, wenn der Klageantrag alsbald nach Mitteilung der Entscheidung über den Antrag oder über eine alsbald eingelegte Beschwerde eingereicht wird. [3]Die Sätze 1 und 2 sind im vereinfachten Verfahren zur Festsetzung von Unterhalt Minderjähriger entsprechend anzuwenden.

Übungsfall:

Während der Trennungszeit beantragt Frau Schön gegen ihren getrennt lebenden Mann einen Beschluss beim Familiengericht, wonach Herr Schön monatlich 1.000,00 € Unterhalt zahlen soll.

Bitte berechnen Sie den Gegenstandswert für das Unterhaltsverfahren.

Lösungsvorschlag:

Gegenstandswert: 12 × 1.000,00 € = 12.000,00 €, §§ 23 I 1 RVG, 51 I 1 FamGKG.

Prüfungstipp: *Achten Sie darauf, dass es nicht auf das ankommt, was das Gericht ausurteilt, sondern vielmehr darauf, was in den ersten 12 Monaten nach Klageeinreichung gefordert wird.*

Wir halten fest:

- *Für die Berechnung der Gerichtskosten in Familiensachen hat der Gesetzgeber zum 01.09.2009 ein eigenes FamGKG geschaffen.*
- *Dieses FamGKG geht den Bestimmungen des GKG als Spezialgesetz vor. D.h. Das GKG gilt definitiv nur für Mahnverfahren in Familiensachen und ansonsten für Familiensachen nicht.*
- *Das GKG hat zum 01.09.2009 zahlreiche Änderungen erfahren – hinzu kommt, dass nochmals mehrere Änderungsgesetze dafür gesorgt haben, dass schon vor Inkrafttreten Neuregelungen, ab 01.09.2009 gar nicht mehr gelten, bzw. schon wieder aufgehoben worden sind. Es ist deshalb zwingend notwendig, mit einem aktuellen Gesetz zu arbeiten, da es sonst zu Verwirrungen kommt.*

Kapitel 7
Außergerichtliche Tätigkeit

1. Beratung

Bis zum 30.06.2006 wurden für Beratungen Satzrahmengebühren abgerechnet (z.B. nach Nr. 2100 VV a.F. (alte Fassung) von 0,1 bis 1,0). Dies ist schon seit dem 01.07. 2006 überholt. Der Gesetzgeber hat in § 34 RVG Neuregelungen geschaffen, nach denen der Rechtsanwalt auf eine Gebührenvereinbarung hinwirken soll. Zur Vermeidung von Wiederholungen wird diesbezüglich auf Kapitel 1 Ziff. 3 verwiesen. Die außergerichtliche Tätigkeit des Anwalts umfasst aber neben der Beratung, Erstellung eines Gutachtens oder Mediation (vgl. § 34 RVG) noch andere Tätigkeiten, die nachfolgend dargestellt sind.

2. Prüfung der Erfolgsaussichten eines Rechtsmittels

Wird der RA von einem Auftraggeber gebeten, zu prüfen, ob ein Rechtsmittel (Berufung, Revision, Beschwerde, Rechtsbeschwerde, Nichtzulassungsbeschwerde) Aussicht auf Erfolg hat, so erhält er nach Nr. 2100 VV RVG eine Gebühr in Höhe von 0,5 bis 1,0. Die Mittelgebühr beträgt hier 0,75.

Hoppla: Diese Gebühr verdient der RA auch, wenn er in 1. Instanz bereits tätig war.

Aber: Sie ist, wenn das Rechtsmittel durch den RA eingelegt wird, der den Rat erteilt hat, anzurechnen, vgl. Anm. zu Nr. 2100 VV RVG.

Übungsfall:

Heiko Ehrlich hat in 1. Instanz einen Prozess verloren und soll an den Kläger 6.000,00 € bezahlen. Er fragt seinen RA Schmitz der 1. Instanz, ob nach dessen Meinung eine Berufung Aussicht auf Erfolg hat. RA Schmitz rät zum Einlegen des Rechtsmittels. Die Berufung wird jedoch auftragsgemäß nach Begründung vor einem Termin wieder zurückgenommen.

Bitte gehen Sie von der Mittelgebühr aus und erstellen Sie die Vergütungsrechnung für RA Schmitz.

Lösungsvorschlag:

Streitwert: 6.000,00 €, § 2 I RVG

0,75 Gebühr für die Prüfung der Erfolgsaussichten eines Rechtsmittels (§§ 2 II, 13 I, 14 I RVG), Nr. 2100 VV RVG	€ 253,50
PT-Pauschale, Nr. 7002 VV RVG	€ 20,00
Zwischensumme	€ 273,50

Übertrag	€ 273,50
19 % Umsatzsteuer, Nr. 7008 VV RVG	€ 51,97
Summe	**€ 325,47**
1,6 Verfahrensgebühr	
(§§ 2 II, 13 I RVG), Nr. 3200 VV RVG	€ 540,80
PT-Pauschale, Nr. 7002 VV RVG	€ 20,00
Zwischensumme	€ 560,80
abzgl. 0,75 Gebühr Nr. 2100 VV RVG,	
(§§ 2 II, 13 I, 14 I RVG),	./. € 253,50
Zwischensumme	€ 307,30
19 % Umsatzsteuer, Nr. 7008 VV RVG	€ 58,39
Summe	**€ 365,69**

Abwandlung:

Heiko Ehrlich hat in 1. Instanz einen Prozess verloren und soll an den Kläger 6.000,00 € bezahlen. Er glaubt, dass er den Prozess nur deswegen verloren hat, weil sein RA schlecht ist. Er sucht daher RA Sorgfältig auf, der nach Prüfung der Unterlagen und des Urteils aber ebenfalls von der Einlegung eines Rechtsmittels abrät. Das Rechtsmittel wird in der Folgezeit auch nicht durch RA Sorgfältig eingelegt, so dass es bei dieser Tätigkeit bleibt.

Bitte erstellen Sie die Vergütungsrechnung für RA Sorgfältig.

Lösungsvorschlag:

Streitwert: € 6.000,00, § 2 I RVG	
0,75 Gebühr für die Prüfung der	
Erfolgsaussichten eines Rechtsmittels	
(§§ 2 II, 13 I, 14 I RVG), Nr. 2100 VV RVG	€ 253,50
PT-Pauschale, Nr. 7002 VV RVG	€ 20,00
Zwischensumme	€ 273,50
19 % Umsatzsteuer, Nr. 7008 VV RVG	€ 51,97
Summe	**€ 325,47**

Sofern der RA nicht nur hinsichtlich der Erfolgsaussichten eines Rechtsmittels berät, sondern darüber hinaus auch ein Gutachten erstellt, beträgt die Gebühr der Nr. 2100 VV RVG nach Nr. 2101 VV RVG 1,3.

Achtung: Da auf Nr. 2100 verwiesen wird, gilt auch die Anmerkung zu Nr. 2100 VV RVG und die Anrechnungsvorschrift kommt somit hier ebenfalls zum Tragen.

In Angelegenheiten, in denen der RA die Gebühren nicht nach einem Streitwert berechnet, sondern Betragsrahmengebühren erhält (Straf-, Bußgeld- und bestimmte Sozialgerichts-Sachen), entsteht für die Beratung hinsichtlich der Erfolgsaussichten zur Einlegung eines Rechtsmittels nach Nr. 2102 VV RVG eine Gebühr in Höhe von 10,00 € bis 260,00 €, die Mittelgebühr beträgt somit 135,00 €. Auch hier sieht die Anmerkung eine Anrechnungsvorschrift vor!

Verbindet der RA die Prüfung der Erfolgsaussichten eines Rechtsmittels in derartigen Verfahren mit einem Gutachten, beträgt der Rahmen 40,00 € bis 400,00 €, die Mittelgebühr beträgt dann 220,00 €, vgl. dazu Nr. 2103 VV RVG, die auf Nr. 2102 VV RVG verweist.

Wir halten fest:

Es gibt verschiedene Gebühren für die Prüfung der Erfolgsaussichten eines Rechtsmittels:

Gebühr für die Prüfung der Erfolgsaussichten eines Rechtsmittels Nr. 2100 VV RVG	berechnet sich nach dem Gegenstandswert und beträgt 0,5 bis 1,0 Mittelgebühr 0,75
Gebühr für die Prüfung der Erfolgsaussichten eines Rechtsmittels nach Nr. 2100 VV RVG i.V.m. einem Gutachten Nr. 2101 VV RVG	berechnet sich nach dem Gegenstandswert und beträgt 1,3
Gebühr für die Prüfung der Erfolgsaussichten eines Rechtsmittels in Straf-, u. Bußgeldsachen sowie bestimmten sozialgerichtl. Sachen Nr. 2102 VV RVG	Betragsrahmengebühr von 10,00 bis 260,00 € Mittelgebühr: 135,00 €
Gebühr für die Prüfung der Erfolgsaussichten eines Rechtsmittels in Straf-, u. Bußgeldsachen sowie bestimmten sozialgerichtl. Sachen nach Nr. 2102 VV RVG i.V.m. einem Gutachten Nr. 2103 VV RVG	Betragsrahmengebühr von 10,00 bis 260,00 € Mittelgebühr: 135,00 €

- Die Gebühren nach Nrn. 2100 bis 2103 VV RVG erhält der Rechtsanwalt neben einer Verfahrensgebühr für die 1. Instanz.
- Die Gebühren nach Nrn. 2100 bis 2103 VV RVG sind anzurechnen, wenn der Rechtsanwalt im Rechtsmittelverfahren eine Verfahrensgebühr verdient.

3. Geschäftsgebühr nach Nr. 2300 VV RVG

a) Allgemeines

Die Geschäftsgebühr nach Nr. 2300 VV RVG ist eine Betriebsgebühr für die außergerichtliche Tätigkeit.

Sie **entsteht**

- für die Entgegennahme der Information
- Mitwirkung bei der Gestaltung eines Vertrags.

    Sie entsteht **nicht**,
- für den bloßen Auftrag für ein Schreiben einfacher Art (hier wäre Nr. 2302 VV RVG maßgeblich).

Die Geschäftsgebühr Nr. 2300 VV RVG ist eine Satzrahmengebühr von 0,5 bis 2,5. Ihre Mittelgebühr beträgt 1,5 (0,5 + 2,5 = 3,0; 3,0 : 2 = 1,5).

Übungsfall:

Hugo Emsig bittet RAin Schmitz um Vertretung in einer außergerichtlichen Angelegenheit. Der Gegenstandswert beträgt: 6.000,00 €. Erstellen Sie die Vergütungsrechnung für RAin Schmitz und gehen dabei bitte von der Mittelgebühr aus.

Lösungsvorschlag:

Gegenstandswert: 6.000,00 €, § 2 I RVG	
1,5 Geschäftsgebühr	
(§§ 2 II, 13 I, 14 I RVG), Nr. 2300 VV RVG	€ 507,00
PT-Pauschale, Nr. 7002 VV RVG	€ 20,00
Zwischensumme	€ 527,00
19 % Umsatzsteuer, Nr. 7008 VV RVG	€ 100,13
Summe	**€ 627,13**

Wichtig: Der Gesetzgeber hat in der Anmerkung zu Nr. 2300 VV RVG eine neue Regelgebühr oder auch Schwellengebühr eingeführt. Danach darf der RA eine Gebühr von mehr als 1,3 nur fordern, wenn die Tätigkeit umfangreich **oder** schwierig war!

Übungsfall:

RAin Schmitz vertritt Mandantin Schneidhuber in einer außergerichtlichen Angelegenheit, Wert: 6.000,00 €. Die Sache war weder umfangreich noch schwierig. Bitte erstellen Sie die Vergütungsrechnung von RAin Schmitz. Gehen Sie dabei von der Regelgebühr aus.

Lösungsvorschlag:

Gegenstandswert: 6.000,00 €, § 2 I RVG	
1,3 Geschäftsgebühr	
(§§ 2 II, 13 I, 14 I RVG), Nr. 2300 VV RVG	€ 439,40
PT-Pauschale, Nr. 7002 VV RVG	€ 20,00
Zwischensumme	€ 459,40
19 % Umsatzsteuer, Nr. 7008 VV RVG	€ 87,29
Summe	**€ 546,69**

Anmerkung: Da die Angelegenheit weder umfangreich noch schwierig war, kann RAin Schmitz nicht mehr als 1,3 in Rechnung stellen, vgl. dazu Anmerkung zu Nr. 2300 VV RVG. § 14 I RVG spielt bei der Gebühr bis 1,3 eine Rolle und ist daher anzugeben.

Übungsfall:

RA Müller sendet an den Schuldner ein anwaltliches Aufforderungsschreiben zur Zahlung von 4.000,00 €. Der Schuldner zahlt nicht und schreibt zurück, dass dem Gläubiger die Forderung nicht zusteht. Im Auftrag seines Mandanten ruft RA Müller den Schuldner an und erklärt ihm, dass die Forderung seinem Mandanten sehr wohl zusteht, und sie auch noch nicht verjährt ist. Der RA bespricht die Angelegenheit weiter mit dem Gegner, der daraufhin erklärt, dass er die Forderung ausgleichen werde.

Bitte erstellen Sie die Vergütungsrechnung von RA Müller unter Zugrundelegung einer Mittelgebühr.

Lösungsvorschlag:

Gegenstandswert: 4.000,00 €, § 2 I RVG
1,5 Geschäftsgebühr

(§§ 2 II, 13 I, 14 I RVG), Nr. 2300 VV RVG	€ 367,50
PT-Pauschale, Nr. 7002 VV RVG	€ 20,00
Zwischensumme	€ 387,50
19 % Umsatzsteuer, Nr. 7008 VV RVG	€ 73,63
Summe	**€ 461,13**

Wir halten fest:

– *Die Geschäftsgebühr Nr. 2300 ist eine Satzrahmengebühr; § 14 RVG ist zu beachten.*
– *Der Rahmen der Geschäftsgebühr nach Nr. 2300 VV RVG beträgt 0,5 bis 2,5. Die Mittelgebühr beträgt 1,5.*
– *Eine Geschäftsgebühr nach Nr. 2300 VV RVG von mehr als 1,3 kann nur gefordert werden, wenn die Tätigkeit umfangreich oder schwierig war. Handelt es sich um eine Geschäftsgebühr nach Nr. 2301 VV RVG, so gilt, dass eine Gebühr von mehr als 0,7 nur gefordert werden kann, wenn die Tätigkeit umfangreich oder schwierig war, vgl. Anm. zu Nr. 2300 VV RVG bzw. Abs. 2 der Anm. zu Nr. 2301 VV RVG.*
– *Bei der Festlegung des Gebührenrahmens der Geschäftsgebühren Nr. 2300 und 2301 VV RVG hat der RA § 14 RVG zu beachten. Über einem Gebührensatz 1,3 (Nr. 2300 VV RVG) bzw. 0,7 (Nr. 2301 VV RVG) gelten allerdings nur noch die Kriterien Umfang und Schwierigkeit.*

b) Anrechnung der Geschäftsgebühr

Vorsicht: Die Geschäftsgebühr ist nach Nr. 2300 VV RVG auf die Verfahrensgebühr für ein gerichtliches Verfahren **anzurechnen**, jedoch nur **zur Hälfte** und **maximal bis 0,75**! Dies ergibt sich aus der Vorbemerkung 3 Abs. 4 VV RVG.

Übungsfall:

RAin Teich sendet ein außergerichtliches Aufforderungsschreiben an den Gegner und setzt ihm eine Frist zur Zahlung von 1.477,00 €. Da eine Zahlung nicht erfolgt, reicht RAin Teich Klage ein.

Lösungsvorschlag:

Gegenstandswert: 1.477,00 €, § 2 I RVG

1. Außergerichtliche Tätigkeit

1,3 Geschäftsgebühr	
(§§ 2 II, 13 I, 14 I RVG), Nr. 2300 VV RVG	€ 136,50
PT-Pauschale, Nr. 7002 VV RVG	€ 20,00
Zwischensumme	€ 156,50
19 % Umsatzsteuer, Nr. 7008 VV RVG	€ 29,74
Summe	**€ 186,24**

2. Gerichtliche Tätigkeit

1,3 Verfahrensgebühr	
(§§ 2 II, 13 I), Nr. 3100 VV RVG	€ 136,50
PT-Pauschale, Nr. 7002 VV RVG	€ 20,00
Zwischensumme	€ 156,50
abzgl. 0,65 Geschäftsgebühr	
(§§ 2 II, 13 I, 14 I RVG), Vorbem. 3 Abs. 4 VV RVG	./. € 68,25
Zwischensumme	€ 88,25
19 % Umsatzsteuer, Nr. 7008 VV RVG	€ 16,77
Summe	**€ 105,08**

Aber: Eine Anrechnung erfolgt nur, wenn ein zeitlicher Zusammenhang besteht und der RA sich nicht völlig neu einarbeiten muss. Ist der frühere Auftrag seit mehr als zwei Kalenderjahren erledigt, gilt ein neuer Auftrag in derselben Angelegenheit als neue Angelegenheit, § 15 V RVG.

Übungsfall:

RA Müller hat in einer Forderungsangelegenheit im Jahre 2006 Herrn Graf außergerichtlich vertreten. Angenommen, Herr Graf wurde im Sommer 2009 RA Müller erneut aufsuchen und möchte nun, dass RA Müller die Forderung gerichtlich geltend macht.

Muss RA Müller die im Jahre 2006 verdiente Geschäftsgebühr auf die nun anfallende Verfahrensgebühr nach RVG anrechnen?

Lösungsvorschlag:

Im obigen Fall liegen mehr als zwei Kalenderjahre zwischen den Aufträgen, so dass die weitere Tätigkeit nach § 15 V 2 RVG eine neue Angelegenheit darstellt und die in Vorbem. 3 Abs. 4 VV RVG bestimmte Anrechnung entfällt.

Prüfungstipp: *Eine Anrechnung auf eine entstehende gerichtliche Verfahrensgebühr gilt **nur**, »soweit« der Gegenstand derselbe ist, vgl. dazu Wortlaut des Abs. 4 der Vorbemerkung 3 VV RVG.*

Übungsfall:

RA Müller fordert für seinen Mandanten den Gegner außergerichtlich auf, 7.500,00 € zu zahlen. Nachdem der Gegner 5.000,00 € gezahlt hat, erteilt der Mandant RA Müller Klageauftrag über die restlichen 2.000,00 €. Nach Zustellung der Klageschrift zahlt der Gegner auch diesen Betrag noch. Setzen Sie bitte für die außergerichtliche Tätigkeit die Regelgebühr an und erstellen Sie die Vergütungsrechnung für RA Müller.

Lösungsvorschlag:

Gegenstandswert: 7.500,00 € /2.000,00 €, § 2 I RVG

1. Außergerichtliche Tätigkeit

1,3 Geschäftsgebühr aus € 7.500,00	
(§§ 2 II, 13 I, 14 I RVG), Nr. 2300 VV RVG	€ 535,60
PT-Pauschale, Nr. 7002 VV RVG	€ 20,00
Zwischensumme	€ 555,60
19 % Umsatzsteuer, Nr. 7008 VV RVG	€ 105,56
Summe	€ 661,16

2. Gerichtliche Tätigkeit

1,3 Verfahrensgebühr aus € 2.000,00	
(§§ 2 II, 13 I), Nr. 3100 VV RVG	€ 172,90
PT-Pauschale, Nr. 7002 VV RVG	€ 20,00
Zwischensumme	€ 192,90
abzgl. 0,65 Geschäftsgebühr aus 2.000,00 €	
(§§ 2 II, 13 I, 14 I RVG), Vorbem. 3 Abs. 4 VV RVG	./. € 86,45
Zwischensumme	€ 106,45
19 % Umsatzsteuer, Nr. 7008 VV RVG	€ 20,23
Summe	€ 126,68

---

§ 15a RVG, der zur Zeit der Drucklegung dieses Buchs noch nicht verkündet, aber schon verabschiedet war, soll künftig folgendes regeln:

»(1) Sieht dieses Gesetz die Anrechnung einer Gebühr auf eine andere Gebühr vor, kann der Rechtsanwalt beide Gebühren fordern, jedoch nicht mehr als den um den Anrechnungsbetrag verminderten Gesamtbetrag der beiden Gebühren.

(2) Ein Dritter kann sich auf die Anrechnung nur berufen, soweit er den Anspruch auf eine der beiden Gebühren erfüllt hat, wegen eines dieser Ansprüche gegen ihn ein Vollstreckungstitel besteht oder beide Gebühren in demselben Verfahren gegen ihn geltend gemacht werden.«

Mit dieser Klarstellung, die am Tag nach Verkündung in Kraft tritt, will der Gesetzgeber regeln, dass z.B. eine Geschäftsgebühr im Kostenfestsetzungsverfahren auf die entstandene Verfahrensgebühr nur angerechnet werden muss, wenn die Geschäftsgebühr voll eingeklagt und im Urteil zugesprochen worden ist. Es wird auch künftig dabei bleiben, dass die Kanzleien, wenn ein Anspruch auf Erstattung der Geschäftsgebühr nach dem BGB gegeben ist, die volle Geschäftsgebühr nebst Auslagen und Umsatzsteuer einklagen werden. Spricht das Gericht die Geschäftsgebühr wie eingeklagt zu, ist die Anrechnung auf die Verfahrensgebühr vorzunehmen. Spricht das

Gericht die Geschäftsgebühr nicht zu oder wurde sie nicht eingeklagt, kann die volle Verfahrensgebühr vom Dritten erstattet verlangt werden.

Hoppla: Wie erfolgt die Anrechnung, wenn die Geschäftsgebühr erhöht wird, weil der RA mehrere Auftraggeber vertritt, z.B. Eheleute?

Beispiel:

Entstanden ist eine 1,3 Geschäftsgebühr nebst einer 0,3 Erhöhung, weil der RA Eheleute vertritt. Er verdient so eine 1,6 erhöhte Geschäftsgebühr Nrn. 2300, 1008 VV RVG. Auf die später verdiente 1,6 erhöhte Verfahrensgebühr rechnet er nun die Hälfte der Geschäftsgebühr (das wäre 0,8), jedoch maximal 0,75 an. Es ist davon auszugehen, dass der Bundesgerichtshof in den nächsten Monaten zu diesem Thema über eine Rechtsbeschwerde entscheiden wird. Bis dahin muss man sich entscheiden, welcher Auffassung man folgen möchte. In jedem Fall sollte man wissen, dass diese Frage strittig ist.

Und wie rechnet man an, wenn der Gebührensatz der Verfahrensgebühr des gerichtlichen Verfahrens niedriger ist?

Beispiel:

RA Müller verdient für ein Aufforderungsschreiben ohne Klageauftrag eine 1,3 Geschäftsgebühr. Nun erhält er den Auftrag, einen Mahnbescheid einzureichen. Bevor er diesen Auftrag erledigen kann, endet die Sache vorzeitig. Das Mahnverfahren und das außergerichtliche Aufforderungsschreiben stellen verschiedene Angelegenheiten dar, so dass die Gebühren jeweils gesondert entstehen, § 15 II 1 i.V.m. § 17 Nr. 2 RVG. Allerdings muss die Geschäftsgebühr zur Hälfte, max. mit 0,75 auf eine Verfahrensgebühr angerechnet werden. Der RA verdient für die vorzeitige Beendigung im Mahnverfahren aber nur eine 0,5 Mahnverfahrensgebühr, Nr. 3306 VV RVG. In diesem Fall muss er nicht eine 0,65 Geschäftsgebühr abziehen (0,65 = ½ von 1,3), sondern vielmehr nur eine 0,5 Geschäftsgebühr.

Wir halten fest:

– *Die Geschäftsgebühren nach Nr. 2300 bis 2303 VV RVG sind auf die Verfahrensgebühr eines gerichtlichen Verfahrens nur zur Hälfte, höchstens mit einem Satz von 0,75 anzurechnen, vgl. dazu Vorbem. 3 Abs. 4 VV RVG.*
– *Sind zwei Geschäftsgebühren entstanden, ist die zuletzt entstandene Geschäftsgebühr anzurechnen, Vorbem. 3 Abs. 4 S. 2 VV RVG.*
– *Eine Anrechnung der Geschäftsgebühr muss nur erfolgen, wenn außergerichtlich und gerichtlich derselbe Rechtsanwalt tätig ist.*
– *Eine Anrechnung der Geschäftsgebühr muss nur und nur soweit erfolgen, wie sich die Gegenstände von außergerichtlicher und gerichtlicher Tätigkeit decken.*
– *Eine Anrechnung der Geschäftsgebühr muss nur erfolgen, wenn sich die außergerichtliche Tätigkeit und die gerichtliche Tätigkeit gegen denselben Gegner richten.*

c) Degression der Gebührentabelle

Die Gebührentabelle als Anlage 2 zu § 13 I RVG ist degressiv. Was degressiv bedeutet kann anhand eines Beispiels für den Begriff linear am besten verdeutlicht werden.

Würde die Gebührentabelle linear steigen, so würden die Gebühren im gleichen Verhältnis steigen, wie auch der Gegenstandswert steigt. Bei einem Phantasie-Streitwert von 1.000,00 € würde die Gebühr z.B. 100,00 € betragen. Bei einem Gegenstandswert von 2.000,00 € würde die Gebühr 200,00 € betragen. Bei einem Gegenstandswert von 3.000,00 € beträgt die Gebühr 300,00 € usw. Dies ist ein Beispiel für einen linearen Anstieg.

Die Gebührentabelle der Rechtsanwälte steigt dagegen aber degressiv. Wieder ausgehend von einem Phantasie-Streitwert von 1.000,00 €, der eine Gebühr von 100,00 € auslöst, würde bei einem Gegenstandswert von 2.000,00 € die Gebühr z.B. 180,00 € betragen, bei einem Wert von 3.000,00 € würde die Gebühr 260,00 € betragen, usw. Dies bedeutet, dass je höher der Wert steigt, desto geringer steigen aber im Verhältnis die Gebühren an.

Diese Degressivität der Gebührentabelle führt dazu, dass man die Gegenstandswerte nicht einfach von einander abziehen darf, wenn eine Anrechnung erfolgen muss, vgl. dazu das Beispiel mit unterschiedlichen Gegenstandswerten auf S. 86.

d) Geschäftsgebühr für Güteverfahren u.a.

Wird der RA in

– Güteverfahren vor einer durch die Landesjustizverwaltung eingerichteten oder anerkannten Gütestelle (§ 794 I Nr. 1 ZPO) oder, wenn die Parteien den Einigungsversuch einvernehmlich unternehmen, vor einer Gütestelle, die Streitbeilegung betreibt (§ 15a III EGZPO),
– Verfahren vor einem Ausschuss der in § 111 II ArbGG bezeichneten Art,
– Verfahren vor dem Seemannsamt zur vorläufigen Entscheidung von Arbeitssachen und
– Verfahren vor sonstigen gesetzlich eingerichteten Einigungsstellen, Gütestellen oder Schiedsstellen

tätig, so erhält er eine Geschäftsgebühr nach Nr. 2303 (Nrn. 1–4) VV RVG in Höhe von 1,5.

Achtung: Bei dieser Geschäftsgebühr handelt es sich um einen feststehenden Satz von 1,5!

Wichtig: Soweit wegen desselben Gegenstands eine Geschäftsgebühr nach Nr. 2300 VV RVG entstanden ist, wird die Hälfte dieser Gebühr nach dem Wert des Gegenstands, der in das Verfahren übergegangen ist, jedoch höchstens mit einem Gebührensatz von 0,75 angerechnet, vgl. dazu die Anmerkung zu Nr. 2303 VV RVG.

e) Einfaches Schreiben

Beschränkt sich der Auftrag des RA auf ein Schreiben einfacher Art, so beträgt die Geschäftsgebühr Nr. 2300 VV RVG gem. Nr. 2302 VV RVG 0,3!

Hinweis: Es handelt sich um ein Schreiben einfacher Art, wenn dieses weder schwierige rechtliche Ausführungen noch größere sachliche Auseinandersetzungen enthält.

Übungsfall:

RA Müller erhält den Auftrag, in einer Angelegenheit ein Schreiben (nicht Titel!) des Mandanten per Gerichtsvollzieher an den Geschäftsführer einer GmbH zustellen zu lassen, damit der Zugang durch Zustellungsurkunde gesichert nachgewiesen werden kann. Weitere Tätigkeit wird nicht entfaltet.

Welche Vergütung kann RA Müller für den Zustellungsauftrag an den Geschäftsführer abrechnen?

Lösungsvorschlag:

RA Müller kann eine 0,3 Geschäftsgebühr nach Nr. 2302 VV RVG abrechnen.

---

f) Anrechnung, wenn zwei Geschäftsgebühren entstehen

Sind zwei Geschäftsgebühren entstanden, so ist auf die Verfahrensgebühr des gerichtlichen Verfahrens die zuletzt entstandene Geschäftsgebühr anzurechnen!

Übungsfall:

Mandant Fischer wird von RA Schröder außergerichtlich vertreten. Der Gegenstandswert beträgt 5.000,00 €. Es handelt sich um eine durchschnittliche Angelegenheit, die jedoch überdurchschnittlich umfangreich war, so dass die Mittelgebühr bei der Geschäftsgebühr berechtigt ist. Die Parteien beantragen schließlich eine außergerichtliche Streitbeilegung bei einer Gütestelle. Mandant Fischer wird von RA Schröder auch in diesem Güteverfahren vertreten. Das Güteverfahren scheitert. Es wird Klage eingereicht. Nach Termin ergeht ein Klage stattgebendes Urteil.

Bitte rechnen Sie
a) die außergerichtliche Tätigkeit einschließlich der Tätigkeit im Güteverfahren sowie
b) die gerichtliche Tätigkeit für RA Schröder ab.

Lösungsvorschlag:

Abrechnung der außergerichtlichen Tätigkeit

a) außergerichtliche Tätigkeit und Güteverfahren

außergerichtliche Tätigkeit

Gegenstandswert: 5.000,00 €, § 2 I RVG	
1,5 Geschäftsgebühr	
(§§ 2 II, 13 I, 14 I RVG), Nr. 2300 VV RVG	€ 451,50
PT-Pauschale, Nr. 7002 VV RVG	€ 20,00
Zwischensumme	€ 471,50
19 % Umsatzsteuer, Nr. 7008 VV RVG	€ 89,59
Summe	€ 561,09
Güteverfahren	
1,5 Geschäftsgebühr	
(§§ 2 II, 13 I RVG), Nr. 2303 VV RVG	€ 451,50
abzgl. 0,75 Geschäftsgebühr Nr. 2300 VV RVG,	
gem. Anmerkung zu Nr. 2303 VV RVG	./. € 225,75
Zwischensumme	€ 225,75
PT-Pauschale, Nr. 7002 VV RVG	€ 20,00
Zwischensumme	€ 245,75
19 % Umsatzsteuer, Nr. 7008 VV RVG	€ 46,69
Summe	**€ 292,44**
b) gerichtliches Verfahren	
(§ 17 Nr. 7a RVG – verschiedene Angelegenheiten):	
Gegenstandswert: 5.000,00 €, § 2 I RVG	
1,3 Verfahrensgebühr	
(§§ 2 II, 13 I RVG), Nr. 3100 VV RVG	€ 391,30
abzüglich 0,75 Geschäftsgebühr aus 5.000,00 €	
Vorbem. 3 Abs. 4, Nr. 2303 VV RVG	./. € 225,75
Zwischensumme	€ 165,55
1,2 Terminsgebühr	
(§§ 2 II, 13 I RVG), Nr. 3104 VV RVG	€ 361,20
PT-Pauschale, Nr. 7002 VV RVG	€ 20,00
Zwischensumme	€ 546,75
19 % Umsatzsteuer, Nr. 7008 VV RVG	€ 103,88
Summe	**€ 650,63**

g) Weitere Geschäftsgebühr in Verwaltungsangelegenheiten

Das Verwaltungsverfahren sowie das einem gerichtlichen Verfahren vorausgehende und der Nachprüfung des Verwaltungsakts dienende weitere Verwaltungsverfahren (Vorverfahren, Einspruchsverfahren, Beschwerdeverfahren, Abhilfeverfahren) und ein gerichtliches Verfahren stellen verschiedene Angelegenheiten dar, § 17 Nr. 1 RVG, mit der Folge, dass die Gebühren für jedes Verfahren jeweils gesondert anfallen.

Übungsfall:

In einem Baugenehmigungsverfahren hat RA Villa entsprechend dem Wunsch seines Auftraggebers mit der Behörde mündlich verhandelt und anschließend an einer von der Baubehörde angeordneten Besichtigung des Grundstücks teilgenommen. Der Gegenstandswert beträgt 30.000,00 €.

Bitte gehen Sie bei der Erstellung der Vergütungsrechnung für RA Villa von der Regelgebühr aus.

Lösungsvorschlag:

Gegenstandswert: 30.000,00 €, § 2 I RVG

1,3 Geschäftsgebühr	
(§§ 2 II, 13 I, 14 I RVG), Nr. 2300 VV RVG	€ 985,40
PT-Pauschale, Nr. 7002 VV RVG	€ 20,00
Zwischensumme	€ 1.005,40
19 % Umsatzsteuer, Nr. 7008 VV RVG	€ 191,03
Summe	**€ 1.196,43**

Abwandlung:

Beispiel wie vor. Die Baubehörde lehnt den Bauantrag ab. Gegen den Ablehnungsbescheid wird Widerspruch erhoben. Es folgt eine Tätigkeit im Verwaltungsverfahren, das der Nachprüfung des Verwaltungsakts dient (Widerspruchsverfahren).

Wie kann RA Villa abrechnen? Gehen Sie bitte jeweils von den Regelgebühren aus.

Lösungsvorschlag:

Gegenstandswert: 30.000,00 €, § 2 I RVG

1. Vorverfahren

1,3 Geschäftsgebühr	
(§§ 2 II, 13 I, 14 I RVG), Nr. 2300 VV RVG	€ 985,40
PT-Pauschale, Nr. 7002 VV RVG	€ 20,00
Zwischensumme	€ 1.005,40
19 % Umsatzsteuer, Nr. 7008 VV RVG	€ 191,03
Summe	**€ 1.196,43**

2. Widerspruchsverfahren (§ 17 Nr. 1 RVG)

0,7 Geschäftsgebühr	
(§§ 2 II, 13 I, 14 I RVG), Nr. 2301 VV RVG	€ 530,60
PT-Pauschale, Nr. 7002 VV RVG	€ 20,00
Zwischensumme	€ 550,60
19 % Umsatzsteuer, Nr. 7008 VV RVG	€ 104,61
Summe	**€ 655,21**

Anmerkung: Nr. 2301 VV RVG regelt die Tätigkeit des Anwalts, der im Nachprüfungsverfahren tätig wid (Einspruchs-, Widerspruchsverfahren). Die Geschäftsgebühr Nr. 2301 VV RVG entsteht in Höhe von 0,5 bis 1,3. Die Regelgebühr beträgt 0,7.

Aha: Bei Bemessung der Geschäftsgebühr Nr. 2301 VV RVG ist nicht zu berücksichtigen, dass der Umfang der Tätigkeit infolge der Tätigkeit im Verwaltungsverfahren geringer ist; dies hat der Gesetzgeber schon selbst berücksichtigt, indem er den Gebührensatz gleich niedriger festgesetzt hat.

Hoppla: Auch zur Geschäftsgebühr Nr. 2301 VV RVG findet sich eine »Regelgebühr«. Eine Gebühr von mehr als 0,7 kann nur gefordert werden, wenn die Tätigkeit des RA umfangreich oder schwierig war.

Moment: Was ist, wenn der RA nicht nur in diesem Nachprüfungsverfahren tätig wird, sondern darüber hinaus auch in dem sogenannten Vorverfahren (Verwaltungsverfahren)? Dann verdient der Rechtsanwalt zuerst einmal die Gebühr Nr. 2300 VV für das Verwaltungsverfahren (das Verfahren also bis zur ersten Entscheidung über einen Antrag). Wird der Antrag abgelehnt und der Anwalt wird im Verwaltungsverfahren, dass der Nachprüfung des Verwaltungsakts dient tätig, erhält er zusätzlich die Gebühr Nr. 2301 VV RVG.

Achtung: Dies bedeutet aber auch, dass der Anfall einer Geschäftsgebühr nach Nr. 2301 VV RVG voraussetzt, dass der RA schon eine Geschäftsgebühr nach Nr. 2300 VV RVG verdient hat. Ohne Nr. 2300 VV RVG keine Nr. 2301 VV RVG!

Aber: Was ist, wenn der Mandant den Antrag erst mal ohne RA selbst gestellt hat (was in der Praxis häufig vorkommt) und nun z.B. so eine Baugenehmigung abgelehnt wird. Welche Gebühr verdient dann der RA, wenn er erstmals im Nachprüfungsverfahren vor der Verwaltungsbehörde tätig wird? Dann verdient er eine Geschäftsgebühr nach Nr. 2300 VV RVG.

Prüfungstipp: *Vergessen Sie nicht, § 17 Nr. 1 RVG in Ihrer Abrechnung anzugeben.*

Wir halten fest:

- *Wird der RA in einem Verwaltungsverfahren tätig, regelt § 17 Nr. 1 RVG, dass*
  - *das Verwaltungsverfahren (Vorverfahren; Antragsverfahren) und*
  - *das der Nachprüfung dienende Verwaltungsverfahren und*
  - *das Verwaltungsverfahren auf Aussetzung oder Anordnung der sofortigen Vollziehung sowie über einstweilige Maßnahmen zur Sicherung der Rechte Dritter und*
  - *ein gerichtliches Verfahren vor dem Verwaltungsgericht*
  jeweils verschiedene Angelegenheiten darstellen mit der Folge, dass der RA jede Angelegenheit gesondert abrechnen kann.
- *Eine Anrechnungsvorschrift für die in § 17 Nr. 1 RVG aufgezählten Tätigkeiten gibt es nicht.*
- *Im außergerichtlichen Verwaltungsverfahren verdient der RA grundsätzlich immer erst eine Geschäftsgebühr nach Nr. 2300 VV RVG.*
- *Erst wenn der RA sowohl im Vor- als auch im Nachprüfungsverfahren tätig wird, erhält er als weitere Geschäftsgebühr die Gebühr nach Nr. 2301 VV RVG.*
- *Die Geschäftsgebühr nach Nr. 2301 VV RVG hat einen geringeren Satzrahmen, (0,5 bis 1,3; Mittelgebühr 0,9), weil der Anwalt bereits vorher mit der Sache befasst war, wenn er diese verdient.*

- *Bei der Geschäftsgebühr nach Nr. 2301 VV RVG ist zu beachten, dass der RA eine Gebühr von mehr als 0,7 nur fordern darf, wenn die Sache umfangreich oder schwierig war.*

h) Das anwaltliche Aufforderungsschreiben

Zu unterscheiden ist das Aufforderungsschreiben

- **mit Klageandrohung**, bei dem Klageauftrag erteilt wurde
- mit **Androhung eines Mahnverfahrens**, wenn Auftrag zur Einleitung des Mahnverfahrens schon vorliegt
- und **ohne Klageandrohung**, bei dem der RA noch keinen Klageauftrag hat (*»Sollte eine Zahlung nicht bis zum . . . erfolgt sein, werde ich meinem Mandanten empfehlen, Klage gegen Sie zu erheben/die Forderung gerichtlich gegen Sie geltend zu machen.«*).

Vorsicht: Diese **Arten** von Aufforderungsschreiben sind vor allen Dingen **gebührenrechtlich** zu unterscheiden. Für das Aufforderungsschreiben **mit Klageauftrag** kann der RA, sollte der Gegner zahlen, eine **0,8 Verfahrensgebühr** nach Nr. 3101 Nr. 1 VV RVG verlangen (vorzeitige Beendigung des Auftrags). Für das Aufforderungsschreiben **ohne Klageauftrag** entsteht eine **Geschäftsgebühr** nach Nr. 2300 VV RVG in Höhe von 0,5 bis 2,5. Für das Aufforderungsschreiben mit Auftrag zur Einreichung eines **Mahnbescheides** entsteht bei vorzeitiger Beendigung nur eine 0,5 Verfahrensgebühr nach Nr. 3305 VV RVG.

Übungsfall:

Mandant Roggendorf erteilt RA Schmidt den Auftrag, Klage vor dem Amtsgericht Neuss einzureichen. RA Schmidt sendet an den Schuldner Völlig-Blank ein Aufforderungsschreiben mit Fristsetzung und weist auf seinen Klageauftrag hin. Völlig-Blank zahlt nach Erhalt des Aufforderungsschreibens sofort. Klage wird nicht erhoben.

Bitte erstellen Sie die Vergütungsrechnung für RA Schmidt.

Lösungsvorschlag:

Gegenstandswert: 6.000,00 €, § 2 I RVG
0,8 Verfahrensgebühr

(§§ 2 II, 13 I RVG), Nr. 3101 Nr. 1 VV RVG	€ 270,40
PT-Pauschale, Nr. 7002 VV RVG	€ 20,00
Zwischensumme	€ 290,40
19 % Umsatzsteuer, Nr. 7008 VV RVG	€ 55,18
Summe	**€ 345,58**

Abwandlung 1:

Völlig-Blank zahlt erst nach mehreren Telefonaten mit RA Schmidt, in denen RA Schmidt mit dem Gegner Besprechungen führt, um das Verfahren zu vermeiden. Was kann RA Schmidt abrechnen?

Lösungsvorschlag:

Gegenstandswert: 6.000,00 €, § 2 I RVG	
0,8 Verfahrensgebühr	
(§§ 2 II, 13 I RVG), Nr. 3101 Nr. 1 VV RVG	€ 270,40
1,2 Terminsgebühr	
(§§ 2 II, 13 I RVG), Nr. 3104 VV RVG	€ 405,60
PT-Pauschale, Nr. 7002 VV RVG	€ 20,00
Zwischensumme	€ 696,00
19 % Umsatzsteuer, Nr. 7008 VV RVG	€ 132,24
Summe	**€ 828,24**

Abwandlung 2:

RA Schmidt hatte keinen Klageauftrag, mahnt außergerichtlich ab, Schuldner zahlt innerhalb der gesetzten Frist. RA Schmidt setzt die Regelgebühr an und rechnet ab wie folgt:

Lösungsvorschlag:

Gegenstandswert: 6.000,00 €, § 2 I RVG	
1,3 Geschäftsgebühr	
(§§ 2 II, 13 I, 14 I RVG), Nr. 2300 VV RVG	€ 439,40
PT-Pauschale, Nr. 7002 VV RVG	€ 20,00
Zwischensumme	€ 459,40
19 % Umsatzsteuer, Nr. 7008 VV RVG	€ 87,29
Summe	**€ 546,69**

Abwandlung 3:

Zahlung durch Schuldner Völlig-Blank erfolgt erst nach mehreren langen Telefonaten zur Rechtslage zwischen RA Müller, Schuldner Blank und dem Auftraggeber. RA Müller setzt bei seiner Abrechnung eine Mittelgebühr an, da die Sache umfangreich war.

Lösungsvorschlag:

Gegenstandswert: 6.000,00 €, § 2 I RVG	
1,5 Geschäftsgebühr	
(§§ 2 II, 13 I, 14 I RVG), Nr. 2300 VV RVG	€ 507,00
PT-Pauschale, Nr. 7002 VV RVG	€ 20,00
Zwischensumme	€ 527,00
19 % Umsatzsteuer, Nr. 7008 VV RVG	€ 100,13
Summe	**€ 627,13**

Prüfungstipp: *Achten Sie in der Aufgabenstellung in ihrer Prüfung immer auf Formulierungen wie: »RA xy hat den Auftrag« . . . . . oder »auftragsgemäß«, denn für den Gebührenanfall kommt es auf den erteilten Auftrag und nicht auf die tatsächliche Tätigkeit an. Denn wie Sie an obigem Beispiel sehr schön sehen können, passiert mehr oder weniger immer das Gleiche. Weil der Auftrag aber jeweils anders lautete, sind unterschiedliche Gebühren entstanden.*

Kapitel 8
Erhöhung für mehrere Auftraggeber

1. Voraussetzungen

§ 7 I 1 RVG regelt, dass der RA auch bei Vertretung mehrerer Auftraggeber in derselben Angelegenheit die Gebühren nur einmal fordern kann.

Seine Mehrarbeit wird allerdings nach Nr. 1008 VV RVG dadurch vergütet, dass sich die Verfahrens- oder Geschäftsgebühr erhöhen:

bei Wertgebühren:
– Erhöhung 0,3, maximal 2,0
   bei Festgebühren:
– 30 %, maximal das Doppelte
   bei Betragsrahmengebühren
   Erhöhung um 30 % des Mindest- und Höchstbetrages, max. das Doppelte.

Voraussetzungen:

– **mehrere Personen sind Auftraggeber**
– **Gegenstand** der anwaltlichen Tätigkeit ist **derselbe** (nur bei Wertgebühren)
– **gemeinschaftliche Beteiligung** der mehreren Personen als Auftraggeber **am Gegenstand**

*Prüfungstipp: Wenn in einer Angelegenheit (z.B. einer Klage, einem Anspruchsschreiben) **verschiedene** Gegenstände (Ansprüche) geltend gemacht werden, kommt Nr. 1008 VV RVG nicht in Betracht! Hier werden vielmehr gemäß § 22 I RVG **die Gegenstandswerte addiert**, was zu einer Erhöhung des Gegenstandswerts und damit der Gebühren führt. Lediglich wenn die Ansprüche für jeden Auftraggeber **gesondert geltend** gemacht werden, erhält der RA auch für jeden Fall die Gebühren **aus dem jeweiligen Streitwert gesondert**.*

Denn: Nur wenn derselbe Gegenstand der anwaltlichen Tätigkeit bei Wertgebühren vorliegt, kommt eine Erhöhung nach Nr. 1008 VV RVG in Betracht.

Vorsicht: Juristische Personen (z.B. eine GmbH) sind immer **ein** Auftraggeber, auch wenn diese von zwei Geschäftsführern vertreten werden.

Und: Werden Personen vertreten, so z.B. Minderjährige durch ihre Eltern, gilt nicht die Zahl der Vertreter, sondern die Zahl der Vertretenen. Das heißt, wenn eine Mutter ihre drei unehelichen Kinder wegen Unterhaltszahlungen vertritt, handelt es sich um drei Auftraggeber. Vertreten beide Eltern ihr Kind in einer Forderungsangelegenheit, so handelt es sich um einen Auftraggeber.

Aufgepasst: In Strafsachen kann der RA nicht mehrere Angeklagte gleichzeitig verteidigen, § 146 StPO. Mehrere Auftraggeber hat er aber bei einer Mehrheit von Privat- oder Nebenklägern.

2. Zu erhöhende Gebühren

Grundsätzlich können **die Geschäfts- und/oder Verfahrensgebühr** erhöht werden. Darunter fallen z.B. folgende Gebühren:

- Geschäftsgebühr, Nr. 2300 VV RVG
- Geschäftsgebühr, Nr. 2301 VV RVG
- Geschäftsgebühr, Nr. 2303 VV RVG
- Verfahrensgebühr, 1. Instanz, Nr. 3100 VV RVG
- Verfahrensgebühr für die vorzeitige Beendigung, Nr. 3101 Nr. 1 VV RVG
- Differenzverfahrensgebühr, Nr. 3101 Nr. 2 VV RVG
- Verfahrensgebühr, Nr. 3101 Nr. 3 VV RVG
- Verfahrensgebühr im Rechtsmittelverfahren, Nr. 3200 VV RVG
- Verfahrensgebühr für die vorzeitige Beendigung in der Rechtsmittelinstanz, Nr. 3201 Nr. 1 der Anm. VV RVG
- Differenzverfahrensgebühr im Rechtsmittelverfahren, Nr. 3201 Nr. 2 der Anm. VV RVG
- Mahnverfahrensgebühr, Nr. 3305 VV RVG
- Verfahrensgebühr für die Vertretung des Antragsgegners, Nr. 3307 VV RVG
- Verfahrensgebühr im PKH-Verfahren, Nr. 3335 RVG
- Verfahrensgebühr im Beschwerde- oder Erinnerungsverfahren, Nr. 3500 VV RVG
- Verfahrensgebühr des Verkehrsanwalts, Nr. 3400 RVG
- Verfahrensgebühr des Verhandlungsvertreters (Unterbevollmächtigten), Nr. 3401 VV RVG
- Verfahrensgebühr für Einzeltätigkeiten, Nr. 3403 VV RVG
- Verfahrensgebühr in ZV-Sachen, Nr. 3309 VV RVG
- Verfahrensgebühr in Beschwerdeverfahren über Scheidungsfolgesachen, Nr. 3200 VV RVG
- Verfahrensgebühr Nr. 3201 VV RVG
- u.a.

Es ist strittig, ob auch andere Betriebsgebühren, wie z.B. die Gebühr für die Prüfung der Erfolgsaussichten eines Rechtsmittels nach Nr. 2100 VV RVG erhöht werden können. Die überwiegende Meinung in der Literatur bejaht dies zur Zeit (Stand: August 2009). Es bleibt diesbezüglich eine Entscheidung durch den Bundesgerichtshof abzuwarten.

Prüfungstipp: *Kommt ein neues Gesetz heraus, sind sich Gerichte oder auch Autoren untereinander manchmal nicht einig, was richtig ist. Es gibt dann strittige Auffassungen. Wie geht man mit strittigen Fragen im RVG um? Erkundigen Sie sich bei Ihrem Lehrer, welcher Auffassung man für eine Prüfung folgen wird. Die meisten Rechtsanwaltskammern prüfen höchst strittige Themen in der Fachangestellten-Prüfung nicht und wenn doch, lassen Sie alle Meinungen gelten. Allerdings kann die Autorin naturgemäß nicht sagen, wie die Kammern im Einzelnen ihre Prüfungen gestalten. Ansprechpartner für derartige Fragen ist daher in erster Linie immer der Berufsschullehrer.*

3. Die Berechnung der Erhöhung

Die Erhöhung erfolgt **für jede weitere Person, die Auftraggeber ist**. Je nach dem, ob es sich um Wert-, Fest- oder Rahmengebühren handelt, wird die Erhöhung wie folgt vorgenommen:

- **Festgebühren**

  Bei Festgebühren liegt eine Besonderheit vor, da es nicht darauf ankommt, ob der RA mehrere Auftraggeber wegen desselben Streitgegenstandes vertritt, sondern nur darauf, dass er mehrere Auftraggeber vertritt.

Beispiel:

In einer Unterhaltssache für Mutter und Kind erhält der RA aus der Staatskasse über die Beratungshilfegebühren eine Beratungsgebühr in Höhe von 30,00 € sowie eine Erhöhung (da er zwei Auftraggeber vertritt) von 30 % = 9,00 €, somit insgesamt 39,00 €.

- **Betragsrahmengebühren**

Übungsfall:

Der RA vertritt in einem amtsgerichtlichen Verfahren zwei Nebenkläger in der Hauptverhandlung. Bitte berechnen Sie die Erhöhung der Verfahrensgebühr (Mittelgebühr).

Lösungsvorschlag:

Gebühr für Vertretung der Nebenkläger in der Hauptverhandlung, Amtsgericht
Nr. 4106 VV RVG (30,00 € bis 250,00 €)
(30,00 € + 30 % = 9,00 € =) 39,00 € + 325,00 € (250,00 € + 30 % = 75,00 €)
= 364,00 €
364,00 € : 2 = 182 €

- **Satzrahmengebühren**

| **Achtung:** Erhöht wird immer unabhängig von der Ausgangsgebühr!

Und: Die Erhöhung pro weiterer Person, die Auftraggeber ist, beträgt in derselben Sache 0,3.

Beispiel:

Klage, zwei Auftraggeber

Die meisten rechnen:
1,3 Verfahrensgebühr, Nr. 3100 RVG
0,3 Erhöhung, Nr. 1008 RVG

Folgt man dem Gesetzeswortlaut muss es richtig heißen:
1,6 erhöhte Verfahrensgebühr, Nrn. 3100, 1008 VV RVG

Die 2. Variante ist die richtigere. Schwierig wird es jedoch dann, wenn in einem Verfahren mehrere Beteiligte vorhanden sind und die Erhöhung nicht aus demselben Gegenstandswert berechnet wird, wie die Verfahrens- oder Geschäftsgebühr.

Übungsfall:

RA Müller vertritt die Eheleute Erna und Franz Huber in einer Forderungsangelegenheit. Für die außergerichtliche Vertretung wird die Regelgebühr angesetzt.

Bitte erstellen Sie die Abrechnung aus einem Gegenstandswert von 1.433,00 €.

Lösungsvorschlag 1:

Gegenstandswert: 1.433,00 €, § 2 I RVG	
1,3 Geschäftsgebühr	
(§§ 2 II, 13 I, 14 I RVG), Nr. 2300 VV RVG	€ 136,50
0,3 Erhöhung	
(§§ 2 II, 13 I VV RVG), Nr. 1008 VV RVG	€ 31,50
PT-Pauschale, Nr. 7002 VV RVG	€ 20,00
Zwischensumme	€ 188,00
19 % Umsatzsteuer, Nr. 7008 VV RVG	€ 35,72
Summe	**€ 223,72**

oder:

Lösungsvorschlag 2:

Gegenstandswert: 1.433,00 €, § 2 I RVG	
1,6 erhöhte Geschäftsgebühr	
(§§ 2 II, 13 I, 14 I RVG), Nrn. 2300, 1008 VV RVG	€ 168,00
PT-Pauschale, Nr. 7002 VV RVG	€ 20,00
Zwischensumme	€ 188,00
19 % Umsatzsteuer, Nr. 7008 VV RVG	€ 35,72
Summe	**€ 223,72**

Prüfungstipp: *Erkundigen Sie sich auch hier danach, was in Ihrem Kammerbezirk bei der Abschlussprüfung verlangt wird. Im einigen Kammerbezirken können Sie bisher beide Schreibweisen verwenden, wobei die erste Variante den Vorteil hat, dass zumindest Teilpunkte auf die richtige Grundgebühr gegeben werden können. Nachteilig ist die erste Variante bei der Abrechnung eines Mehrvergleichs, da nach überwiegender Auffassung der Abgleich nach § 15 III RVG mit den erhöhten Verfahrensgebühren vorzunehmen ist. Auch bei späterer Anrechnung der erhöhten Geschäftsgebühr ist Lösungsvorschlag 2 günstiger.*

Berechnungsbeispiele:

Die Erhöhung nach Nr. 1008 VV RVG beträgt bei Satzrahmengebühren maximal 2,0. Sie wird bei acht Auftraggebern (oder auch sieben **weiteren** Auftraggebern (für den ersten gibt es die Geschäfts- oder Verfahrensgebühr)) erreicht.

D.h.

Ausgangsgebühr	maximale Erhöhung	insgesamt (Ausgangsgebühr + Erhöhung, bei insgesamt acht Auftraggebern)
0,65	2,0	2,65
0,75	**2,0**	**2,75**
0,8	2,0	2,8
1,0	**2,0**	**3,0**
1,3	2,0	3,3
1,5	**2,0**	**3,5**
2,0	2,0	4,0
usw.		

Übungsfall:

RAin Schmitz hilft den Herren Franz Huber, Josef Schön, Fritz Hummel und Anton Käsweber, einen Gesellschaftsvertrag zu schließen. Es kommt zur Besprechung aller Gesellschafter in der Kanzlei. RAin Schmitz hat in einer Vergütungsvereinbarung mit den Auftraggebern vereinbart, dass die Höchstgebühr der Geschäftsgebühr zzgl. Erhöhung nach einem Gegenstandswert in Höhe von 60.000,00 € berechnet werden kann.

Lösungsvorschlag:

Streitwert: 60.000,00 €, § 2 I RVG	
2,5 Geschäftsgebühr	
(§§ 2 II, 13 I, 14 I RVG), Nr. 2300 VV RVG	€ 2.807,50
0,9 Erhöhung	
(§§ 2 II, 13 I RVG), Nr. 1008 RVG	€ 1.010,70
PT-Pauschale, Nr. 7002 VV RVG	€ 20,00
Zwischensumme	€ 3.838,20
19 % Umsatzsteuer, Nr. 7008 VV RVG	€ 729,26
Summe	**€ 4.567,46**

Erläuterung: Hier gab es vier Auftraggeber. Für den ersten Auftraggeber fällt die Geschäftsgebühr an. Für die weiteren drei Auftraggeber je eine 0,3 Erhöhung, somit hier 0,9 Erhöhung nach Nr. 1008 RVG.)

Man könnte auch schreiben:

Streitwert: 60.000,00 €, § 2 I RVG	
3,4 erhöhte Geschäftsgebühr Nrn. 2300, 1008 VV RVG	€ 3.818,20
PT-Pauschale, Nr. 7002 VV RVG	€ 20,00
Zwischensumme	€ 3.838,20
19 % Umsatzsteuer, Nr. 7008 VV RVG	€ 729,26
Summe	**€ 4.567,46**

Wir halten fest:

– *Erhöhung nur bei mehreren Personen als Auftraggeber*
– *Erhöhung der Geschäfts- und/oder Verfahrensgebühr*
– *0,3 Erhöhung pro weiterem Auftraggeber bei Wertgebühren, max. 2,0 Erhöhung (erreicht bei acht Auftraggebern bzw. sieben **weiteren** Auftraggebern)*
– *30 % Erhöhung bei Festgebühren, max. das Doppelte*
– *30 % des Mindest- und Höchstbetrags bei Rahmengebühren, max. das Doppelte*
– *Erhöhung ist unabhängig von Ausgangsgebühr*
– *Erhöhung nur soweit eine gemeinschaftliche Beteiligung am Gegenstand besteht, Abs. 2 der Anm. zu Nr. 1008 VV RVG*
– *keine Erhöhung der Terminsgebühr, Einigungsgebühr, und dergleichen*
– *Erhöhung bei Wertgebühren nur, soweit der Gegenstand der anwaltlichen Tätigkeit derselbe ist, Abs. 1 der Anm. zu Nr. 1008 VV RVG*

Kapitel 9
Gebühren nach Teil 3 VV RVG

1. Allgemeines

Die Gebühren nach Teil 3 des Vergütungsverzeichnisses betreffen:

- Zivilsachen
- öffentlich-rechtliche Streitigkeiten (Verwaltungsgerichtssachen)
- Verfahren nach dem Strafvollzugsgesetz auch in Verbindung mit § 92 Jugendgerichtsgesetz
- ähnliche Verfahren

Grundsätzlich kann der Rechtsanwalt zwei Arten von Gebühren verdienen:

- eine **Verfahrensgebühr** und
- eine **Terminsgebühr**.

Hinzu kommt ggf. eine

- **Einigungsgebühr (Erledigungsgebühr/Aussöhnungsgebühr)**
- **Erhöhung der Verfahrensgebühr**

Achtung: Die Höhe der Gebühr ergibt sich aus dem Vergütungsverzeichnis, § 2 II RVG. Der Betrag der jeweiligen Gebühr wird aus der Gebührentabelle, die dem § 13 I RVG als Anlage 2 beigefügt ist, entnommen. In PKH-Verfahren wird die Gebühr aus der Tabelle zu § 49 RVG berechnet.

2. Verfahrensgebühr

Der zum Prozessbevollmächtigten bestellte Rechtsanwalt erhält grundsätzlich eine Verfahrensgebühr nach Nr. 3100 VV RVG. Die Gebühr entsteht mit der **ersten** Tätigkeit, die der Rechtsanwalt im Hinblick auf den zu führenden Prozess ausübt. Ist der Rechtsanwalt nur mit Einzeltätigkeiten beauftragt, kann er nicht die volle Verfahrensgebühr nach Nr. 3100 VV RVG verlangen. Vielmehr erhält er eine 0,8 Verfahrensgebühr nach Nr. 3403 VV RVG.

Aber: Die Verfahrensgebühr kann auch bereits anfallen, wenn der Rechtsstreit noch nicht anhängig ist. Entscheidend ist der **erteilte Auftrag**. Ist der Rechtsanwalt z.B. beauftragt, für den Mandanten eine Forderung mit einer Klage geltend zu machen und zahlt der Gegner nach dem ersten außergerichtlichen Aufforderungsschreiben, so erhält der Rechtsanwalt eine 0,8 Verfahrensgebühr (vorzeitige Beendigung des Auftrags) nach Nr. 3101 Nr. 1 VV RVG.

Denn: Die Verfahrensgebühr fällt bereits mit der **Entgegennahme der Information** durch den Rechtsanwalt an.

Prüfungstipp: *Die Verfahrensgebühr wird immer aus dem höchsten Gegenstandswert während der Tätigkeit des Rechtsanwalts ermittelt, § 15 V 1 RVG. Erhöht sich zum Beispiel während des Prozesses der Wert durch Klageerweiterung, sind die Werte nach § 22 I RVG zusammenzurechnen. Ermäßigt sich der Gegenstandswert im Laufe des Verfahrens z.B. durch Teilzahlung oder Teilanerkenntnis des Schuldners, wirkt sich die Ermäßigung auf die bereits verdiente Verfahrensgebühr **nicht** aus, § 15 IV RVG.*

Die 1,3 Verfahrensgebühr fällt an bei:

– Einreichung der Klage
– Einreichung eines Antrags
– Einreichung eines Schriftsatzes mit Sachanträgen
– Einreichung eines Schriftsatzes mit Sachvortrag
– Zurücknahme der Klage
– Zurücknahme des Antrags
– Wahrnehmung eines gerichtlichen Termins

Die Verfahrensgebühr beträgt

– 1,3 in 1. Instanz, Nr. 3100 VV RVG
– 1,6 im Berufungsverfahren, Nr. 3200 VV RVG
– 1,6 im Revisionsverfahren, Nr. 3206 VV RVG
– 2,3 im Revisionsverfahren für den BGH-Anwalt, Nr. 3208 VV RVG

3. Vorzeitige Beendigung

Endet die Tätigkeit des RA vorzeitig, führt dies zu einer Reduzierung der Verfahrensgebühr.

Beispiel:

Der Auftraggeber erteilt Auftrag zur Klageeinreichung. Seine Rechtsanwältin fertigt die Klageschrift. Der Auftraggeber ruft vor Einreichung der Klageschrift an und teilt mit, dass der Gegner die Forderung beglichen hat und die Klage nicht mehr eingereicht werden muss. Hier ist eine 0,8 Verfahrensgebühr nach Nr. 3101 Nr. 1 RVG entstanden, (vorzeitige Beendigung).

Beispiele, für eine vorzeitige Beendigung im Sinne der Nr. 3101 Nr. 1 RVG:

– Klage noch nicht eingereicht – 0,8 (z.B.: Klage kann, muss aber noch nicht geschrieben sein; Klage kann, muss aber noch nicht diktiert sein – es reicht der Auftrag zur Einreichung der Klage durch den Auftraggeber);
– ein das Verfahren einleitender Antrag ist noch nicht eingereicht;
– ein Schriftsatz, in dem der Antrag enthalten ist, eine Klage oder einen Antrag abzuweisen, ist noch nicht eingereicht (Beklagtenvertreter);
– ein Schriftsatz, der Sachvortrag enthält, ist noch nicht eingereicht.

Übungsfall:

Der Mandant legt im Besprechungstermin eine ihm zugestellte Klage vor und bittet den Rechtsanwalt, ihn zu vertreten. Der Rechtsanwalt diktiert den Klageabweisungsantrag mit ausführlicher Begründung. Bevor der Schriftsatz geschrieben wird, ruft der Mandant an, und erklärt, dass er das Mandat kündigt. Er bittet um Übersendung einer Vergütungsrechnung. Der Gegenstandswert beträgt 6.444,22 €.

Lösungsvorschlag:

Gegenstandswert: 6.444,22 €, § 2 I RVG	
0,8 Verfahrensgebühr	
(§§ 2 II, 13 I RVG), Nr. 3101 Nr. 1 VV RVG	€ 300,00
PT-Pauschale, Nr. 7002 VV RVG	€ 20,00
Zwischensumme	€ 320,00
19 % Umsatzsteuer, Nr. 7008 VV RVG	€ 60,80
Summe	**€ 380,80**

Die Verfahrensgebühr bei vorzeitiger Beendigung beträgt

– in 1. Instanz – 0,8 – Nr. 3101 VV RVG
– im Berufungsverfahren – 1,1 – Nr. 3201 VV RVG
– im Revisionsverfahren – 1,1 – Nr. 3207 VV RVG
– im Revisionsverfahren für den BGH-Anwalt – 1,8 – Nr. 3209 VV RVG

Achtung: In der Rechtsmittelinstanz beträgt die Verfahrensgebühr für die vorzeitige Beendigung 1,1 nach Abs. 1 der Anmerkung zu Nr. 3201 VV RVG.

4. Vorzeitige Beendigung, Nr. 3101 Nr. 2 VV RVG

Eine vorzeitige Beendigung liegt auch vor, soweit

– lediglich beantragt ist,
– eine Einigung der Parteien oder der Beteiligten oder
– mit Dritten
– über in diesem Verfahren nicht rechtshängige Ansprüche
– zu Protokoll zu nehmen oder festzustellen (§ 278 VI ZPO) oder
– soweit lediglich Verhandlungen vor Gericht zur Einigung über solche Ansprüche geführt werden.

Hört sich kompliziert an. Also schauen wir uns das mal genauer an.

Nennen wir die Verfahrensgebühr nach Nr. 3101 Nr. 2 VV RVG zur besseren Unterscheidung der anderen Verfahrensgebühren **Differenzverfahrensgebühr**.

Wann fällt eine Differenzverfahrensgebühr in der Praxis an?

Beispiel:

Mandantin Schmitz hat eine Forderung in Höhe von 100.000,00 €. Weil ihr ein Verfahren über den gesamten Betrag zum einen zu teuer ist und weil sie auch nicht sicher ist, dass sie das Bestehen der Forderung wirklich beweisen kann, beauftragt sie RA Müller, erst einmal einen Betrag in Höhe von 10.000,00 € einzuklagen. Sollte es dann im Gerichtstermin zu Vergleichsverhandlungen kommen, soll RA Müller auch die restlichen 90.000,00 € ins Gespräch bringen, um diese unter Umständen in einen Vergleich »mit reinzupacken«.

RA Müller klagt also zunächst die 10.000,00 € ein. Hierfür entsteht:

→ 1,3 Verfahrensgebühr aus 10.000,00 €
(§§ 2 II, 13 I RVG), Nr. 3100 VV RVG

Nun kommt es zu einem Gerichtstermin. Der Richter ist nicht sehr überzeugt vom Bestehen der Forderung und schlägt den Abschluss eines Vergleichs über diese 10.000,00 € vor. RA Müller bringt nun die weiteren noch offenen 90.000,00 € in die Vergleichsverhandlungen mit ein und es wird über sämtliche Ansprüche, also die eingeklagten 10.000,00 € und die nicht eingeklagten (somit in diesem Verfahren nicht rechtshängigen) 90.000,00 €, erörtert.

Rechtshängig sind Ansprüche nur dann, wenn sie eingeklagt wurden und die Klage dem Gegner zugestellt ist. »Nicht rechtshängig in diesem Verfahren« bedeutet, dass die Ansprüche entweder gar nicht rechtshängig sind oder in einem anderen Verfahren.

Für die Verhandlungen vor Gericht über die in diesem Verfahren nicht rechtshängigen Ansprüche bekommt RA Müller – und zwar unabhängig davon, ob er eine Einigung trifft/einen Vergleich schließt – oder nicht eine

→ 0,8 Verfahrensgebühr aus 90.000,00 €
(§§ 2 II, 13 I RVG), Nr. 3101 Nr. 2 VV RVG.

Aber: Jetzt müssen wir § 15 III RVG beachten, denn wir haben zwei verwandte Gebühren mit unterschiedlichen Gebührensätzen aus Teilen des Gesamtgegenstandes! Also dürfen die beiden einzeln berechneten Verfahrensgebühren für RA Müller insgesamt nicht mehr betragen als eine

→ 1,3 Verfahrensgebühr aus 100.000,00 €

Muss hier gekürzt werden? Dazu müssen wir uns die Gebühren in Beträgen anschauen:

1,3 Verfahrensgebühr aus 10.000,00 € =	€ 631,80
0,8 Verfahrensgebühr aus 90.000,00 € =	€ 1.021,60
addiert	€ 1.653,40
eine	
1,3 Verfahrensgebühr aus 100.000,00 € beträgt	€ 1.760,20

Ergebnis: Wir müssen nicht kürzen. RA Müller kann seine beiden Gebühren einzeln berechnen, da sie mit 1.653,40 € niedriger sind, als eine 1,3 Verfahrensgebühr aus dem addierten Wert mit 1.760,20 €.

Und: Einigen sich die Parteien, würden die gleichen Verfahrensgebühren anfallen. Würden sich die Parteien einigen (Vergleich auf Widerruf) und die Einigung dann widerrufen, würden ebenfalls die obigen Verfahrensgebühren anfallen. Allerdings gäbe es dann keine Einigungsgebühren.

Wir halten fest:

Auch der Antrag, eine Einigung über nicht rechtshängige Ansprüche zu Protokoll zu nehmen, löst die gleichen Gebühren aus! Der Vergleich muss nicht wirksam werden. Das ist dann der Fall, wenn eine der Partei oder beide Parteien den geschlossenen Vergleich widerrufen. Widerrufen können sie, wenn im Vergleich eine sogenannte Widerrufsfrist aufgenommen worden ist.

Hoppla: Auch wenn dies alles mit einem **Dritten** im Prozess passiert, d.h. mit jemandem, der nicht Partei (Kläger oder Beklagter; Antragsteller oder Antragsgegner) ist, (z.B. mit einem Streitverkündeten) – entsteht diese Differenzverfahrensgebühr unter den genannten Voraussetzungen.

Wir halten fest:

- *Die Differenzverfahrensgebühr entsteht:*
  - *aus dem Wert der im abzurechnenden Verfahren nicht rechtshängigen (also dort nicht eingeklagten) Ansprüche, wenn*
  - *über solche Ansprüche Verhandlungen vor Gericht geführt werden oder*
  - *sich die Parteien/Beteiligten oder eine Partei/ein Beteiligter sich mit Dritten über solche Ansprüche einigt und der RA den Antrag stellt, die Einigung zu Protokoll zu nehmen*
- *Die Differenzverfahrensgebühr fällt nicht wieder weg, wenn ein Vergleich widerrufen wird.*
- *Die Differenzverfahrensgebühr entsteht in 1. Instanz in Höhe von 0,8 und in 2. Instanz in Höhe von 1,1.*
- *Sofern neben der Verfahrensgebühr eine Differenzverfahrensgebühr entsteht, muss § 15 III RVG beachtet werden.*

Hoppla: Die Ansprüche sind nicht in diesem aber vielleicht in einem anderen Verfahren rechtshängig. Was ist dann?

Stellen wir uns vor, RA Müller hätte zwei Klagen eingereicht. Eine über 10.000,00 € (Verfahren B) und eine ca. ein 3/4 Jahr zuvor über 90.000,00 € (Verfahren A). Nun kommt es im Verfahren B zu einem Verhandlungstermin und in diesem Termin bahnt sich eine Einigung an. Man verhandelt in Verfahren B sowohl die Ansprüche aus Verfahren A (90.000,00 €) als auch die Ansprüche aus Verfahren B selbst (10.000,00 €). Wie wäre dann abzurechnen? Bleiben wir dabei zur Vereinfachung ausschließlich bei den Verfahrensgebühren. Über die Terminsgebühr wird später gesondert ausgeführt!

In Verfahren B kann RA Müller wie folgt abrechnen:

1,3 Verfahrensgebühr aus 10.000,00 € =	€ 631,80
0,8 Verfahrensgebühr aus 90.000,00 € =	€ 1.021,60
macht zusammen	€ 1.653,40

In Verfahren A rechnet RA Müller für die Einreichung der Klage ab:

1,3 Verfahrensgebühr aus 90.000,00 € =	€ 1.660,10

Aber: Es ist verständlich, dass RA Müller nicht zweimal aus dem Wert von 90.000,00 € eine Verfahrensgebühr berechnen kann, vgl. dazu auch noch mal § 15 II 1 RVG (In derselben Angelegenheit darf der RA die Gebühren nur einmal berechnen!). Er muss also in Verfahren A die in Verfahren B abgerechnete Verfahrensgebühr anrechnen!

1,3 Verfahrensgebühr aus 90.000,00 €	€ 1.660,10
abzgl. 0,8 Verfahrensgebühr aus 90.000,00 €	€ 1.021,60
Rest	€ 638,50

Ergebnis: In Verfahren A kann RA Müller noch eine Verfahrensgebühr in Höhe von € 638,50 abrechnen.

Was aber ist, wenn die Differenzverfahrensgebühr gekürzt werden musste?

In der Anmerkung Abs. 1 zu Nr. 3101 VV RVG heißt es ein wenig kompliziert:

»Soweit in den Fällen der Nummer 2 (damit ist Nr. 3101 Nr. 2 VV RVG gemeint) der sich nach § 15 III RVG ergebende Gesamtbetrag der Verfahrensgebühren die Gebühr 3100 übersteigt, wird der übersteigende Betrag auf eine Verfahrensgebühr angerechnet, die wegen desselben Gegenstands in einer anderen Angelegenheit entsteht.«

Was ist denn jetzt damit wieder gemeint? Eine recht logische Sache! Würden wir die 0,8 Verfahrensgebühr in Verfahren B wegen § 15 III RVG kürzen müssen, müssten wir auch nur die gekürzte Gebühr in Verfahren A abziehen! Denn der RA muss in Verfahren A nicht mehr abziehen, als er in Verfahren B erhalten hat!

Zu kompliziert? Das macht nichts. In Ruhe noch mal lesen! Zugegeben: Das hier ist schon starker Tobak für Auszubildende und die »höhere Mathematik des Gebührenrechts«. Wenn Ihnen dieser Fall Schwierigkeiten macht, so ist das nicht ungewöhnlich. Konzentrieren Sie sich darauf, dass Sie zumindest den klassischen Mehrvergleich (Mehrvergleich = man bezieht mehr in einen Vergleich mit ein, als eingeklagt wurde) abrechnen können. Der Mehrvergleich ist als etwas schwierigere Aufgabe immer wieder Thema in Prüfungen und wird es sicher bleiben. Weitere Übungsfälle zum Thema finden Sie weiter unten nach Behandlung der Termins- und Einigungsgebühr!

5. Terminsgebühren

a) Allgemeines

Die Terminsgebühr gemäß Nr. 3104 VV RVG erhält der Prozessbevollmächtigte unter verschiedenen Kriterien, so u.a.:

- für die Vertretung seiner Partei im Verhandlungs-, Beweisaufnahme- oder Erörterungstermin, Vorbemerkung 3 Abs. 3, 1. Alt.,
- für die Wahrnehmung eines von einem gerichtlich bestellten Sachverständigen anberaumten Ortstermins (auch ohne Beteiligung des Gerichts), Vorbemerkung 3 Abs. 3, 2. Alt.,
- für die Teilnahme an auf die **Vermeidung** oder **Erledigung** eines Verfahrens gerichteten Besprechungen auch ohne Beteiligung des Gerichts, mit Ausnahme der Besprechungen mit dem Auftraggeber, Vorbemerkung 3, Abs. 3, 3. Alt. (sogenannte Erledigungsbesprechung),
- im schriftlichen Verfahren, Abs. 1 Nr. 1 der Anmerkung zu Nr. 3104 VV RVG und Abs. 2 der Anmerkung zu Nr. 3105 VV RVG.

b) Vertretung in einem Verhandlungs-, Beweisaufnahme- oder Erörterungstermin

Für die Vertretung in einem Verhandlungs-, Beweisaufnahme- oder einem Erörterungstermin erhält der Rechtsanwalt eine Terminsgebühr gemäß Nr. 3104 VV RVG in Höhe von 1,2.

1,2 Terminsgebühr in 1. Instanz, Nr. 3104 VV RVG
1,2 Terminsgebühr im Berufungsverfahren, Nr. 3202 VV RVG
1,5 Terminsgebühr im Revisionsverfahren, Nr. 3210 VV RVG

Übungsfall:

In einem Klageverfahren (Gegenstandswert 5.000,00 €) vor dem Amtsgericht Hamburg kommt es in der Güteverhandlung nach Erörterung der Sach- und Rechtslage zu keiner Einigung. In der gleich unmittelbar anschließenden mündlichen Verhandlung erkennt der Beklagte sofort einen Teilbetrag von 2.000,00 € an. Über den Restbetrag von 3.000,00 € wird streitig verhandelt. Wie kann der Klägervertreter abrechnen?

Lösungsvorschlag:

Gegenstandswert: 5.000,00 €, § 2 I RVG	
1,3 Verfahrensgebühr	
(§§ 2 II, 13 I RVG), Nr. 3100 VV RVG	€ 391,30
1,2 Terminsgebühr	
(§§ 2 II, 13 I RVG), Nr. 3104 VV RVG	€ 361,20
PT-Pauschale, Nr. 7002 VV RVG	€ 20,00
Zwischensumme	€ 772,50
19 % Umsatzsteuer, Nr. 7008 VV RVG	€ 146,78
Summe	**€ 919,28**

Achtung: Für den Anfall der 1,2 Terminsgebühr ist nicht erforderlich, dass die Verhandlung streitig erfolgt. Auch eine nicht-streitige Verhandlung kann die 1,2 Terminsgebühr auslösen.

Ausnahme: Die Terminsgebühr nach Nr. 3105 VV RVG, siehe die Ausführungen auf S. 112 in diesem Kapitel.

Somit fällt die 1,2 Terminsgebühr an:

- bei einer streitigen Verhandlung,
- bei Anerkenntnis,
- bei Verzicht,
- in einem FamFG-Verfahren (z.B. Verfahren vor dem Familiengericht- oder Nachlassgericht),
- bei teilweise streitiger Verhandlung und teilweise nicht streitiger Verhandlung,
- in einem Güteverhandlungstermin vor dem Arbeitsgericht,
- in einem Güteverhandlungstermin vor dem Zivilgericht,
- in einem Beweisaufnahmetermin,
- in einem Verhandlungstermin, der mit Versäumnisurteil endet, obwohl der Beklagte entweder erschienen (AG) oder ordnungsgemäß vertreten (LG) ist.

Achtung: Die Terminsgebühr fällt in jedem Rechtszug nur einmal an, selbst wenn mehrere Gerichtstermine notwendig sind, § 15 II 2 RVG.

Ausnahme, es liegen verschiedene oder besondere Angelegenheiten (§§ 17–18 RVG) vor:

– Mahnverfahren, Vorbem. 3.2.2., § 17 Nr. 2 RVG
– Urkunden- und Wechselprozess, § 17 Nr. 5 RVG
– Arrest und einstweilige Verfügung, § 17 Nr. 4 RVG
– selbständiges Beweisverfahren, vgl. dazu Vorbem. 3 Abs. 5 VV RVG.

In diesen Fällen kann die Terminsgebühr mehrmals entstehen.

Hinweis: Seit dem 31.12.2006 ist in Abs. 4 der Anm. zu Nr. 3104 VV RVG neu geregelt, dass eine Terminsgebühr, die im Mahnverfahren oder im vereinfachten Verfahren über den Unterhalt Minderjähriger entstanden ist, auf eine Terminsgebühr des gerichtlichen Verfahrens anzurechnen ist, vgl. dazu auch das Kapitel 15 (Mahnverfahren) unter Ziff. 7.

Übungsfall:

RA Petersen vertritt Mandant Jansen nach Klageeinreichung beim LG Hamburg im Verhandlungstermin. Nach streitiger Verhandlung ergeht ein Klage abweisendes Urteil. Der Gegenstandswert beträgt 4.620,00 €.

Bitte erstellen Sie die Vergütungsrechnung für RA Petersen.

Lösungsvorschlag:

Gegenstandswert: 4.620,00 €, § 2 I RVG	
1,3 Verfahrensgebühr	
(§§ 2 II, 13 I RVG), Nr. 3100 VV RVG	€ 391,30
1,2 Terminsgebühr	
(§§ 2 II, 13 I RVG), Nr. 3104 VV RVG	€ 361,20
PT-Pauschale, Nr. 7002 VV RVG	€ 20,00
Zwischensumme	€ 772,50
19 % Umsatzsteuer, Nr. 7008 VV RVG	€ 146,78
Summe	**€ 919,28**

Übungsfall:

RA Wulff hat für Mandant Karlsen Klage vor dem Amtsgericht Flensburg eingereicht. In der Güteverhandlung wird die Sach- und Rechtslage erörtert. RA Wulff nimmt sodann die Klage zurück. Der Gegenstandswert beträgt 2.344,00 €. Bitte erstellen Sie die Vergütungsrechnung für RA Wulff.

Lösungsvorschlag:

Gegenstandswert: 2.344,00 €, § 2 I RVG	
1,3 Verfahrensgebühr	
(§§ 2 II, 13 I RVG), Nr. 3100 VV RVG	€ 209,30

(Übertrag)	€ 209,30
1,2 Terminsgebühr	
(§§ 2 II, 13 I RVG), Nr. 3104 VV RVG	€ 193,20
PT-Pauschale, Nr. 7002 VV RVG	€ 20,00
Zwischensumme	€ 422,50
19 % Umsatzsteuer, Nr. 7008 VV RVG	€ 80,28
Summe	**€ 502,78**

Übungsfall:

RA Beck klagt für Mandant Schön vor dem Amtsgericht Garmisch-Partenkirchen 1.112,00 € ein. Nach gescheiterter Güteverhandlung erkennt der Beklagte in der anschließenden mündlichen Verhandlung 620,00 € an. Über den Rest wird streitig verhandelt und Beweis erhoben. Das Gericht gibt sodann in einem Urteil der Klage statt. Bitte erstellen Sie die Vergütungsrechnung für RA Beck.

Lösungsvorschlag:

Gegenstandswert: 1.112,00 €, § 2 I RVG	
1,3 Verfahrensgebühr	
(§§ 2 II, 13 I RVG), Nr. 3100 VV RVG	€ 110,50
1,2 Terminsgebühr	
(§§ 2 II, 13 I RVG), Nr. 3104 VV RVG	€ 102,00
PT-Pauschale, Nr. 7002 VV RVG	€ 20,00
Zwischensumme	€ 232,50
19 % Umsatzsteuer, Nr. 7008 VV RVG	€ 44,18
Summe	**€ 276,68**

Übungsfall:

RA Beck reicht vor dem Arbeitsgericht Siegburg für seine Mandantin Meyer Kündigungsschutzklage ein. In der Güteverhandlung schließen die Parteien einen Vergleich. Das Gericht setzt den Streitwert auf 3.500,00 € fest.

Bitte erstellen Sie die Vergütungsrechnung für RA Beck.

Lösungsvorschlag:

Gegenstandswert: 3.500,00 €, § 2 I RVG	
1,3 Verfahrensgebühr	
(§§ 2 II, 13 I RVG), Nr. 3100 VV RVG	€ 282,10
1,2 Terminsgebühr	
(§§ 2 II, 13 I RVG), Nr. 3104 VV RVG	€ 260,40
1,0 Einigungsgebühr	
(§§ 2 II, 13 I RVG), Nr. 1003 VV RVG	€ 217,00
PT-Pauschale, Nr. 7002 VV RVG	€ 20,00
Zwischensumme	€ 779,50
19 % Umsatzsteuer, Nr. 7008 VV RVG	€ 148,11
Summe	**€ 927,61**

Übungsfall:

Es sind 11.000,00 € eingeklagt worden. Nach streitiger Verhandlung wird Beweis erhoben. Bitte erstellen Sie die Vergütungsrechnung.

Lösungsvorschlag:

Gegenstandswert: 11.000,00 €, § 2 I RVG	
1,3 Verfahrensgebühr	
(§§ 2 II, 13 I RVG), Nr. 3100 VV RVG	€ 683,80
1,2 Terminsgebühr	
(§§ 2 II, 13 I RVG), Nr. 3104 VV RVG	€ 631,20
PT-Pauschale, Nr. 7002 VV RVG	€ 20,00
Zwischensumme	€ 1.335,00
19 % Umsatzsteuer, Nr. 7008 VV RVG	€ 253,65
Summe	**€ 1.588,65**

Übungsfall:

Es wird Klage erhoben wegen eines Schadens in Höhe von 4.000,00 € und eines weiteren in Höhe von 2.000,00 €. Nach streitiger Verhandlung soll hinsichtlich des Schadens über 4.000,00 € Beweis erhoben werden durch Einholung eines Sachverständigengutachten.

Lösungsvorschlag:

Gegenstandswert: 4.000,00 €/2.000,00 €, § 22 I, RVG	
1,3 Verfahrensgebühr	
(§§ 2 II, 13 I RVG), Nr. 3100 VV RVG aus 6.000,00 €	€ 439,40
1,2 Terminsgebühr	
(§§ 2 II, 13 I RVG), Nr. 3104 VV RVG aus 6.000,00 €	€ 405,60
PT-Pauschale, Nr. 7002 VV RVG	€ 20,00
Zwischensumme	€ 865,00
19 % Umsatzsteuer, Nr. 7008 VV RVG	€ 164,35
Summe	**€ 1.029,35**

c) Entscheidung im schriftlichen Verfahren

Wird in einem Verfahren, für das die **mündliche Verhandlung vorgeschrieben** ist, im Einverständnis mit den Parteien **oder** gemäß § 307 Abs. 2 ZPO (Anerkenntnis nach Aufforderung zur Anzeige der Verteidigungsabsicht), § 331 Abs. 3 ZPO (Versäumnisurteil, da Frist zur Anzeige der Verteidigungsabsicht nicht eingehalten), § 495a Abs. 1 ZPO (Streitwert bis 600,00 €) **ohne mündliche Verhandlung entschieden**, erhält der Rechtsanwalt die gleichen Gebühren wie in einem Verfahren mit mündlicher Verhandlung.

Übungsfall:

Nachdem dem Beklagten Schön-Blöd eine Klage über 2.320,00 € zugestellt worden ist, teilt er dem Gericht mit, dass er diesen Betrag voll anerkennt. Das Gericht erlässt sodann ein Anerkenntnisurteil und stellt es an den Prozessbevollmächtigten des Klägers zu.

Berechnen Sie bitte dessen Vergütung.

Lösungsvorschlag:

Gegenstandswert: 2.320,00 €, § 2 I RVG	
1,3 Verfahrensgebühr	
(§§ 2 II, 13 I RVG), Nr. 3100 VV RVG	€ 209,30
1,2 Terminsgebühr	
(§§ 2 II, 13 I RVG),	
Nr. 3104, Abs. 1 Nr. 1 der Anm. zu Nr. 3104 VV RVG	€ 193,20
PT-Pauschale, Nr. 7002 VV RVG	€ 20,00
Zwischensumme	€ 422,50
19 % Umsatzsteuer, Nr. 7008 VV RVG	€ 80,28
Summe	**€ 502,78**

Strittig ist, in welcher Höhe die Terminsgebühr entsteht, wenn das Gericht nach § 495a ZPO das schriftliche Verfahren anordnet und dann, wenn sich der Beklagte nicht äußert, entscheidet. Einige Gerichte nehmen an, dass dann eine 0,5 Terminsgebühr ähnlich wie beim Versäumnisurteil anfällt; die herrschende Meinung hält dagegen, dass dieser Fall in Nr. 3105 VV RVG nicht aufgeführt ist und daher eine 1,2 Terminsgebühr anfällt.

Wir halten fest:

- *Eine Terminsgebühr kann auch entstehen, wenn keine mündliche Verhandlung stattfindet.*
- *Eine Terminsgebühr im schriftlichen Verfahren kann jedoch nur in Ausnahmenfällen entstehen, wenn*
  - *es sich um ein Verfahren handelt, für das die mündliche Verhandlung vorgeschrieben ist und*
  - *ohne mündliche Verhandlung entschieden wird*
  - *im Einverständnis mit den Parteien oder*
  - *bei Anerkenntnisurteil im schriftlichen Verfahren (1,2 Terminsgebühr);*
  - *durch Versäumnisurteil im schriftlichen Verfahren (0,5 Terminsgebühr;)*
  - *durch Entscheidung über eine Bagatellstreitigkeit im schriftlichen Verfahren;*
  - *bei Abschluss eines Vergleichs, z.B. nach § 278 VI ZPO (sogen. Beschlussvergleich).*

d) Terminsgebühr bei Versäumnisurteil

Nimmt der Rechtsanwalt **nur einen** Termin wahr, in dem eine Partei oder ein Beteiligter nicht erschienen **oder** nicht ordnungsgemäß vertreten ist **und** lediglich ein Antrag auf Versäumnisurteil **oder** zur Prozess- und Sachleitung gestellt wird, beträgt die Terminsgebühr Nr. 3104 VV RVG nach Nr. 3105 VV RVG **0,5**!

Achtung: Nach dem RVG heißt also Versäumnisurteil nicht gleich 0,5 Terminsgebühr! Man muss sich anschauen, **warum** das Versäumnisurteil ergangen ist.

Praxistipp: In der Akte ersehen Sie den Ablauf der Sitzung aus dem Sitzungsprotokoll (z.B. » ... für den Beklagten erschien: Niemand!«)

Prüfungstipp: Achten Sie in der Abschlussprüfung auf die Aufgabenstellung! Hier wird gerne ein Schwierigkeitsgrad in die Prüfungsaufgaben eingebaut.

Beispiel 1 – Beklagter ist nicht erschienen:

Klage vor dem Amtsgericht. Kläger ist anwaltlich vertreten. Klägeranwalt ist da. Beklagter ist nicht erschienen. Versäumnisurteil. Vergütungsanspruch Klägeranwalt:

1,3 Verfahrensgebühr, Nr. 3100 VV RVG
0,5 Terminsgebühr, Nr. 3105 VV RVG

Beispiel 2 – Beklagter ist nicht ordnungsgemäß vertreten:

Klage vor dem Landgericht. Klägervertreter ist da. Beklagter kommt allein ohne Anwalt. Sagt der Richter: »Wo ist denn Ihr Anwalt. Vor dem Landgericht haben wir Anwaltszwang.« Sagt der Beklagte: »Ich brauche keinen Anwalt. Ich kann mich selbst verteidigen.« Pech gehabt! Versäumnisurteil. Vergütungsanspruch Klägeranwalt:

1,3 Verfahrensgebühr, Nr. 3100 VV RVG
0,5 Terminsgebühr, Nr. 3105 VV RVG

Beispiel 3 – Beklagter ist zwar nicht erschienen, aber ordnungsgemäß vertreten:

Landgericht. Termin. Beide, Kläger- und Beklagtenanwalt sind erschienen. Im Termin lässt der Beklagtenvertreter nach Erörterung Versäumnisurteil gegen seinen Mandanten ergehen. Er tritt die »Flucht in die Säumnis« an. Vergütungsanspruch Klägeranwalt:

1,3 Verfahrensgebühr, Nr. 3100 VV RVG
1,2 Terminsgebühr, Nr. 3104 VV RVG

Übungsfall:

Eine Klage über 2.000,00 € wird von RA Ober eingereicht. Im Verhandlungstermin erscheint die Beklagte nicht, woraufhin auf Antrag des RA Ober Versäumnisurteil ergeht, welches auch rechtskräftig wird.

Was kann RA Ober abrechnen?

Lösungsvorschlag:

Gegenstandswert: 2.000,00 €, § 2 I RVG	
1,3 Verfahrensgebühr	
(§§ 2 II, 13 I RVG), Nr. 3100 VV RVG	€ 172,90
0,5 Terminsgebühr	
(§§ 2 II, 13 I RVG), Nr. 3105 VV RVG	€ 66,50
PT-Pauschale, Nr. 7002 VV RVG	€ 20,00
Zwischensumme	€ 259,40
19 % Umsatzsteuer, Nr. 7008 VV RVG	€ 49,29
Summe	**€ 308,69**

Übungsfall:

Klageerhebung über 5.000,00 €. Es wird Termin anberaumt. Der Beklagte erscheint nicht. Es ergeht Versäumnisurteil. Hiergegen legt der Beklagte Einspruch ein. Es kommt zu einer streitigen Verhandlung über die Hauptsache und anschließender Beweisaufnahme. Danach ergeht ein der Klage stattgebendes Urteil.

Lösungsvorschlag:

Wert: 5.000,00 €, § 2 I RVG	
1,3 Verfahrensgebühr	
(§§ 2 II, 13 I RVG), Nr. 3100 VV RVG	€ 391,30
1,2 Terminsgebühr	
(§§ 2 II, 13 I RVG), Nr. 3104 VV RVG	€ 361,20
PT-Pauschale, Nr. 7002 VV RVG	€ 20,00
Zwischensumme	€ 772,50
19 % Umsatzsteuer, Nr. 7008 VV RVG	€ 146,78
Summe	**€ 919,28**

Aber: Ergeht ein 2. Versäumnisurteil (VU), entsteht einmal eine 1,2 Terminsgebühr nach Nr. 3104 VV RVG und nicht eine 0,5 Terminsgebühr nach Nr. 3105 VV RVG. Dies hat der BGH entschieden.[2]

---

2 *BGH*, Beschl. v. 18.07.2006, Az.: XI ZB 41/05.

Übungsfall:

Eine Klage über 2.000,00 € wird von RA Ober eingereicht. Im Verhandlungstermin erscheint die Beklagte nicht, woraufhin auf Antrag des RA Ober Versäumnisurteil ergeht. Gegen dieses Urteil wird fristgerecht Einspruch eingelegt. Im Termin zur mündlichen Verhandlung erscheint die Beklagte wiederum nicht. Es ergeht ein 2. VU, mit dem das 1. VU aufrechterhalten wird.

Was kann RA Ober nun abrechnen?

Lösungsvorschlag:

Gegenstandswert: 2.000,00 €, § 2 I RVG	
1,3 Verfahrensgebühr	
(§§ 2 II, 13 I RVG), Nr. 3100 VV RVG	€ 172,90
1,2 Terminsgebühr	
(§§ 2 II, 13 I RVG), Nr. 3104 VV RVG	€ 159,60
PT-Pauschale, Nr. 7002 VV RVG	€ 20,00
Zwischensumme	€ 352,50
19 % Umsatzsteuer, Nr. 7008 VV RVG	€ 66,98
Summe	**€ 419,48**

Hoppla: Der Bundesgerichtshof hat entschieden, dass die 1,2 Terminsgebühr auch dann entsteht, wenn das 1. VU im schriftlichen Verfahren und nicht im Termin ergangen ist und im Folgetermin derselbe RA, der das 1. VU erwirkt hat, nun das 2. VU beantragt.[3]

Achtung: Im Berufungsverfahren gilt die Reduzierung auf 0,5 bei der Terminsgebühr nur, wenn das Versäumnisurteil gegen den Berufungs**kläger** ergeht, vgl. dazu Nr. 3203 VV RVG!

*Prüfungstipp: Wenn der RA des **Berufungs- oder Revisionsklägers** das Versäumnisurteil beantragt, entsteht trotz nicht streitiger Verhandlung eine 1,2 Terminsgebühr nach Nr. 3203 VV RVG.*

Achtung: Lesen Sie Nr. 3203 VV RVG! Hier passiert in der Aufregung schnell ein Fehler. In Nr. 3203 VV RVG heißt es, dass dann, wenn nur ein Termin wahrgenommen wird, in dem eine Partei, im Berufungsverfahren der Berufungskläger, nicht erschienen oder nicht ordnungsgemäß vertreten ist, und lediglich Antrag auf Versäumnisurteil oder zur Prozess- oder Sachleitung gestellt wird, die Terminsgebühr Nr. 3202 VV RVG 0,5 beträgt. Das bedeutet: Versäumnisurteil **gegen** den Berufungskläger! Also Antrag auf Erlass eines Versäumnisurteils vom Berufungsbeklagtenvertreter!

---

3 *BGH*, Beschl. v. 07.06.2006, NJW 2006, 3430.

Übungsfall:

Im Berufungsverfahren vor dem Landgericht Köln erscheint der Berufungsbeklagte zum Termin nicht. Der Prozessbevollmächtigte des Berufungsklägers beantragt daher Versäumnisurteil, das antragsgemäß ergeht. Der Streitwert wird auf 15.000,00 € festgesetzt.

Bitte erstellen Sie die Vergütungsrechnung für den Klägervertreter.

Lösungsvorschlag:

Gegenstandswert: 15.000,00 €, § 2 I RVG	
1,6 Verfahrensgebühr	
(§§ 2 II, 13 I RVG), Nr. 3200 VV RVG	€ 905,60
1,2 Terminsgebühr	
(§§ 2 II, 13 I RVG), Nr. 3202 VV RVG	€ 679,20
PT-Pauschale, Nr. 7002 VV RVG	€ 20,00
Zwischensumme	€ 1.604,80
19 % Umsatzsteuer, Nr. 7008 VV RVG	€ 304,91
Summe	**€ 1.909,71**

Übungsfall:

Nachdem RA Frohsinn Berufung gegen das erstinstanzliche Urteil eines LG eingelegt hat, erscheint er aufgrund eines Büroversehens nicht zum Gerichtstermin, so dass auf Antrag des Beklagtenvertreters Versäumnisurteil ergeht. Der Gegenstandswert hat 14.233,00 € betragen.

Bitte berechnen Sie die Vergütung des Beklagtenvertreters.

Lösungsvorschlag:

Gegenstandswert: 14.233,00 €, § 2 I RVG	
1,6 Verfahrensgebühr	
(§§ 2 II, 13 I RVG), Nr. 3200 VV RVG	€ 905,60
0,5 Terminsgebühr	
(§§ 2 II, 13 I RVG), Nr. 3203 VV RVG	€ 283,00
PT-Pauschale, Nr. 7002 VV RVG	€ 20,00
Zwischensumme	€ 1.208,60
19 % Umsatzsteuer, Nr. 7008 VV RVG	€ 229,63
Summe	**€ 1.438,23**

Abwandlung:

Der Klägervertreter legt auftragsgemäß Einspruch ein. Es kommt zur streitigen mündlichen Verhandlung. In deren Anschluss ergeht ein der Berufung stattgebendes Urteil.

a) Bitte berechnen Sie die Vergütung des Klägervertreters.
b) Bitte berechnen Sie die Vergütung des Beklagtenvertreters.

Lösungsvorschlag:

a) Vergütung des Klägervertreters:
Gegenstandswert: 14.233,00 €, § 2 I RVG

1,6 Verfahrensgebühr (§§ 2 II, 13 I RVG), Nr. 3200 VV RVG	€ 905,60
1,2 Terminsgebühr (§§ 2 II, 13 I RVG), Nr. 3202 VV RVG	€ 679,20
PT-Pauschale, Nr. 7002 VV RVG	€ 20,00
Zwischensumme	€ 1.604,80
19 % Umsatzsteuer, Nr. 7008 VV RVG	€ 304,91
Summe	**€ 1.909,71**

b) Vergütung des Beklagtenvertreters:
Gegenstandswert: 14.233,00 €, § 2 I RVG

1,6 Verfahrensgebühr (§§ 2 II, 13 I RVG), Nr. 3200 VV RVG	€ 905,60
1,2 Terminsgebühr (§§ 2 II, 13 I RVG), Nr. 3202 VV RVG	€ 679,20
PT-Pauschale, Nr. 7002 VV RVG	€ 20,00
Zwischensumme	€ 1.604,80
19 % Umsatzsteuer, Nr. 7008 VV RVG	€ 304,91
Summe	**€ 1.909,71**

Übungsfall:

Der Beklagte legt Berufung gegen ein erstinstanzliches Urteil des Amtsgerichts Düsseldorf ein. Zum Verhandlungstermin im Berufungsverfahren erscheint der Vertreter der (Klägerin 1. Instanz und) Berufungsbeklagten nicht, obwohl er sich für sie bestellt und Zurückweisung der Berufung beantragt hatte. Auf Antrag des Prozessbevollmächtigten des Berufungsklägers ergeht Versäumnisurteil.

Bitte erstellen Sie die Vergütungsrechnung aus einem Gegenstandwert von **4.800,00 €**
a) des Prozessbevollmächtigten des Berufungsklägers
b) des Prozessbevollmächtigten der Berufungsbeklagten

Lösungsvorschlag:

Wert: 4.800,00 €, § 2 I RVG

a) Vergütungsrechnung des Berufungskläger-Vertreters:

1,6 Verfahrensgebühr (§§ 2 II, 13 I RVG), Nr. 3200 VV RVG	€ 481,60
1,2 Terminsgebühr (§§ 2 II, 13 I RVG), Nr. 3202 VV RVG	€ 361,20
PT-Pauschale, Nr. 7002 VV RVG	€ 20,00
Zwischensumme	€ 862,80
19 % Umsatzsteuer, Nr. 7008 VV RVG	€ 163,93
Summe	**€ 1.026,73**

b) Vergütungsrechnung des Berufungsbeklagten-Vertreters:		
1,6 Verfahrensgebühr		
(§§ 2 II, 13 I RVG), Nr. 3200 VV RVG	€	481,60
PT-Pauschale, Nr. 7002 VV RVG	€	20,00
Zwischensumme	€	501,60
19 % Umsatzsteuer, Nr. 7008 VV RVG	€	95,30
Summe	**€**	**596,90**

Aber: Ist eine 1,2 Terminsgebühr nach Nr. 3104 VV RVG für eine Verhandlung bereits entstanden, so kann eine 0,5 Terminsgebühr nach Nr. 3105 VV RVG für einen Termin, in dem ein Versäumnisurteil ergeht, weil eine Partei nicht erscheint oder nicht ordnungsgemäß vertreten ist, **nicht** mehr entstehen, wenn es um **denselben Gegenstand** geht.

Beispiel:

Nach mündlicher Verhandlung ergeht im zweiten Verhandlungstermin gegen den nicht erschienenen Beklagten Versäumnisurteil. Die Vergütung des Klägervertreters beträgt:

1,3 Verfahrensgebühr Nr. 3100 VV RVG
1,2 Terminsgebühr Nr. 3104 VV RVG
zzgl. Auslagen und Umsatzsteuer

Wir halten fest:

Da der Anwendungsbereich der Nr. 3105 VV RVG ein wenig undurchsichtig ist, sollen hier einige Beispiele zur Verdeutlichung erfolgen:
- *Ende des Rechtsstreits mit Erlass eines ersten Versäumnisurteils im Termin →*
  1,3 Verfahrensgebühr, 0,5 Terminsgebühr
- *Ende des Rechtsstreits mit Erlass eines ersten Versäumnisurteils im schriftlichen Verfahren (Versäumung der Frist zur Anzeige der Verteidigungsabsicht) → 1,3 Verfahrensgebühr, 0,5 Terminsgebühr*
- *der gegen das Versäumnisurteil eingelegte Einspruch wird verworfen oder zurückgenommen, es wurde **über den Einspruch** verhandelt → 1,3 Verfahrensgebühr, 1,2 Terminsgebühr*
- *nach Einspruch gegen das Versäumnisurteil wird **zur Hauptsache** verhandelt oder erörtert → 1,3 Verfahrensgebühr, 1,2 Terminsgebühr*
- *es ergeht ein zweites Versäumnisurteil in einem weiteren Termin → 1,3 Verfahrensgebühr, 1,2 Terminsgebühr*
- *gegen ein zweites Versäumnisurteil wird Berufung eingelegt → neue Angelegenheit gem. § 15 II 2 RVG, Berufungsverfahren wird gesondert abgerechnet*

e) Terminsgebühr für die Wahrnehmung eines Ortstermins

Auch für die Teilnahme an einem Ortstermin mit einem gerichtlich bestellten Sachverständigen erhält der RA die Terminsgebühr. Dies unabhängig davon, ob das Gericht an dem Ortstermin selbst teilnimmt oder nicht, vgl. dazu Vorbemerkung 3 Abs. 3 VV RVG.

| **Wichtig:** Der Ortstermin muss von einem gerichtlich bestellten Sachverständigen anberaumt sein. Für den Privatgutachter gilt dies also nicht.

Für weitere Ausführungen zur Terminsgebühr für einen Ortstermin vgl. Kapitel 12 »Das selbständige Beweisverfahren«.

f) Terminsgebühr für die Teilnahme an Erledigungsbesprechungen

Nach der Vorbemerkung 3 Abs. 3 VV RVG erhält der RA die Terminsgebühr auch für die Teilnahme an einer Besprechung, die auf die Vermeidung oder Erledigung eines Verfahrens gerichtet ist, mit Ausnahme der Besprechungen mit dem Mandanten (= Erledigungsbesprechung).

Die Terminsgebühr kann somit auch außergerichtlich entstehen. Voraussetzung: Der Rechtsanwalt hatte zumindest Prozessauftrag und führt eine Besprechung, die auf die Vermeidung eines gerichtlichen Verfahrens (daher der notwendige Prozessauftrag) oder Erledigung eines Verfahrens gerichtet ist.

Achtung: Die Terminsgebühr braucht neben sich immer eine Verfahrensgebühr! Die Terminsgebühr kann alleine neben einer Geschäftsgebühr nicht entstehen!

Beispiel:

RA Müller fordert den Gegner auf, innerhalb einer bestimmten Frist Zahlung zu leisten, ansonsten wäre er, RA Müller, beauftragt, Klage einzureichen. In der Folge ruft der Gegner bei RA Müller an und erklärt ihm, dass er zur Zahlung des Gesamtbetrages nicht bereit sei. Es wird eine Besprechung in der Kanzlei des RA Müller mit dem Gegner, dem Mandanten und RA Müller geführt. In der Folge wird eine Einigung getroffen, die eine Einigungsgebühr auslöst. RA Müller könnte abrechnen:

0,8 Verfahrensgebühr, Nr. 3101 Nr. 2 VV RVG
1,2 Terminsgebühr, Nr. 3104 VV RVG
1,5 Einigungsgebühr, Nr. 1000 VV RVG
Auslagen, Umsatzsteuer

Hoppla: Die Terminsgebühr kann in derselben Angelegenheit nur einmal entstehen, § 15 II 1 RVG. Findet also eine Besprechung statt und anschließend nach einer Klageeinreichung z.B. ein Gerichtstermin, wird die Terminsgebühr nur einmal abgerechnet.

Die Terminsgebühr entsteht nur durch Besprechungen, mit denen auch das Verfahren vermieden oder erledigt werden kann, z.B. für Besprechungen mit

– dem Gegner
– dem Gegenanwalt
– der gegnerischen Versicherung.

Die Terminsgebühr entsteht nicht für eine Besprechung mit dem eigenen Auftraggeber.

Hat der RA noch keinen Prozessauftrag und ist noch gebührenrechtlich im Bereich einer Geschäftsgebühr, kann er eine Terminsgebühr nicht verdienen. Die Bespre-

chung kann aber dazu führen, dass die Sache umfangreich oder schwierig war und damit Auswirkungen auf die Höhe der Geschäftsgebühr haben.

6. Wir halten fest

Die Terminsgebühr beträgt

- 1,2 in 1. und 2. Instanz, Nrn. 3104 u. 3204 VV RVG
  - auch bei Anerkenntnis- und Verzichtsurteil
  - auch wenn das Anerkenntnis- oder Verzichtsurteil im schriftlichen Verfahren ergehen
  - bei einem Versäumnisurteil, das ergeht, obwohl eine Partei erschienen oder ordnungsgemäß vertreten ist
  - bei einem Versäumnisurteil gegen Berufungsbeklagten, Nr. 3202 VV RVG
  - wenn mehrere Termine stattfinden
  - für die Teilnahme an Ortsterminen eines gerichtlich bestellten Sachverständigen und
  - für die Teilnahme an Besprechungen, die auf die Vermeidung oder Erledigung eines Verfahrens gerichtet sind, mit Ausnahme der Besprechungen mit dem Auftraggeber.
- 0,5 in 1. und 2. Instanz, Nrn. 3105 u. 3203 VV RVG
  - wenn nur ein Termin stattfindet und
  - wenn eine Partei nicht erschienen oder nicht ordnungsgemäß vertreten ist und
  - Antrag auf Prozess- oder Sachleitung oder
  - Versäumnisurteil gestellt wird
  - aber im Berufungsverfahren nur bei VU gegen Kläger.

Kapitel 10
Gehörsrügeverfahren

Das Verfahren wegen Verletzung des Anspruchs auf rechtliches Gehör ist dann möglich, wenn

– ein Rechtsmittel gegen ein Zivilurteil weder zulässig (z.B. Beschwerdegegenstand wird nicht erreicht)
– noch zugelassen ist **und**
– der Anspruch auf Gewährung des rechtlichen Gehörs
– in entscheidungserheblicher Weise verletzt worden ist.

Wir halten fest:

Seit dem Anhörungsrügengesetz, das zum 01.01.2005 in Kraft getreten ist, gilt die Gehörsrüge oder auch Anhörungsrüge genannt auch gegen Urteile der Rechtsmittelgerichte.

Die Gebühren für ein solches Verfahren sind im Vergütungsverzeichnis im 3. Teil, 2. Abschnitt, 6. Unterabschnitt geregelt. Der RA kann verdienen:

– eine 0,5 Verfahrensgebühr nach Nr. 3330 VV RVG und
– eine 0,5 Terminsgebühr nach Nr. 3332 VV RVG.

Wert: Hauptsache, den die angefochtene Entscheidung betrifft, ggf. der Betrag, wegen dem die Fortführung des Prozesses angestrebt ist.

Achtung: § 19 I 2 Nr. 5 RVG besagt, dass die Rüge wegen Verletzung des Anspruchs auf rechtliches Gehör nach § 321a ZPO zum Rechtszug gehört!

Das heißt: Der RA, der **vorher** oder **nachher** als Prozessbevollmächtigter in derselben Angelegenheit tätig war, kann nicht für die Vertretung im Gehörsrügeverfahren weitere Gebühren nach Nrn. 3330 bzw. 3332 VV RVG geltend machen. Mit § 19 I Nr. 5 RVG ist eindeutig geregelt, dass dieses Verfahren zum Rechtszug gehört und gesonderte Gebühren in diesem Verfahren nur anfallen können, soweit sie nicht bereits im Verfahren selbst angefallen sind.

Übungsfall:

Klage über 4.000,00 €, mündliche Verhandlung, Beweisaufnahme.

Urteil: Beklagter muss 3.500,00 € bezahlen. Klageabweisung wegen 500,00 €.

Gehörsrüge des Klägers. Begründet. Wiederaufnahme des Verfahrens. Streitige Verhandlung, Urteil bleibt aufrechterhalten. Kläger hatte eine Rechtsanwältin, die ihn sowohl im Klageverfahren, als auch im Verfahren wg. Rüge der Verletzung des rechtlichen Gehörs vertreten hat.

a) Kann für das Gehörsrügeverfahren eine Vergütung der Rechtsanwältin des Klägers in Rechnung gestellt werden?
b) Bitte rechnen Sie die Vergütung der Rechtsanwältin des Klägers ab.

Lösungsvorschlag:

a) Für das Gehörsrügeverfahren sind zwar eine Verfahrens- und eine Terminsgebühr nach den Nrn. 3330 und 3332 VV RVG angefallen. Sie können jedoch nicht gesondert neben der Vergütung des Hauptsacheverfahrens abgerechnet werden, da das Gehörsrügeverfahren nach § 19 I Nr. 5 RVG zum Rechtszug gehört.

b) Vergütungsrechnung für das Hauptsacheverfahren
Gegenstandswert: 4.000,00 €, § 2 I RVG

1,3 Verfahrensgebühr (§§ 2 II, 13 I RVG), Nr. 3100 VV RVG	€ 318,50
1,2 Terminsgebühr (§§ 2 II, 13 I RVG), Nr. 3104 VV RVG	€ 294,00
PT-Pauschale, Nr. 7002 VV RVG	€ 20,00
Zwischensumme	€ 632,50
19 % Umsatzsteuer, Nr. 7008 VV RVG	€ 120,18
Summe	**€ 752,68**

Abwandlung:

MA ist nach obigem Urteil sauer auf seine Rechtsanwältin, weil er meint, dass sie ihn schlecht vertreten hat. Er sucht RA Clarks auf, der für ihn die Gehörsrüge erhebt. Das Resultat ist das Gleiche. Das Urteil bleibt nach streitiger Verhandlung aufrechterhalten.

Bitte erstellen Sie die Vergütungsrechnung für RA Clarks.

Lösungsvorschlag:

Gegenstandswert: 4.000,00 €, § 2 I RVG

0,5 Verfahrensgebühr (§§ 2 II, 13 I RVG), Nr. 3330 VV RVG	€ 122,50
0,5 Terminsgebühr (§§ 2 II, 13 I RVG), Nr. 3332 VV RVG	€ 122,50
PT-Pauschale, Nr. 7002 VV RVG	€ 20,00
Zwischensumme	€ 265,00
19 % Umsatzsteuer, Nr. 7008 VV RVG	€ 50,35
Summe	**€ 315,35**

Anmerkung: RA Clarks kann das Gehörsrügeverfahren abrechnen, da er weder vorher noch nachher Prozessbevollmächtigter war.

Abwandlung:

Die Gehörsrüge ist erfolgreich und RA Clarks vertritt seinen Auftraggeber im wieder aufgenommenen Prozess. Es kommt zur erneuten streitigen Verhandlung und Beweisaufnahme. Anschließend ein Urteil, woraufhin das erste Urteil entsprechend abzuändern ist und der Klage voll stattgegeben wird.

Welche Gebühren kann RA Clarks nun geltend machen, der seinen Mandanten sowohl im Verfahren wg. der Gehörsrüge als auch im anschließenden wieder aufgenommenen Prozess vertritt?

Lösungsvorschlag:

RA Clarks kann nur die Gebühren für den wieder aufgenommenen Prozess abrechnen und keine Gebühren für das Verfahren wg. Gehörsrüge, da RA Clarks Prozessbevollmächtigter wurde und das Verfahren wg. Gehörsrüge somit zum Rechtszug gehört, § 19 I Nr. 5 RVG.

Gegenstandswert: € 4.000,00, § 2 I RVG	
1,3 Verfahrensgebühr	
(§§ 2 II, 13 I RVG), Nr. 3100 VV RVG	€ 318,50
1,2 Terminsgebühr	
(§§ 2 II, 13 I RVG), Nr. 3104 VV RVG	€ 294,00
PT-Pauschale, Nr. 7002 VV RVG	€ 20,00
Zwischensumme	€ 632,50
19 % Umsatzsteuer, Nr. 7008 VV RVG	€ 120,18
Summe	**€ 752,68**

Achtung: Wird also nach erfolgreicher Gehörsrüge der **Prozess wieder aufgenommen**, so setzt sich das Verfahren in **demselben Rechtszug** fort, § 321a V ZPO. Es handelt sich **nicht** um eine Zurückverweisung nach § 15 RVG, die neue Gebühren auslöst!!

Prüfungstipp: Um zu prüfen, ob der RA in einem Gehörsrügeverfahren noch Gebühren berechnen kann, kann man die folgenden Fragen stellen:

• *War der RA bereits als Prozessbevollmächtigter vorher tätig?*
• *War der RA im wieder aufgenommenen Prozess als Prozessbevollmächtigter tätig?*
• *Ist im Gehörsrügeverfahren eine Gebühr angefallen, die im Prozess weder vor der Rüge noch nach der Rüge angefallen ist?*

Kapitel 11
Einigungsgebühr

1. Höhe der Einigungsgebühr

Mit dem RVG ist in Nr. 1000 VV RVG keine Rede mehr von § 779 BGB (wie früher zur Vergleichsgebühr), denn der Rechtsanwalt soll die Einigungsgebühr für jeden Fall der Einigung erhalten. **Ausnahme**: die Einigung beschränkt sich ausschließlich auf ein Anerkenntnis oder einen Verzicht, vgl. dazu Abs. 1 der Anm. zu Nr. 1000 VV RVG.

Der RA erhält für eine Einigung,

- eine **1,5 Einigungsgebühr**, wenn
  - die Ansprüche nicht gerichtlich anhängig sind
  - die Ansprüche im selbständigen Verfahren anhängig sind
  - über die Ansprüche für das selbstständige Beweisverfahren PKH beantragt worden ist (neu seit dem 31.12.2006 durch das 2. Justizmodernisierungsgesetz (2. JuModG!))
  - sich eine Einigung im Scheidungsverfahren auf die in § 48 III RVG genannten Folgesachen erstreckt und diese weder gerichtlich anhängig gemacht wurden, noch PKH hierfür beantragt wurde
  - nicht rechtshängige Ansprüche in einem Vergleich über rechtshängige Ansprüche mit erledigt werden; dann jedoch nur aus dem Wert der nicht rechtshängigen Ansprüche
- eine **1,0 Einigungsgebühr**, wenn
  - ein gerichtliches Verfahren in 1. Instanz anhängig ist (zu den Ausnahmen siehe unter 1,5 Einigungsgebühr)
  - PKH für einen Anspruch beantragt worden ist
  - eine Ratenzahlungsvereinbarung geschlossen wird, während eine Maßnahme vor Gericht oder vor dem Gerichtsvollzieher anhängig ist (letzteres ebenfalls neu seit dem 31.12.2006 durch das 2. JuModG!)
- eine **1,3 Einigungsgebühr**, wenn
  - die Ansprüche in der Rechtsmittelinstanz anhängig sind

Wir halten fest:

Dies bedeutet für die Höhe der Einigungsgebühr, dass es nach RVG nicht darauf ankommt, ob eine Einigung außergerichtlich oder gerichtlich geschlossen wird, sondern vielmehr, ob die Ansprüche, die durch die Einigung erledigt werden sollen, gerichtlich anhängig sind, oder nicht bzw., in welchem Verfahrensstadium diese Ansprüche anhängig sind.

> **Beispiel:**
>
> Verfahren A (1. Instanz) Ansprüche: 5.000,00 €
> Verfahren B (2. Instanz, Parallelverfahren): 10.000,00 €
> Termin findet in Verfahren A statt. In diesem Termin wird ein Vergleich geschlossen, mit dem auch die Ansprüche aus Verfahren B erledigt werden.
>
> Einigungsgebühren, die in Verfahren A abzurechnen sind, da dort der Vergleich geschlossen wird:
> 1,0 Einigungsgebühr, Nr. 1003 VV RVG aus   5.000,00 €
> 1,3 Einigungsgebühr, Nr. 1004 VV RVG aus 10.000.00 €
> nach § 15 III RVG höchstens:
> 1,3 Einigungsgebühr aus 15.000,00 €
> zu § 15 III RVG siehe auch die Beispiele auf S. 125/126 und S. 128/129

2. Voraussetzungen für das Entstehen einer Einigungsgebühr

Wir halten fest:

Die Voraussetzungen, nämlich
– **Bestehen eines Rechtsverhältnisses** *– zumindest Überzeugung einer Partei, dass ein solches besteht*
– **Streit, Ungewissheit, Unsicherheit über dieses Rechtsverhältnis**
– **wirksames Zustandekommen** *eines Vertrags*
– **Mitwirkung** *des Rechtsanwalts beim Abschluss der Einigung oder auch bei den Verhandlungen über diese Einigung*
müssen alle vorliegen, damit eine Einigungsgebühr in Ansatz gebracht werden kann.

Nicht gefordert ist: *Ein gegenseitiges Nachgeben.*

> **Achtung:**   Nochmals: Die Einigungsgebühr entsteht **nicht:**
> – wenn sich diese ausschließlich auf ein Anerkenntnis **oder**
> – einen Verzicht beschränkt!

> **Beispiel:**
>
> Zwei Personen wollen einen Kaufvertrag über einen gebrauchten Ferrari schließen. Da der Käufer Angst hat, übers Ohr gehauen zu werden, bittet er seinen Rechtsanwalt, den Kaufvertrag zu prüfen. Käufer und Verkäufer streiten noch über den Kaufpreis. Sie einigen sich schließlich auf 200.000,00 € statt der verlangten 250.000,00 € → keine Einigungsgebühr, da zuvor noch kein Rechtsverhältnis zwischen den Parteien bestand.

> **Beispiel:**
>
> RA Prise macht für Huber mit einer Zahlungsklage Schmerzensgeld in Höhe von 4.000,00 € geltend, da ihm Müller auf dem Oktoberfest mit einem Maßkrug das Nasenbein zertrümmert hat. In der mündlichen Verhandlung führt Müller aus, dass die Nase des Huber schon vorher gebrochen und die Linie von der Nasenwurzel bis zur Nasenspitze vor der besagten Schlägerei schon leicht geschwungen war. Da Huber fürchtet,

dass man dies womöglich anhand von älteren Fotos nachweisen kann, geht er nach Anraten seines Anwalts auf den Vorschlag des Richters, eine Einigung über die Zahlung von 2.000,00 € zur Abgeltung aller Ansprüche zu schließen, ein. Es erfolgt kein Widerruf → Einigungsgebühr entstanden?
- Rechtsverhältnis? Ja – Ansprüche aus § 823 BGB wg. unerlaubter Handlung
- Streit über dieses Rechtsverhältnis? Ja – Müller will das geforderte Schmerzensgeld nicht zahlen.
- Einigung? Ja –, Huber verpflichtet sich, 2.000,00 € zu bezahlen.
- Wirksame Vereinbarung? Ja – der Vergleich wurde nicht widerrufen.
- Mitwirkung RA? Ja.

Fazit: Die Einigungsgebühr ist entstanden.

Beispiel:

RA Gründlich macht für seine Mandantin nach einer verpfuschten Schönheits-OP (bleibende Schlauchbootlippen) 40.000,0 € Schmerzensgeld geltend. Im Termin zur mündlichen Verhandlung einigen sich die Parteien schließlich auf die Zahlung eines Schmerzensgeldbetrages von 25.000,00 €. Wert für die Einigungsgebühr: 40.000,00 € – denn dieser Betrag war gefordert.

Prüfungstipp: *Die Einigungsgebühr entsteht immer aus dem Wert, der mit der Einigung erledigt wird, nicht aus dem Betrag, auf den man sich zur Zahlung einigt! (Worüber, nicht worauf!)*

Wir halten fest:

- *Damit die Einigungsgebühr entstehen kann, darf eine Einigung nicht widerrufen werden!*
- *Wenn eine Einigung erst bei Eintritt einer bestimmten Bedingung wirksam wird, fällt die Einigungsgebühr erst mit Eintritt dieser Bedingung an.*
- ***Gegenstandswert*** *für die Einigungsgebühr ist der Wert der* **Ansprüche, die durch die Einigung erledigt** *werden. Es ist* **nicht** *vom Wert auszugehen, auf den sich die Parteien geeinigt haben, sondern vom Wert, der mit dem Vergleich erledigt wird!*
- *Die Höhe der Einigungsgebühr hängt davon ab, ob die Ansprüche gerichtlich anhängig waren oder nicht und wenn ja, in welcher Instanz.*

Übungsfall:

Klageeinreichung auf Zahlung von 5.000,00 €. Die Güteverhandlung scheitert. Nach der anschließenden streitigen Verhandlung wird Beweis erhoben. Im nächsten Verhandlungstermin einigen sich die Parteien, wonach der Beklagte zur Abgeltung aller Ansprüche aus diesem Rechtsverhältnis einen Betrag in Höhe von 3.000,00 € an den Kläger zahlt.

Bitte berechnen Sie die Vergütung des Klägervertreters.

Lösungsvorschlag:

Gegenstandswert: 5.000,00 €, § 2 I RVG	
1,3 Verfahrensgebühr	
(§§ 2 II, 13 I RVG), Nr. 3100 VV RVG	€ 391,30
1,2 Terminsgebühr	
(§§ 2 II, 13 I RVG), Nr. 3104 VV RVG	€ 361,20
1,0 Einigungsgebühr	
(§§ 2 II, 13 I RVG), Nr. 1003 VV RVG	€ 301,00
PT-Pauschale, Nr. 7002 VV RVG	€ 20,00
Zwischensumme	€ 1.073,50
19 % Umsatzsteuer, Nr. 7008 VV RVG	€ 203,97
Summe	**€ 1.277,47**

Abwandlung:

Die Einigung wird widerruflich geschlossen und innerhalb der Widerrufsfrist widerrufen. Das Gericht verkündet ein Klage stattgebendes Urteil.

Lösungsvorschlag:

Gegenstandswert: € 5.000,00, § 2 I RVG	
1,3 Verfahrensgebühr	
(§§ 2 II, 13 I RVG), Nr. 3100 VV RVG	€ 391,30
1,2 Terminsgebühr	
(§§ 2 II, 13 I RVG), Nr. 3104 VV RVG	€ 361,20
PT-Pauschale, Nr. 7002 VV RVG	€ 20,00
Zwischensumme	€ 772,50
19 % Umsatzsteuer, Nr. 7008 VV RVG	€ 146,78
Summe	**€ 919,28**

3. Mehrvergleich oder Einigung über nicht rechtshängige Ansprüche

Um die Prozesskosten gering zu halten, wird oft zunächst nur ein Teilbetrag eingeklagt. Schließen die Parteien im gerichtlichen Verfahren eine Einigung, bei der nicht rechtshängige Ansprüche mit verglichen werden, so entstehen zwei Einigungsgebühren, und zwar:

– eine 1,0 Einigungsgebühr aus dem Wert der rechtshängigen Ansprüche und
– eine 1,5 Einigungsgebühr aus dem Wert der nicht rechtshängigen Ansprüche.

Aber: Beide einzeln berechneten Gebühren dürfen nach § 15 III RVG nicht höher sein, als eine Gebühr aus dem höchsten Satz nach dem gesamten Streitwert, d.h. nicht mehr als eine 1,5 Einigungsgebühr aus dem addierten Wert der rechtshängigen und nicht rechtshängigen Ansprüche.

Übungsfall:

Bauer Fritz klagt auf Rückzahlung des Tante Erna gewährten Darlehens in Höhe von 5.000,00 €. Tante Erna schuldet ihm zwar insgesamt 20.000,00 €, da aber Bauer Fritz nicht genau weiß, ob er mit seiner Klage Erfolg haben wird, lässt er erst den Teilbetrag von 5.000,00 € einklagen. Im Termin räumt Tante Erna die bestehende Schuld ein, führt aber aus, dass sie für Bauer Fritz regelmäßig Hemden gebügelt hat und davon ausging, dass er ihr hierfür einen Teil der Schulden erlässt. Nachdem die Ausführungen beider Parteien etwas abenteuerlich sind und schließlich eine Verwandtschaft besteht, rät der Richter zu einer Einigung, in der alle Ansprüche, auch die noch nicht eingeklagten 15.000,00 €, abgegolten werden. Beide Anwälte empfehlen ihren Mandanten diesen Abschluss. Die Einigung kommt wirksam zustande. Somit sind an Einigungsgebühren entstanden:

Lösungsvorschlag:

1,0 Einigungsgebühr aus 5.000,00 €		
(§§ 2 II, 13 I RVG), Nr. 1003 VV RVG	€ 301,00	
1,5 Einigungsgebühr aus 15.000,00 €		
(§§ 2 II, 13 I RVG), Nr.1000 VV RVG	€ 849,00	
	€ 1.150,00	
jedoch höchstens nach § 15 III RVG:		
1,5 aus 20.000,00 €		€ 969,00

Einen »kompletten Mehrvergleich« finden Sie im nächsten Absatz.

4. Differenz-Verfahrensgebühr

Wie oben ausgeführt, kann in einem gerichtlich anhängigen Verfahren über nicht rechtshängige Ansprüche eine Einigung geschlossen werden. Ist dies der Fall, so erhält der Rechtsanwalt aus dem Wert der nicht rechtshängigen Ansprüche, über die eine Einigung erzielt wurde, eine 0,8 Differenz-Verfahrensgebühr nach Nr. 3101 Nr. 2 VV RVG, oder auch »ermäßigte Verfahrensgebühr«.

Achtung: Diese Verfahrensgebühr erhält der Rechtsanwalt **auch dann**, wenn die Einigung **widerrufen** wird. Voraussetzung für das Entstehen der Gebühr ist, dass der Rechtsanwalt den Antrag stellt, die Einigung hinsichtlich der **nicht rechtshängigen** Ansprüche zu Protokoll zu nehmen.

Hinweis: Hier finden wir das Prinzip des RVG wieder, dass bestimmte Gebühren nicht alleine für sich stehen können, sondern vielmehr eine Betriebsgebühr »voranstehen« muss. Würde nur die oben beschriebene 1,5 Einigungsgebühr entstehen, fehlte es hier an einer Betriebsgebühr. Diese Betriebsgebühr ist nun die Differenz-Verfahrensgebühr.

Übungsfall:

Bauer Wulff schuldet Viehhändler Petersen 30.000,00 € aus einer Lieferung von einigen Milchkühen. Bauer Wulff hat außergerichtlich immer wieder betont, dass vier der gekauften Kühe kurz nach der Lieferung eine Krankheit zeigten und eingegangen sind. Viehhändler Petersen hatte erwidert, dass die Kühe erst bei Bauer Wulff im Stall infiziert worden sind. Auch bei einem späteren Kauf von weiteren 15 Kühen gab es ähnliche Streitereien. Der RA des Viehhändlers Petersen klagt deshalb zunächst einmal die 30.000,00 € aus der ersten Lieferung ein, um abschätzen zu können, wie das Gericht die Rechtslage sieht. Es wird hierüber streitig verhandelt und Beweis erhoben. Der Richter schlägt vor, dass sich die Parteien dahingehend einigen, dass Bauer Wulff zur Abgeltung der Ansprüche von 30.000,00 € einen Betrag von 15.000,00 € an Viehhändler Petersen zahlt. Der RA des Viehhändlers Petersen erwähnt bei den Einigungsverhandlungen den noch ausstehenden Betrag von weiteren 40.000,00 € und schlägt vor, auch diese nicht rechtshängigen Ansprüche in die Einigung mit einzubeziehen, was auch nach Verhandlungen hierüber geschieht. Letztendlich verpflichtet sich Bauer Wulff zur Abgeltung *aller* Ansprüche einen Betrag von 35.000,00 € an Viehhändler Petersen zu zahlen.

Wie sieht die Vergütungsrechnung des RA des Viehhändlers Petersen aus?

Lösungsvorschlag:

Wert: 30.000,00 €/40.000,00 €, § 2 I RVG

1,3 Verfahrensgebühr aus 30.000,00 € (§§ 2 II, 13 I RVG), Nr. 3100 VV RVG	€ 985,40	
0,8 Differenz-Verfahrensgebühr aus 40.000,00 € (§§ 2 II, 13 I RVG), Nr. 3101 Nr. 2 VV RVG	€ 721,60	
	€ 1.707,00	
gem. § 15 III RVG höchstens:		
1,3 aus 70.000,00 €		€ 1.560,00
1,2 Terminsgebühr aus 70.000,00 € (§§ 2 II, 13 I RVG), Nr. 3104 VV RVG (§ 15 V 2 RVG)		€ 1.440,00
1,0 Einigungsgebühr aus 30.000,00 € (§§ 2 II, 13 I RVG), Nr. 1003 VV RVG	€ 758,00	
1,5 Einigungsgebühr aus 40.000,00 € (§§ 2 II, 13 I RVG), Nr. 1000 VV RVG	€ 1.353,00	
	€ 2.111,00	
gem. § 15 III RVG höchstens:		
1,5 aus 70.000,00 €		€ 1.800,00
PT-Pauschale, Nr. 7002 VV RVG		€ 20,00
Zwischensumme		€ 4.820,00
19 % Umsatzsteuer, Nr. 7008 VV RVG		€ 915,80
Summe		**€ 5.735,80**

Achtung: Der Gegenstandswert der Differenz-Verfahrensgebühr und der Wert der 1,5 Einigungsgebühr sind gleich, da beide Gebühren die nicht rechtshängigen Ansprüche abgelten.

Wir halten fest:

*Wird eine Einigung widerrufen, bleibt die Differenz-Verfahrensgebühr in jedem Fall bestehen – im Gegensatz zur Einigungsgebühr. Der RA erhält sie für den **Antrag**, eine **Einigung** der beiden Parteien **oder** mit Dritten **zu Protokoll** zu nehmen **oder** für Verhandlungen über solche Ansprüche vor Gericht!!! Dass diese Einigung wirksam werden muss, ist in Nr. 3101 Nr. 2 VV RVG nicht gefordert!*

5. Darstellung der Kürzung

In der Praxis wirft die Darstellung der Kürzung nach § 15 III RVG immer wieder Probleme auf. Es werden nachfolgend mehrere Darstellungsmöglichkeiten gezeigt, wobei nur die ersten drei Darstellungen für Abschlussprüfungen geeignet sind, da sie dem Korrektor zeigen, auf welche Weise die Kürzung nach § 15 III RVG vorgenommen worden ist. Für die Abrechnung an den Auftraggeber ist die Darstellung Nr. 4 ausreichend.

Es sind entstanden:

1,0 Einigungsgebühr aus 20.000,00 €
1,5 Einigungsgebühr aus 50.000,00 €

Darstellung 1:
1,0 Einigungsgebühr aus 50.000,00 €
(§§ 2 II, 13 I RVG), Nr. 1003 VV RVG   € 1.046,00
1,5 Einigungsgebühr aus 20.000,00 €
(§§ 2 II, 13 I RVG), Nr. 1000 VV RVG   €   969,00
                                            € 2.015,00

gem. § 15 III RVG nicht mehr als 1,5 aus
70.000,00 € =   **€ 1.800,00**

Darstellung 2:
1,0 Einigungsgebühr aus 50.000,00 €
(§§ 2 II, 13 I RVG), Nr. 1003 VV RVG   € 1.046,00
1,5 Einigungsgebühr aus 20.000,00 €
(§§ 2 II, 13 I RVG), Nr. 1000 VV RVG   €   969,00
Zwischensumme   € 2.015,00
gem. § 15 III RVG höchstens:
1,5 aus 70.000,00 € = 1.800,00 €,
somit Kürzung um   ./. €   215,00
Summe   **€ 1.800,00**
(Der Betrag, der in der Vergütungsrechnung zur Addition führt, ist fett gedruckt)

Darstellung 3:
1,0 Einigungsgebühr aus 50.000,00 €
(§§ 2 II, 13 I RVG), Nr. 1003 VV RVG   € 1.046,00
1,5 Einigungsgebühr aus 20.000,00 €
(§§ 2 II, 13 I RVG), Nr. 1003 VV RVG = 969,00 €
gem. § 15 III RVG höchstens:
1,5 aus 70.000,00 € = 1.800,00 €,
somit Kürzung um € 215,00   €   754,00
Summe   **€ 1.800,00**

Darstellung 4:	
1,0 Einigungsgebühr aus 50.000,00 €	
(§§ 2 II, 13 I RVG), Nr. 1003 VV RVG	€ 1.046,00
1,5 Einigungsgebühr aus 20.000,00 €	
(§§ 2 II, 13 I RVG), Nr. 1003 VV RVG	
gekürzt gem. § 15 III RVG um 215,00 €	€ 754,00
Summe	**€ 1.800,00**

Prüfungstipp: *Sofern Sie die Darstellungsform 2 oder 3 für Ihre Abschlussprüfung wählen, sollten Sie sich unbedingt den Betrag, der dann in der Vergütungsrechnung zu addieren ist, kennzeichnen (vielleicht durch ein Sternchen), da nicht selten nach Fertigstellung der gesamten Aufgabe in der Aufregung alle rechts ausgeworfenen Beträge addiert werden, und eine an sich korrekte Abrechnung dadurch ein falsches Endergebnis erhält.*

Kapitel 12
Das selbstständige Beweisverfahren

Im selbständigen Beweisverfahren erhält der RA die Gebühren nach Teil 3 des Vergütungsverzeichnisses.

Achtung: Das Beweisverfahren gehört **nicht** zum Rechtszug. Es stellt mit dem gerichtlichen Hauptsacheverfahren verschiedene Angelegenheiten dar, die gesondert abgerechnet werden.

Hinweis: Eine Terminsgebühr kann im selbständigen Beweisverfahren auch entstehen, wenn der RA an einem **Ortstermin** des **gerichtlich bestellten Sachverständigen** teilnimmt (nicht des Privatgutachters!!), Vorbem. 3 Abs. 3 2. Alternative VV RVG.

Hoppla: Eine Einigung im Stadium des selbständigen Beweisverfahrens löst eine 1,5 Einigungsgebühr nach Nr. 1000 VV RVG aus! Vgl. dazu den Wortlaut der Nr. 1003 VV RVG, der eine Einigungsgebühr von 1,0 nur dann vorsieht, wenn ein anderes gerichtliches Verfahren als ein selbständiges Beweisverfahren anhängig ist! Seit 01.01. 2007 ist im Gesetz klargestellt, dass die 1,5 Einigungsgebühr auch dann entsteht, wenn für das selbständige Beweisverfahren bereits PKH beantragt worden ist.

Übungsfall:

RA Streit macht für seinen Mandanten Bauherr ein selbständiges Beweisverfahren anhängig. Das Gericht erlässt einen Beweisbeschluss. Danach soll der Sachverständige ein Gutachten über die Behauptung des Antragstellers erstellen, dass Feuchtigkeitsschäden im Gemäuer auf bauliche Mängel zurückzuführen sind. Der vom Gericht bestellte Sachverständige bestimmt Ortstermin, an dem auch beide anwaltlichen Vertreter der Parteien teilnehmen.

Der Streitwert wird auf 30.000,00 € festgesetzt.

Erstellen Sie bitte die Vergütungsrechnung für den RA des Antragstellers.

Lösungsvorschlag:

Gegenstandswert: 30.000,00 €, § 2 I RVG	
1,3 Verfahrensgebühr	
(§§ 2 II, 13 I RVG), Nr. 3100 VV RVG	€ 985,40
1,2 Terminsgebühr	
(§§ 2 II, 13 I RVG), Nr. 3104 VV RVG	€ 909,60
1,5 Einigungsgebühr	
(§§ 2 II, 13 I RVG), Nr. 1000 VV RVG	€ 1.137,00
PT-Pauschale, Nr. 7002 VV RVG	€ 20,00
Zwischensumme	€ 3.052,00
19 % Umsatzsteuer, Nr. 7008 VV RVG	€ 579,88
Summe	**€ 3.631,88**

Achtung: Eine Anrechnungsvorschrift wird nur noch für die Verfahrensgebühr vorgesehen, wenn und soweit ein Hauptsacheverfahren folgt!

Vorbemerkung 3 Absatz 5: *Soweit der Gegenstand eines selbständigen Beweisverfahrens auch Gegenstand eines Rechtsstreits ist oder wird, wird die Verfahrensgebühr des selbständigen Beweisverfahrens auf die Verfahrensgebühr des Rechtszugs angerechnet.*

Abwandlung:

Fall wie zuvor. Allerdings vergleichen sich die Parteien nicht, sondern es kommt nach dem Ortstermin zum Hauptsacheprozess, indem RA Streit Klage erhebt. Nach streitiger mündlicher Verhandlung wird ein Vergleich geschlossen. Danach sollen sämtliche Ansprüche mit der Zahlung eines Betrags von 11.500,00 € abgegolten sein. Das Gericht setzt den Streitwert für das selbständige Beweisverfahren und für das Hauptverfahren auf 30.000,00 € fest.

Bitte erstellen Sie die Vergütungsrechnung für RA Streit

a) für das selbständige Beweisverfahren
b) für das Hauptsacheverfahren.

Lösungsvorschlag:

Gegenstandswert: 30.000,00 €, § 2 I RVG
a) selbständiges Beweisverfahren

1,3 Verfahrensgebühr	
(§§ 2 II, 13 I RVG), Nr. 3100 VV RVG	€ 985,40
1,2 Terminsgebühr	
(§§ 2 II, 13 I RVG), Nr. 3104 VV RVG	€ 909,60
PT-Pauschale, Nr. 7002 VV RVG	€ 20,00
Zwischensumme	€ 1.915,00
19 % Umsatzsteuer, Nr. 7008 VV RVG	€ 363,85
Summe	**€ 2.278,85**

b) Hauptsacheverfahren

1,3 Verfahrensgebühr	
(§§ 2 II, 13 I RVG), Nr. 3100 VV RVG	€ 985,40
abzüglich 1,3 Verfahrensgebühr nach Vorbem. 3 Abs. 5	./. € 985,40
Zwischensumme	€ 0,00
1,2 Terminsgebühr	
(§§ 2 II, 13 I RVG), Nr. 3104 VV RVG	€ 909,60
1,0 Einigungsgebühr	
(§§ 2 II, 13 I RVG), Nr. 1003 VV RVG	€ 758,00
PT-Pauschale, Nr. 7002 VV RVG	€ 20,00
Zwischensumme	€ 1.687,60
19 % Umsatzsteuer, Nr. 7008 VV RVG	€ 320,64
Summe	**€ 2.008,24**

Aber: Die Anrechnung muss nur erfolgen, **soweit** ein gerichtliches Verfahren folgt, vgl. dazu Wortlaut der Vorbemerkung 3 Abs. 5 VV RVG!

Übungsfall:

Wie zuvor. Das Gericht setzt allerdings den Streitwert für das selbständige Beweisverfahren auf 30.000,00 € und für das gerichtliche Verfahren auf 20.000,00 € fest.

Lösungsvorschlag:

Gegenstandswert: 30.000,00 €, § 2 I RVG

a) selbständiges Beweisverfahren

1,3 Verfahrensgebühr (§§ 2 II, 13 I RVG), Nr. 3100 VV RVG	€ 985,40
1,2 Terminsgebühr (§§ 2 II, 13 I RVG), Nr. 3104 VV RVG	€ 909,60
PT-Pauschale, Nr. 7002 VV RVG	€ 20,00
Zwischensumme	€ 1.915,00
19 % Umsatzsteuer, Nr. 7008 VV RVG	€ 363,85
Summe	**€ 2.278,85**

b) Hauptsacheverfahren

Gegenstandswert: 20.000,00 €, § 2 I RVG

1,3 Verfahrensgebühr (§§ 2 II, 13 I RVG), Nr. 3100 VV RVG	€ 839,80
abzüglich 1,3 Verfahrensgebühr nach Vorbem. 3 Abs. 5 aus 20.000,00 €	./. € 839,80
Zwischensumme	€ 0,00
1,2 Terminsgebühr (§§ 2 II, 13 I RVG), Nr. 3104 VV RVG	€ 775,20
1,0 Einigungsgebühr (§§ 2 II, 13 I RVG), Nr. 1003 VV RVG	€ 646,00
PT-Pauschale, Nr. 7002 VV RVG	€ 20,00
Zwischensumme	€ 1.441,20
19 % Umsatzsteuer, Nr. 7008 VV RVG	€ 273,83
Summe	**€ 1.715,03**

Anmerkung: Die Verfahrensgebühr aus dem selbständigen Beweisverfahren muss auch nur in der Höhe angerechnet werden, wie Gegenstandswertidentität besteht.

Wir halten fest:

– *Ist lediglich ein selbständiges Beweisverfahren anhängig, erhält der RA die Gebühren nach Teil 3 des Vergütungsverzeichnisses.*

– *Ist neben dem selbständigen Beweisverfahren auch ein Hauptsacheverfahren anhängig gewesen, muss die im selbständigen Beweisverfahren entstandene Verfahrensgebühr auf die Verfahrensgebühr des gerichtlichen Verfahrens angerechnet werden, Vorbem. 3 Abs. 5 VV RVG.*

– *Eine Anrechnung der Verfahrensgebühr erfolgt immer nur, soweit der Gegenstand des Beweisverfahrens auch Gegenstand des Hauptsacheverfahrens geworden ist, vgl. Vorbem. 3 Abs. 5 VV RVG.*

– *Die Terminsgebühr kann zweimal entstehen: Einmal im selbständigen Beweisverfahren – dort auch für die Teilnahme an einem Ortstermin des gerichtlich bestellten*

Sachverständigen und einmal im Hauptsacheverfahren. Die Terminsgebühr des selbständigen Beweisverfahrens ist auf die Terminsgebühr des Hauptsacheverfahrens nicht anzurechnen!

– Eine Einigung im selbständigen Beweisverfahren löst eine 1,5 Einigungsgebühr aus, obwohl es sich um ein gerichtliches Verfahren handelt. Dies gilt auch dann, wenn bereits PKH für das Beweisverfahren beantragt ist.

Kapitel 13
Urkunden- und Wechselprozess

Das ordentliche Verfahren, das nach Abstandnahme vom Urkunden- oder Wechsel-prozess oder nach einem Vorbehaltsurteil anhängig bleibt (§§ 596, 600 ZPO), und der Urkunden- oder Wechselprozess sind **verschiedene Angelegenheiten**, § 17 Nr. 5 RVG, mit der Folge, dass die Gebühren mehrmals entstehen können.

Aber: Die Verfahrensgebühr des Urkunden- und Wechselprozesses ist auf die Ver-fahrensgebühr des ordentlichen Verfahrens anzurechnen, siehe dazu Abs. 2 der Anm. zu Nr. 3100 VV RVG.

Übungsfall:

RA Müller hat im Urkunden- und Wechselprozess Hans Albers vertreten. Nach Einrei-chung einer Urkundenklage über 3.000,00 € hat das Gericht nach streitiger Verhand-lung und Beweisaufnahme ein Vorbehaltsurteil zu Gunsten des Klägers verkündet. Dem Beklagten war vorbehalten, seine Rechte im Nachverfahren geltend zu machen. Dies tut er auch. Es kommt im Nachverfahren nach streitiger Verhandlung zur erneu-ten Beweisaufnahme. Das Gericht verkündet sodann ein Urteil, wonach das Vorbe-haltsurteil für vorbehaltslos erklärt wird.

Bitte berechnen Sie die Vergütung des Klägervertreters

a) für den Urkundenprozess und
b) für das Nachverfahren

Lösung:

Gegenstandswert: 3.000,00 €, § 2 I RVG
a) Urkundenprozess:

1,3 Verfahrensgebühr (§§ 2 II, 13 I RVG), Nr. 3100 VV RVG	€ 245,70
1,2 Terminsgebühr (§§ 2 II, 13 I RVG), Nr. 3104 VV RVG	€ 226,80
PT-Pauschale, Nr. 7002 VV RVG	€ 20,00
Zwischensumme	€ 492,50
19% Umsatzsteuer, Nr. 7008 VV RVG	€ 93,58
Summe	**€ 586,08**

b) Nachverfahren (§ 17 Nr. 5 RVG):

1,3 Verfahrensgebühr (§§ 2 II, 13 I RVG), Nr. 3100 VV RVG	€ 245,70
abzüglich 1,3 Verfahrensgebühr, Anmerkung Abs. 2 zu Nr. 3100 VV RVG	./. € 245,70
Zwischensumme	€ 0,00

Übertrag	€ 0,00
1,2 Terminsgebühr	
(§§ 2 II, 13 I RVG), Nr. 3104 VV RVG	€ 226,80
PT-Pauschale, Nr. 7002 VV RVG	€ 20,00
Zwischensumme	€ 246,80
19% Umsatzsteuer, Nr. 7008 VV RVG	€ 46,89
Summe	**€ 293,69**

Übungsfall:

RAin Graf vertritt die Klägerin im Urkundenprozess. Der Gegenstandswert beträgt **9.444,00 €**. Es ergeht nach dem Verhandlungstermin ein Vorbehaltsurteil. RA Beck vertritt den Beklagten im Nachverfahren. Nach mündlicher Verhandlung schließen die Parteien einen Vergleich.

Bitte berechnen Sie die Vergütung des Beklagtenvertreters

a) für den Urkundenprozess und
b) für das Nachverfahren

Lösungsvorschlag:

Gegenstandswert: 10.000,00 €, § 2 I RVG

a) Urkundenprozess:

1,3 Verfahrensgebühr	
(§§ 2 II, 13 I RVG), Nr. 3100 VV RVG	€ 631,80
1,2 Terminsgebühr	
(§§ 2 II, 13 I RVG), Nr. 3104 VV RVG	€ 583,20
PT-Pauschale, Nr. 7002 VV RVG	€ 20,00
Zwischensumme	€ 1.235,00
19% Umsatzsteuer, Nr. 7008 VV RVG	€ 234,65
Summe	**€ 1.469,65**

b) Nachverfahren (§ 17 Nr. 5 RVG):

1,3 Verfahrensgebühr	
(§§ 2 II, 13 I RVG), Nr. 3100 VV RVG	€ 631,80
abzüglich 1,3 Verfahrensgebühr,	
Anmerkung Abs. 2 zu Nr. 3100 VV RVG	./. € 631,80
Zwischensumme	€ 0,00
1,2 Terminsgebühr	
(§§ 2 II, 13 I RVG), Nr. 3104 VV RVG	€ 583,20
1,0 Einigungsgebühr	
(§§ 2 II, 13 I RVG), Nr. 1003 VV RVG	€ 486,00
PT-Pauschale, Nr. 7002 VV RVG	€ 20,00
Zwischensumme	€ 1.089,20
19% Umsatzsteuer, Nr. 7008 VV RVG	€ 206,95
Summe	**€ 1.296,15**

Abwandlung:

Das Nachverfahren wird nur wegen des geringeren Betrags i.H.v. 6.000,00 € durchgeführt.

Lösungsvorschlag:

a) Urkundenprozess:

Gegenstandswert: 10.000,00 €, § 2 I RVG

1,3 Verfahrensgebühr (§§ 2 II, 13 I RVG), Nr. 3100 VV RVG	€ 631,80
1,2 Terminsgebühr (§§ 2 II, 13 I RVG), Nr. 3104 VV RVG	€ 583,20
PT-Pauschale, Nr. 7002 VV RVG	€ 20,00
Zwischensumme	€ 1.235,00
19% Umsatzsteuer, Nr. 7008 VV RVG	€ 234,65
Summe	**€ 1.469,65**

b) Nachverfahren (§ 17 Nr. 5 RVG):

Gegenstandswert: 6.000,00 €, § 2 I RVG

1,3 Verfahrensgebühr (§§ 2 II, 13 I RVG), Nr. 3100 VV RVG	€ 439,40
abzüglich 1,3 Verfahrensgebühr aus 6.000,00 € Anmerkung Abs. 2 zu Nr. 3100 VV RVG	./. € 439,40
Zwischensumme	€ 0,00
1,2 Terminsgebühr (§§ 2 II, 13 I RVG), Nr. 3104 VV RVG	€ 405,60
1,0 Einigungsgebühr (§§ 2 II, 13 I RVG), Nr. 1003 VV RVG	€ 338,00
PT-Pauschale, Nr. 7002 VV RVG	€ 20,00
Zwischensumme	€ 763,60
19% Umsatzsteuer, Nr. 7008 VV RVG	€ 145,08
Summe	**€ 908,68**

Wir halten fest:

– *Es ist zu prüfen, ob zum Urkunden- oder Wechselprozess ein Nachverfahren stattgefunden hat. Falls ja, gelten diese als verschiedene Angelegenheiten nach § 17 Nr. 5 RVG.*
Es können alle Gebühren neu entstehen – je nach Tätigkeit des RA –. Jedoch ist die Verfahrensgebühr des Urkunden- u. Wechselprozesses auf die Verfahrensgebühr des Nachverfahrens anzurechnen.

– *Es sind zwei vollständige Berechnungen durchzuführen – eine für das Vorverfahren (den Urkunden- oder Wechselprozess) und eine für das Nachverfahren.*

– *Bei der Anrechnung ist die Verfahrensgebühr des Urkunden- und Wechselprozesses von der Verfahrensgebühr des gerichtlichen Verfahrens abzuziehen.*

– *Die PT-Pauschale fällt zweimal an.*

Kapitel 14
Arrest und einstweilige Verfügung

Arrest und einstweilige Verfügung sind Eilverfahren, die nur dann durchgeführt werden können, wenn eine besondere Dringlichkeit gegeben ist.

Wie im Erkenntnisverfahren erhält der Rechtsanwalt die Gebühren nach Teil 3 VV RVG, so dass zum Gebührenanfall auf die Ausführungen in Kapitel 9 verwiesen wird.

Der **Arrest** (§ 916 ff ZPO) findet statt:

- zur Sicherung der Zwangsvollstreckung in das bewegliche oder unbewegliche Vermögen wegen
  einer Geldforderung oder eines Anspruchs, der in eine Geldforderung übergehen kann, § 916 ZPO.

Wir halten fest:

Es gibt den dinglichen Arrest (§ 917 ZPO) und den persönlichen Arrest (§ 918 ZPO).

Eine **einstweilige Verfügung** (§ 935 ZPO) ist zulässig, wenn zu besorgen ist,

- dass durch eine Veränderung des bestehenden Zustandes die Verwirklichung des Rechts einer Partei vereitelt oder wesentlich erschwert werden könnte.

Über Arrest und einstweilige Verfügung kann das Gericht ohne mündliche Verhandlung durch einen Beschluss entscheiden (§§ 922 I 1, 937 II ZPO).

Aber: Sofern das Gericht Termin bestimmt, entscheidet es durch Urteil.

Und: Die Parteien heißen im einstweiligen Verfügungsverfahren Antragsteller und Antragsgegner.

Übungsfall:

Die Tageszeitung »Morgens um 7« hat in einem Artikel auf der ersten Seite behauptet, die Schauspielerin Tanja Lippe habe eine Brustvergrößerung machen lassen und zudem die Lippen aufgespritzt. RAin Natürlichschön beantragt den Erlass einer einstweiligen Verfügung auf Unterlassung gegen die Tageszeitung »Morgens zum 7«. Das Gericht erlässt die einstweilige Verfügung ohne mündliche Verhandlung durch Beschluss. Der Gegenstandswert wird auf 25.000,00 € festgesetzt.

Lösungsvorschlag:

Gegenstandswert: 25.000,00 €, §§ 2 I RVG, 23 I 1 RVG, 48 I 1 GKG, 3 ZPO

1,3 Verfahrensgebühr (§§ 2 II, 13 I RVG), Nr. 3100 VV RVG	€ 891,20
PT-Pauschale, Nr. 7002 VV RVG	€ 20,00
Zwischensumme	€ 911,80
19% Umsatzsteuer, Nr. 7008 VV RVG	€ 173,24
Summe	**€ 1.085,04**

Abwandlung:

Nach Zustellung der einstweiligen Verfügung durch den Gerichtsvollzieher erhebt die Antragsgegnerin, der Verlag der Tageszeitung »Morgens um 7«, Widerspruch gegen die erlassene Verfügung und beantragt deren Aufhebung. Das Gericht entscheidet über den Widerspruch durch Urteil. Das Urteil wird rechtskräftig. Entstehen neue Gebühren für das Widerspruchsverfahren?

Lösungsvorschlag:

Es entstehen **keine** neuen Gebühren für das Widerspruchsverfahren, da nach § 16 Nr. 5 RVG das Verfahren auf Anordnung einer einstweiligen Verfügung mit dem Verfahren auf Aufhebung der einstweiligen Verfügung eine Angelegenheit bildet.

Ergeht die Entscheidung durch Urteil und legt der RA hiergegen Berufung ein, entstehen die Gebühren nach Teil 3 Abschnitt 2 VV RVG.

Beispiel:

Gegen eine einstweilige Verfügung, die nach mündlicher Verhandlung durch Urteil ergangen ist, wird Berufung eingelegt. Nach mündlicher Verhandlung im Berufungsverfahren wird die einstweilige Verfügung aufgehoben. Für das Berufungsverfahren entstehen folgende Gebühren:

1,6 Verfahrensgebühr, Nr. 3200 VV RVG
1,2 Terminsgebühr, Nr. 3202 VV RVG

Vorsicht: Arrest und einstweilige Verfügungen sind immer nur Entscheidungen für eine begrenzte Zeit. Sofern der Antragsteller die Hauptsache nicht anhängig macht, hat das Arrestgericht auf Antrag ohne mündliche Verhandlung anzuordnen, dass die Partei, die den Arrestbefehl oder die einstweilige Verfügung erwirkt hat, binnen einer zu bestimmten Frist Klage zu erheben habe, § 926 I ZPO. Wird die Klage nicht erhoben, ist auf Antrag die Aufhebung des Arrestes oder der einstweiligen Verfügung durch Endurteil auszusprechen, § 926 II ZPO.

Das ist der Grund, warum einem Arrest- oder einstweiligen Verfügungsverfahren sehr häufig eine sogenannte Hauptsacheklage folgt.

Kapitel 14 _____ *Arrest und einstweilige Verfügung*

Wichtig: Das Verfahren in der Hauptsache und ein Verfahren auf Erlass einer einstweiligen Verfügung oder einstweiligen Anordnung gelten als verschiedene Angelegenheiten; ebenso gelten Verfahren über die Hauptsache und ein Verfahren über einen Antrag auf Abänderung oder Aufhebung eines Arrestes oder einer einstweiligen Verfügung gelten als **verschiedene** Angelegenheiten, § 17 Nr. 4b und d RVG.

Hinweis: Die Klage kann der Antragsteller dadurch vermeiden, dass er in einem sogenannten Abschlussschreiben den Antragsgegner auffordert, den Arrest oder die einstweilige Verfügung als endgültig anzuerkennen. Für ein solches Abschlussschreiben fällt nochmals eine Geschäftsgebühr an. Diese ist nur dann anzurechnen, wenn die Erklärung nicht abgegeben wird und die Hauptsacheklage eingereicht werden muss.

Denn: Die Geschäftsgebühr für das Abschlussschreiben betrifft denselben Gegenstand wie die spätere Hauptsacheklage.

Übungsfall:

Der Inhaber eines Orthopädiegeschäfts (Horst Böhm) hat zum Geburtstag eine »Homepage« geschenkt bekommen. Auf dieser Homepage hat sein Bekannter eine Anfahrtsbeschreibung eingestellt. Die Anfahrtsbeschreibung hat er aus einer von einem Kartenverlag gekauften Straßenkarte eingescannt und ins Internet eingestellt. Als Horst Böhm eine außergerichtliche Abmahnung einer Anwaltskanzlei im Auftrag des Kartenverlags erhält, die ihn zur Abgabe einer strafbewehrten Unterlassungserklärung und Zahlung eines Schadensersatzes wegen der Urheberrechtsverletzung auffordert, denkt er an einen schlechten Witz. Die gesetzte Frist beachtet er nicht. 10 Tage später wird ihm eine einstweilige Verfügung zugestellt. Schließlich erhält er ein weiteres außergerichtliches Aufforderungsschreiben, er solle die einstweilige Verfügung als endgültig anerkennen. Horst Böhm ist total sauer. Er versteht die Welt nicht mehr und reagiert trotzig. Er ignoriert die einstweilige Verfügung und das Abschlussschreiben. Die Karte belässt er im Internet, immerhin hat sein Freund ihm diese »geschenkt«. Schließlich erhält er eine Klage auf Unterlassung zugestellt. Im Termin zur mündlichen Verhandlung ist er anwaltlich vertreten. Es wird ein Vergleich geschlossen. Der Gegenstandswert wird auf 10.000,00 € festgesetzt.

Bitte berechnen Sie die gesamte Vergütung (außergerichtlich und gerichtlich) des anwaltlichen Vertreters des Antragstellers (setzen Sie bitte bei der Geschäftsgebühr eine Regelgebühr an).

Lösungsvorschlag:

1. Angelegenheit: außergerichtliches Abmahnschreiben
Gegenstandswert: 10.000,00 €, §§ 2 I RVG, 23 I 1 RVG, 48 I 1 GKG, 3 ZPO
1,3 Geschäftsgebühr

(§§ 2 II, 13 I RVG), Nr. 2300 VV RVG	€ 631,80
PT-Pauschale, Nr. 7002 VV RVG	€ 20,00
Zwischensumme	€ 651,80
19% Umsatzsteuer, Nr. 7008 VV RVG	€ 123,84
Summe	**€ 775,64**

2. Angelegenheit: einstweilige Verfügung

Gegenstandswert: 10.000,00 €, §§ 2 I RVG, 23 I 1 RVG, 48 I 1 GKG, 3 ZPO

1,3 Verfahrensgebühr (§§ 2 II, 13 I RVG), Nr. 3100 VV RVG	€ 631,80
./. 0,65 Geschäftsgebühr (außergerichtl. Abmahnung) Vorbem. 3 Abs. 4, Nr. 2300 VV RVG	./. € 315,90
Zwischensumme	€ 315,90
PT-Pauschale, Nr. 7002 VV RVG	€ 20,00
Zwischensumme	€ 335,90
19% Umsatzsteuer, Nr. 7008 VV RVG	€ 63,82
Summe	**€ 399,72**

3. Angelegenheit: außergerichtliches Abschlussschreiben

Gegenstandswert: 10.000,00 €, §§ 2 I RVG, 23 I 1 RVG, 48 I 1 GKG, 3 ZPO

1,3 Geschäftsgebühr (§§ 2 II, 13 I RVG), Nr. 2300 VV RVG	€ 631,80
PT-Pauschale, Nr. 7002 VV RVG	€ 20,00
Zwischensumme	€ 651,80
19% Umsatzsteuer, Nr. 7008 VV RVG	€ 123,84
Summe	**€ 775,64**

4. Angelegenheit: Hauptsacheklage

Gegenstandswert: 10.000,00 €, §§ 2 I RVG, 23 I 1 RVG, 48 I 1 GKG, 3 ZPO

1,3 Verfahrensgebühr (§§ 2 II, 13 I RVG), Nr. 3100 VV RVG	€ 631,80
./. 0,65 Geschäftsgebühr (Abschlussschreiben) Vorbem. 3 Abs. 4, Nr. 2300 VV RVG	./. € 315,90
Zwischensumme	€ 315,90
1,2 Terminsgebühr (§§ 2 II, 13 I RVG), Nr. 3104 VV RVG	€ 583,20
1,0 Einigungsgebühr (§§ 2 II, 13 I RVG), Nr. 1003 VV RVG	€ 486,00
PT-Pauschale, Nr. 7002 VV RVG	€ 20,00
Zwischensumme	€ 1.405,10
19% Umsatzsteuer, Nr. 7008 VV RVG	€ 266,97
Summe	**€ 1.672,07**

Hinweis: Wird ein Unterlassungsanspruch nicht befolgt, kann der Antragsteller i.d.R. einen sogenannten Bestrafungsantrag bei Gericht nach § 890 ZPO (Prozessgericht 1. Instanz) stellen und beantragen, dass ein Zwangsgeld gegen den Antragsgegner festgesetzt wird. Für diesen Antrag entsteht eine 0,3 Verfahrensgebühr nach Nr. 3309 VV RVG nebst Auslagen und Umsatzsteuer.

Wir halten fest:

– *Für den Antrag auf Erlass einer einstweiligen Verfügung oder auf Anordnung eines Arrestes erhebt der RA gesondert Gebühren.*

– *§ 17 Nr. 4b RVG ist in diesen Fällen zu zitieren. Es entstehen die Gebühren des 3. Teils des Vergütungsverzeichnisses, ggf. auch des 1. Teils (Einigungsgebühr, Erhöhung).*

– *Folgt ein Verfahren auf Aufhebung oder Abänderung eines Arrestes oder einer einstweiligen Verfügung, bildet es mit dem vorausgegangenen Verfahren eine*

Angelegenheit, d.h. es wird eine Vergütungsrechnung erstellt, vgl. dazu § 16 Nr. 5 RVG.

– Etwas anderes gilt nur, wenn die Entscheidung durch Urteil ergeht, gegen das Berufung eingelegt wird. In diesem Fall entstehen die Gebühren Nr. 3200 ff. VV RVG.

Kapitel 15
Mahnverfahren

1. Übersicht

Im **Mahnverfahren** erhält der RA:

Tätigkeit	Gebühr	Höhe	Nr. des VV
Vertretung des Antragstellers im Mahnverfahren	Verfahrensgebühr	1,0	3305
Erledigungsbesprechung im Sinne der Vorbem. 3 Abs. 3 VV RVG	Terminsgebühr	1,2	Vorbem. 3.3.2.
vorzeitige Beendigung	Verfahrensgebühr	0,5	3306
Vertretung des Antragstellers im Vollstreckungsbescheidsverfahren	Verfahrensgebühr	0,5	3308
Vertretung des Antragsgegners Im Mahnverfahren(einschl. Widerspruch)	Verfahrensgebühr	0,5	3307
Vertretung mehrerer Personen, die Auftraggeber sind	Erhöhung	0,3 je weiterer Person, die Auftraggeber ist	1008 in Verbindung mit entweder 3305 oder 3308 bei Vertretung auf Antragstellerseite oder 3307 bei Vertretung auf Antragsgegnerseite
Einigung während eines Mahnverfahrens	Einigungsgebühr	1,0	Nr. 1003

2. Verfahrensgebühr für die Vertretung des Antragstellers

Die Verfahrensgebühr nach Nr. 3305 VV RVG in Höhe von 1,0 für die Vertretung im Mahnverfahren entsteht mit Einreichung des Antrags auf Erlass eines Mahnbescheides. Ob der Mahnbescheid tatsächlich erlassen wird, ist für das Entstehen der Gebühr ohne Bedeutung. Die Gebühr entsteht auch, wenn der RA einen Schriftsatz bei Gericht einreicht, der Sachantrag oder Sachvortrag enthält, vgl. Ziff. 4.

Hiweis: Die Gebühr Nr. 3305 heißt Verfahrensgebühr. Zur besseren Unterscheidung nennt die Autorin sie »Mahnverfahrensgebühr«.

3. Erhöhung

Vorsicht: Die Erhöhung nach Nr. 1008 VV RVG kann auf die Verfahrensgebühr für den Mahnbescheid entstehen. Sie entsteht auf die Verfahrensgebühr des Vollstreckungsbescheides nur dann, wenn der Rechtsanwalt sie nicht bereits auf die Nr. 3305 VV RVG berechnet hat. Dies ist dann der Fall, wenn die Auftraggeber beispielsweise den Mahnbescheid zunächst selbst beantragen, so dass die Gebühr nach Nr. 3305 VV RVG gar nicht entsteht und den Rechtsanwalt erst im Vollstreckungsbescheidsverfahren beauftragen, wenn sie z.B. nicht mehr weiter wissen.

Wir halten fest:

Der Rechtsanwalt erhält im Mahnverfahren die Erhöhung (bis max. 2,0) nur einmal. Entweder wird die Verfahrensgebühr für den Mahnbescheid oder aber die Verfahrensgebühr für den Vollstreckungsbescheid erhöht.

Übungsfall:

RA Meyer hat für seine Mandanten Josef und Erna Zöttl einen Mahnbescheid beantragt und schließlich den Vollstreckungsbescheid beim Amtsgericht – Zentrales Mahngericht – Hagen erwirkt. Der Gegenstandswert beträgt 6.333,02 €.

Bitte berechnen Sie die Vergütung von RA Meyer:

Lösungsvorschlag:

Gegenstandwert: 6.332,02 €, § 2 I RVG	
1,0 Mahnverfahrensgebühr	
(§§ 2 II, 13 I RVG), Nr. 3305 VV RVG	€ 375,00
0,3 Erhöhung	
(§§ 2 II, 13 I RVG), Nr. 1008 VV RVG	€ 112,50
0,5 Verfahrensgebühr für den VB	
(§§ 2 II, 13 I RVG), Nr. 3308 VV RVG	€ 187,50
PT-Pauschale, Nr. 7002 VV RVG	€ 20,00
Zwischensumme	€ 695,00
19 % Umsatzsteuer, Nr. 7008 VV RVG	€ 132,05
Summe	**€ 827,05**

---

4. Vorzeitige Beendigung

Endet der Auftrag nach Entgegennahme der Information, aber **vor** Einreichung des Antrags auf Erlass eines Mahnbescheides oder eines Schriftsatzes mit Sachantrag oder Sachvortrag bei Gericht, erhält der RA nach Nr. 3306 VV RVG eine 0,5 Verfahrensgebühr (vorzeitige Erledigung).

> **Achtung:** Die Gebühr für die vorzeitige Verfahrensgebühr Nr. 3306 VV RVG erhält also auch der RA, der beispielsweise im Mahnverfahren tätig wird, nachdem sein Mandant zuvor selbst den Mahnbescheid beantragt hat. Dies kann z.B. dann der Fall sein, wenn der RA versuchen soll, einen Gegner zur Zurücknahme eines gegen den vom Mandanten beantragten Mahnbescheid erhobenen Widerspruchs zu bewegen.

Übungsfall:

RA Kohl bespricht eine Forderungsangelegenheit mit dem Mandanten. Er soll das Mahnverfahren einleiten. Als seine Auszubildende gerade dabei ist, das Formular ausfüllen, ruft der Mandant an und teilt mit, dass der Schuldner bezahlt hat. Der Gegenstandswert hat 344,00 € betragen.

Bitte erstellen Sie die Vergütungsrechnung des RA Kohl:

Lösungsvorschlag:

Gegenstandswert: 344,00 €, § 2 I RVG

0,5 Mahnverfahrensgebühr (§§ 2 II, 13 I RVG), Nr. 3306 VV RVG	€ 22,50
PT-Pauschale, Nr. 7002 VV RVG	€ 4,50
Zwischensumme	€ 27,00
19 % Umsatzsteuer, Nr. 7008 VV RVG	€ 5,13
Summe	**€ 32,13**

---

5. Verschiedene Angelegenheiten

> **Achtung:** Nach § 17 Nr. 2 RVG bilden das Mahnverfahren und das streitige Verfahren verschiedene Angelegenheiten!

Damit ist klargestellt, dass das Mahnverfahren immer gesondert abzurechnen ist, auch wenn die Sache nach Widerspruch oder Einspruch in das streitige Verfahren übergeht!

Aber: Falls der Gegner Widerspruch gegen einen erlassenen Mahnbescheid erhebt bzw. Einspruch gegen den erlassenen Vollstreckungsbescheid einlegt und es zur Durchführung des streitigen Verfahrens kommt, wird die Mahnbescheidsgebühr auf die im Prozess entstehende Verfahrensgebühr angerechnet, vgl. dazu die Anmerkung zu Nr. 3305 VV RVG.

Übungsfall:

RA Beck beantragt für seinen Mandanten den Erlass eines Mahnbescheides beim AG Coburg. Der Antragsgegner erhebt gegen den Mahnbescheid fristgerecht Widerspruch. Es wird auf Antrag des Antragstellers das streitige Verfahren durchgeführt.

Nach streitiger Verhandlung und Beweisaufnahme ergeht ein Klage stattgebendes Urteil. Der Gegenstandswert hat 970,23 € betragen. Bitte erstellen Sie die Vergütungsrechnung für RA Beck.

Lösungsvorschlag:

1. Mahnverfahren:

Gegenstandswert: 970,23 €, § 2 I RVG

1,0 Mahnverfahrensgebühr	
(§§ 2 II, 13 I RVG), Nr. 3305 VV RVG	€ 85,00
PT-Pauschale, Nr. 7002 VV RVG	€ 17,00
Zwischensumme	€ 102,00
19 % Umsatzsteuer, Nr. 7008 VV RVG	€ 19,38
Summe	**€ 121,38**

2. Gerichtliches Verfahren:

Gegenstandswert: 970,23 €, § 2 I RVG

1,3 Verfahrensgebühr		
(§§ 2 II, 13 I RVG), Nr. 3100 VV RVG		€ 110,50
abzüglich 1,0 Mahnverfahrensgebühr Anm. zu Nr. 3305	./.	€ 85,00
Zwischensumme		€ 25,50
1,2 Terminsgebühr		
(§§ 2 II, 13 I RVG), Nr. 3104 VV RVG		€ 102,00
PT-Pauschale, Nr. 7002 VV RVG		€ 20,00
Zwischensumme		€ 147,50
19 % Umsatzsteuer, Nr. 7008 VV RVG		€ 28,03
Summe		**€ 175,53**

Vertritt der RA den Antragsgegner, ist auch dessen 0,5 Verfahrensgebühr nach Nr. 3307 VV RVG bei Durchführung des streitigen Verfahrens auf die Verfahrensgebühr des gerichtlichen Verfahrens anzurechnen, vgl. auch die Ausführungen in diesem Kapitel unter Ziff. 9.

Übungsfall:

Nachdem RA Tüchtig gegen einen Mahnbescheid Widerspruch erhoben hat, wird auf Antrag des Antragstellers das Streitverfahren vor dem Landgericht München durchgeführt. RA Tüchtig vertritt seinen Mandanten auch in diesem Verfahren und erwidert schriftsätzlich auf die Klagebegründung. Bevor Termin zur mündlichen Verhandlung anberaumt ist, gewinnt sein Mandant bei »Millionär in 10 Minuten« und begleicht alle seine Schulden. Der Gegenstandswert beträgt 7.000,00 €. Die Vergütungsrechnung sieht folgendermaßen aus (Die Vergütung für den Widerspruch ist noch nicht abgerechnet):

Lösungsvorschlag:

1. Mahnverfahren:

Streitwert: 7.000,00 €, § 2 I RVG

0,5 Verfahrensgebühr	
(§§ 2 II,13 I RVG), Nr. 3307 VV RVG	€ 187,50

Übertrag	€ 187,50
PT-Pauschale, Nr. 7002 VV RVG	€ 20,00
Zwischensumme	€ 207,50
19 % Umsatzsteuer, Nr. 7008 VV RVG	€ 39,43
Summe	**€ 246,93**
2. Gerichtliches Verfahren:	
Streitwert: 7.000,00 €, § 2 I RVG	
1,3 Verfahrensgebühr	
(§§ 2 II, 13 I RVG), Nr. 3100 VV RVG	€ 487,50
abzüglich 0,5 Verfahrensgebühr, Anm. zu Nr. 3307 VV RVG	./. € 187,50
Zwischensumme	€ 300,00
PT-Pauschale, Nr. 7002 VV RVG	€ 20,00
Zwischensumme	€ 320,00
19 % Umsatzsteuer, Nr. 7008 VV RVG	€ 60,80
Summe	**€ 380,80**

6. Teil-Vollstreckungsbescheid

Aufgepasst: Die Vollstreckungsbescheidsgebühr entsteht immer nach dem Wert des Anspruchs, über welchen der Erlass des Vollstreckungsbescheids beantragt wird. Hat der Antragsgegner zum Beispiel einen Teil der Hauptforderung beglichen, dann kann nur noch über die Restforderung ein Antrag auf Erlass des Vollstreckungs- bescheides gestellt werden.

Übungsfall:

Mit Mahnbescheid wurde eine Hauptforderung in Höhe von 20.000,00 € geltend ge- macht. Nach Zustellung des Mahnbescheides zahlt der Antragsgegner 10.000,00 €. Der Prozessbevollmächtigte des Antragstellers beantragt nun wegen des Restbetrages von 10.000,00 € Erlass des Vollstreckungsbescheides.

Bitte erstellen Sie die Vergütungsrechnung für den Anwalt des Antragstellers.

Lösungsvorschlag:

Gegenstandswert: 20.000,00 € / 10.000,00 €, § 2 I RVG	
1,0 Mahnverfahrensgebühr aus € 20.000,00	
(§§ 2 II, 13 I RVG), Nr. 3305 VV RVG	€ 646,00
0,5 Verfahrensgebühr für den VB aus 10.000,00 €	
(§§ 2 II, 13 I RVG), Nr. 3308 VV RVG	€ 243,00
PT-Pauschale, Nr. 7002 VV RVG	€ 20,00
Zwischensumme	€ 909,00
19 % Umsatzsteuer, Nr. 7008 VV RVG	€ 172,71
Summe	**€ 1.081,71**

Achtung: Die Gebühr für den Vollstreckungsbescheid wird auf die im nachfolgen- den Rechtsstreit entstehenden Gebühren **nicht** angerechnet, der RA erhält sie also immer **zusätzlich**!

Und: Die Verfahrensgebühr für den Vollstreckungsbescheid (VB) entsteht neben der Verfahrensgebühr für den Mahnbescheid (MB) nur, wenn innerhalb der Widerspruchsfrist kein Widerspruch erhoben oder der Widerspruch gemäß § 703a II Nr. 4 ZPO beschränkt worden ist.

7. Terminsgebühr

Mit dem 01.01.2005 ist das Anhörungsrügengesetz in Kraft getreten.[4] Mit dem Anhörungsrügengesetz wurde in Teil 3 Abschnitt 3 unter Abschnitt 2 VV RVG, der die Gebühren im gerichtlichen Mahnverfahren regelt, eine neue Vorbemerkung eingefügt:

»Die Terminsgebühr bestimmt sich nach Abschnitt 1.«

Wir halten fest:

Nach Vorbem. 3.3.2 kann somit im Mahnverfahren eine Terminsgebühr entstehen. Da gerichtliche Termine im Mahnverfahren nicht vorkommen, kommt hier nur die Terminsgebühr für eine sogenannte Erledigungsbesprechung in Betracht, vgl. dazu auch Kap. 3. Die Terminsgebühr könnte somit z.B. entstehen, wenn der RA, nachdem er Mahnbescheid beantragt hat, mit dem Schuldner telefonisch oder in einer persönlichen Besprechung über die Forderung spricht.

Übungsfall:

RA Protz wird beauftragt, einen Mahnbescheid zu beantragen. Er fordert den Gegner mit Fristsetzung zur Zahlung auf und droht die Einleitung eines gerichtlichen Mahnverfahrens an. Der Antragsgegner Börseleer setzt sich telefonisch mit RA Protz in Verbindung. Im Hinblick auf die finanziellen Verhältnisse des Antragsgegners schließen die Parteien eine Ratenzahlungsvereinbarung.

Der Gegenstandswert hat 12.199,40 € betragen.

Bitte erstellen Sie die Vergütungsrechnung von RA Protz.

Lösungsvorschlag:

Gegenstandswert: 12.199,40 €, § 2 I RVG

0,5 Verfahrensgebühr (§§ 2 II, 13 I RVG), Nr. 3306 VV RVG	€ 263,00
1,2 Terminsgebühr (§§ 2 II, 13 I RVG), Nr. 3104, Vorb. 3.3.2 VV RVG	€ 631,20
1,5 Einigungsgebühr (§§ 2 II, 13 I RVG), Nr. 1000 VV RVG	€ 789,00
PT-Pauschale, Nr. 7002 VV RVG	€ 20,00
Zwischensumme	€ 1.703,20
19 % Umsatzsteuer, Nr. 7008 VV RVG	€ 323,61
Summe	**€ 2.206,81**

---

4 Art. 17 Nr. 4d des Anhörungsrügengesetzes vom 14.12.2004; Bundesgesetzblatt I 2004, 3220.

Abwandlung 1:

RA Protz hatte zunächst Auftrag, den Antragsgegner Börseleer außergerichtlich anzumahnen. Dies hat er getan. Dabei ist eine Geschäftsgebühr in Höhe von 1,3 angefallen. Nach Ablauf des Zahlungstermins erhielt RA Protz von seinem Mandanten den
Auftrag, einen Mahnbescheid zu beantragen.

Auftragsgemäß wird Mahnbescheid eingereicht. Nach Zustellung des Mahnbescheides ruft der Börseleer RA Protz an und bespricht die Sache mit ihm. Die Parteien
schließen eine Ratenzahlungsvereinbarung.

Bitte erstellen Sie die Vergütungsrechnung von RA Protz für alle Angelegenheiten.

Lösungsvorschlag:

Gegenstandswert: 12.199,40 €, § 2 I RVG

1. Außergerichtliche Tätigkeit:
(zwei Angelegenheiten)
1,3 Geschäftsgebühr
(§§ 2 II, 13 I, 14 I RVG), Nr. 2300 VV RVG   € 683,80
PT-Pauschale, Nr. 7002 VV RVG   € 20,00
Zwischensumme   € 703,80
19 % Umsatzsteuer, Nr. 7008 VV RVG   € 133,72
Summe   **€ 837,52**

2. Tätigkeit im Mahnverfahren:
1,0 Mahnverfahrensgebühr
(§§ 2 II, 13 I RVG), Nr. 3305 VV RVG   € 526,00
abzgl. 0,65 Geschäftsgebühr
Nr. 2300 VV RVG Vorbem. 3 Abs. 4 VV RVG,   ./. € 341,90
Zwischensumme   € 184,10
1,2 Terminsgebühr
(§§ 2 II, 13 I RVG), Nr. 3104, Vorb. 3.3.2 VV RVG   € 631,20
1,0 Einigungsgebühr
(§§ 2 II, 13 I RVG), Nr. 1000 VV RVG   € 526,00
PT-Pauschale, Nr. 7002 VV RVG   € 20,00
Zwischensumme   € 1.361,30
19 % Umsatzsteuer, Nr. 7008 VV RVG   € 258,65
Summe   **€ 1.619,95**

Achtung: Sofern im Mahnverfahren eine Terminsgebühr entstanden ist, muss sie auf
eine Terminsgebühr eines späteren gerichtlichen Verfahrens (Streitverfahren) angerechnet werden, Abs. 4 zu Nr. 3104 VV RVG.[5]

Übungsfall mit Abwandlung 2:

RA Protz versendet zunächst ein außergerichtliches Aufforderungsschreiben (1,3 Geschäftsgebühr). Auftragsgemäß wird sodann Mahnbescheid beantragt. Nach Zustel-

---

5 Es handelt sich um eine Neueinfügung von Abs. 4 in der Anmerkung zu Nr. 3104 VV RVG
aufgrund des 2. JuModG, das am 31.12.2006 in Kraft getreten ist.

lung des Mahnbescheides ruft der Antragsgegner Börseleer an und telefoniert mit RA Protz.

Er versucht RA Protz zur Zurücknahme des Antrages zu bewegen. RA Protz, der die Verzögerungstaktiken des Schuldners bereits kennt, erklärt diesem, dass der Mandant auf eine Titulierung bestehen wird. Der Gegner erhebt Widerspruch. Die Sache geht in das streitige Verfahren über. Im Güteverhandlungstermin schließen die Parteien sodann einen Vergleich.

Bitte erstellen Sie die Vergütungsrechnung von RA Protz für alle Angelegenheiten.

Lösungsvorschlag:

Gegenstandswert: 12.199,40 €, § 2 I RVG

1. Außergerichtliche Tätigkeit:
(drei Angelegenheiten)
1,3 Geschäftsgebühr

(§§ 2 II, 13 I, 14 I RVG), Nr. 2300 VV RVG		€ 683,80
PT-Pauschale, Nr. 7002 VV RVG		€ 20,00
Zwischensumme		€ 703,80
19 % Umsatzsteuer, Nr. 7008 VV RVG		€ 133,72
Summe		**€ 837,52**

2. Tätigkeit im Mahnverfahren:
1,0 Mahnverfahrensgebühr

(§§ 2 II, 13 I RVG), Nr. 3305 VV RVG		€ 526,00
abzgl. 0,65 Geschäftsgebühr		
Nr. 2300 VV RVG, Vorbem. 3 Abs. 4 VV RVG,	./. €	341,90
Zwischensumme		€ 184,10
1,2 Terminsgebühr		
(§§ 2 II, 13 I RVG), Nr. 3104, Vorb. 3.3.2 VV RVG		€ 631,20
PT-Pauschale, Nr. 7002 VV RVG		€ 20,00
Zwischensumme		€ 835,30
19 % Umsatzsteuer, Nr. 7008 VV RVG		€ 158,71
Summe		**€ 994,91**

3. Tätigkeit im gerichtlichen Verfahren, § 17 Nr. 2 RVG:
1,3 Verfahrensgebühr

(§§ 2 II, 13 I RVG), Nr. 3100 VV RVG		€ 683,80
abzgl. 1,0 Mahnverfahrensgebühr, Nr. 3305 VV RVG	./. €	526,00
Zwischensumme		€ 157,80
1,2 Terminsgebühr		
(§§ 2 II, 13 I RVG), Nr. 3104 VV RVG		€ 631,20
Zwischensumme		€ 789,00
abzgl. 1,2 Terminsgebühr, Abs. 4 der Anm. zu Nr. 3104 VV RVG	./. €	631,20
Zwischensumme		€ 157,80
1,0 Einigungsgebühr		
(§§ 2 II, 13 I RVG), Nr. 1003 VV RVG		€ 526,00
PT-Pauschale, Nr. 7002 VV RVG		€ 20,00
Zwischensumme		€ 703,80
19 % Umsatzsteuer, Nr. 7008 VV RVG		€ 133,72
Summe		**€ 837,52**

8. Auslagen-Höchstgrenze

Hoppla: Das Mahn- und Vollstreckungsbescheidsverfahren gelten als eine Angelegenheit (= **eine** Abrechnung). Die PT-Pauschale kann daher für **beide** Verfahren lediglich höchstens 20,00 € betragen. Liegt die PT-Pauschale für den Antrag auf Erlass eines Mahnbescheides unter 20,00 €, so kann bis zur Höchstgrenze von 20,00 € für den Antrag auf Erlass eines Vollstreckungsbescheides noch die Differenz gefordert werden. Dabei sollte beachtet werden, dass die PT-Pauschale nach dem RVG 20 % der entstandenen Gebühren beträgt. (Nicht zu verwechseln: Das Mahn- und das streitige Verfahren sind verschiedene Angelegenheiten!)

Beispiel:

Hauptforderung 1.500,00 €. Antrag auf Erlass eines Mahnbescheides, sodann Antrag auf Erlass des Vollstreckungsbescheides. Folgende Gebühren und Auslagen sind entstanden:

Wert: 1.200,00 €	
1,0 Mahnverfahrensgebühr, Nr. 3305 VV RVG	€ 85,00
PT-Pauschale, Nr. 7002 VV RVG	€ 17,00
0,5 Verfahrensgebühr für den VB, Nr. 3308 VV RVG	€ 42,50
PT-Pauschale, Nr. 7002 VV RVG	€ 3,00

Die PT-Pauschale würde aus 42,50 € eigentlich 8,50 € betragen. Da jedoch für das Mahnverfahren bereits 17,00 € angefallen sind und insgesamt nur 20,00 € berechnet werden dürfen, können für den VB noch 3,00 € berechnet werden.

(Anm.: Wird eine Rechnung an den Mandanten erstellt, so kann die PT-Pauschale einmal als Gesamtbetrag aufgeführt werden. Das obige Abrechnungsbeispiel betrifft die Fälle, in denen noch nicht das automatisierte Mahnverfahren angewendet und somit das Formular in der Kanzlei selbst ausgefüllt wird.)

---

9. Vertretung des Antragsgegners

Hinweis: Für die Vertretung des Antrags**gegners** erhält der RA eine 0,5 Verfahrensgebühr nach Nr. 3307 VV RVG. Mit dieser Gebühr wird auch die Tätigkeit für die Erhebung des Widerspruchs abgegolten. Auch wenn der Widerspruch begründet wird, erhält der RA nur diese Gebühr und keine zusätzliche.

Und: Auch diese Verfahrensgebühr ist auf eine Verfahrensgebühr des nachfolgenden gerichtlichen Verfahrens anzurechnen, vgl. dazu die Anmerkung zu Nr. 3307 VV RVG!

Übungsfall:

RA Kitzinger erhebt für seinen Mandanten gegen einen Mahnbescheid beim AG Coburg Widerspruch. Es wird auf Antrag des Antragstellervertreters das streitige Verfahren durchgeführt. Nach mündlicher Verhandlung ergeht ein der Klage stattgebendes Urteil. Der Gegenstandswert hat 970,23 € betragen.

Bitte erstellen Sie die Vergütungsrechnung für RA Kitzinger.

Lösungsvorschlag:

Mahnverfahren:
Gegenstandswert: 970,23 €, § 2 I RVG
0,5 Verfahrensgebühr (für die Vertretung des Antragsgegners)

(§§ 2 II, 13 I RVG), Nr. 3307 VV RVG	€ 42,50
PT-Pauschale, Nr. 7002 VV RVG	€ 8,50
Zwischensumme	€ 51,00
19 % Umsatzsteuer, Nr. 7008 VV RVG	€ 9,69
Summe	**€ 60,69**

Gerichtliches Verfahren:
Gegenstandswert: 970,23 €, § 2 I RVG
1,3 Verfahrensgebühr

(§§ 2 II, 13 I RVG), Nr. 3100 VV RVG	€ 110,50
abzüglich 0,5 Verfahrensgebühr Nr. 3307	./. € 41,50
Zwischensumme	€ 69,00
1,2 Terminsgebühr	
(§§ 2 II, 13 I RVG) Nr. 3104 VV RVG	€ 102,00
PT-Pauschale, Nr. 7002 VV RVG	€ 20,00
Zwischensumme	€ 191,00
19 % Umsatzsteuer, Nr. 7008 VV RVG	€ 36,29
Summe	**€ 227,29**

10. Beratung bei Mahnbescheid

Praxistipp: Es kommt nicht selten vor, dass der Vertreter des Antragsgegners diesem nach Zustellung eines Mahnbescheides rät, die Sache auszugleichen, da die Forderung zu Recht besteht. In diesem Fall, wenn keine Vertretung im Mahnverfahren erfolgt, sollte der Rechtsanwalt eine Gebührenvereinbarung für die Beratung treffen, vgl. dazu § 34 RVG.

Übungsfall:

In einer Mahnsache hat ein Schuldner einen Mahnbescheid über 1.345,00 € erhalten. Er lässt sich in einem ersten Beratungsgespräch mit RA Lindner überzeugen, die Forderung zu bezahlen. Die Sache ist damit erledigt.

Was kann RA Lindner abrechnen?

Lösungsvorschlag:

RA Lindner sollte eine Gebührenvereinbarung nach § 34 I RVG abgeschlossen haben, da er beraten hat. Hat er keine Gebührenvereinbarung abgeschlossen, kann er, da es sich um ein erstes Beratungsgespräch gehandelt hat und der Auftraggeber Verbraucher ist, max. 190,00 € abrechnen.

11. Zusammenfassung

Wir halten fest:

- *Der RA des Antragsstellers kann im gerichtlichen Mahnverfahren eine 1,0 Mahnverfahrensgebühr nach Nr. 3305 VV RVG und eine 0,5 Verfahrensgebühr für den Vollstreckungsbescheid nach Nr. 3308 VV RVG verdienen.*
- *Der RA des Antragsgegners kann im Mahnverfahren eine 0,5 Verfahrensgebühr nach Nr. 3307 VV RVG verdienen.*
- *Die Gegenstandswerte richten sich immer nach dem »Umfang der Tätigkeit«. Wird nur wegen eines Teilbetrags Vollstreckungsbescheid beantragt, erhält der jeweilige RA auch nur aus diesem Teilbetrag die Gebühren.*
- *Das Mahnverfahren und das streitige Verfahren bilden nach § 17 Nr. 2 RVG verschiedene Angelegenheiten mit der Folge, dass die Verfahren gesondert abzurechnen sind (zwei Rechnungen, zweimal PT-Pauschale).*
- *Die Verfahrensgebühr für die Vertretung des Antragstellers im Verfahren auf Erlass eines Mahnbescheides und die Verfahrensgebühr für die Vertretung des Antragsgegners werden bei weitergehender Tätigkeit des Rechtsanwalts im streitigen Verfahren angerechnet.*
- *Die Verfahrensgebühr für die Vertretung des Antragstellers im VB-Verfahren ist nicht anzurechnen.*
- *Mahn- und Vollstreckungsbescheidsverfahren bilden eine Angelegenheit, d.h., eine Vergütungsrechnung, 1 × Auslagen, bei der Pauschale max. 20,00 €.*
- *Die Erhöhung kann der RA des Antragstellers entweder auf die Verfahrensgebühr für den MB oder die Verfahrensgebühr für den VB erhalten, je nachdem, wann er zum ersten Mal tätig geworden ist. Zweimal bekommt er sie nicht.*
- *Die Erhöhung kann auch auf die Verfahrensgebühr für die Vertretung des Antragsgegners anfallen.*
- *Im Mahnverfahren kann eine Terminsgebühr entstehen für eine Erledigungsbesprechung, Vorbem. 3.2.2*
- *Eine im Mahnverfahren entstandene Terminsgebühr ist auf eine Terminsgebühr für ein späteres gerichtliches Verfahren anzurechnen, Abs. 4 der Anm. zu Nr. 3104 VV RVG.*

Kapitel 16
Unterbevollmächtigter und Korrespondenzanwalt

1. Allgemeines

Bei den **nicht** zum Prozessbevollmächtigten bestellten Vertretern wird unterschieden zwischen Korrespondenzanwalt (auch Verkehrsanwalt genannt) und Unterbevollmächtigtem.

Führung des Schriftverkehrs zwischen Auftraggeber und Prozessbevollmächtigtem	Korrespondenzanwalt oder Verkehrsanwalt	Nr. 3400 VV RVG
Vertretung in der mündlichen Verhandlung	Unterbevollmächtigter	Nr. 3401 VV RVG Nr. 3402 VV RVG

2. Korrespondenzanwalt

Wie bereits oben ausgeführt, ist der Korrespondenzanwalt nicht Prozessbevollmächtigter. Prozessbevollmächtigter ist vielmehr der Rechtsanwalt am auswärtigen Gericht. Oft ist auch der Rechtsanwalt der 1. Instanz Korrespondenzanwalt (auch Verkehrsanwalt genannt), z.B. für den beim BGH zugelassenen Prozessbevollmächtigten in der Rechtsmittelinstanz.

Deshalb: Wird ein RA mit der Vertretung und Prozessführung vor einem fremden Gericht beauftragt, so ist er der Prozessbevollmächtigte, der auch die Schriftsätze bei Gericht einreicht oder Termine wahrnimmt, auch wenn ein anderer RA am Wohnort des Mandanten z.B. die Schriftsätze fertigt und dem Prozessbevollmächtigten zur Fertigstellung auf dessen Briefkopf zukommen lässt. Früher nannte man den Prozessbevollmächtigten auch »Stempelanwalt«, weil er meist auf dem Schriftsatz ohne Briefkopf seinen Kanzleistempel anbrachte. Später wurde dann ein solcher Schriftsatz auf den eigenen Briefbogen kopiert. Im Zeitalter von elektronischer Post benötigt man solche Hilfsmittel nicht mehr.

> **Achtung:** Der Rechtsanwalt am Wohnort des Mandanten ist der **Korrespondenzanwalt (auch Verkehrsanwalt genannt)**, denn er führt die Korrespondenz zwischen dem Prozessbevollmächtigten und der Mandantschaft.

Nr. 3400 VV RVG besagt: *»Der Auftrag beschränkt sich auf die **Führung des Verkehrs** der Partei oder des Beteiligten mit dem Verfahrensbevollmächtigten:«*

Der **Korrespondenzanwalt** erhält nach Nr. 3400 VV RVG eine Verfahrensgebühr in Höhe der dem Verfahrensbevollmächtigten zustehenden Verfahrensgebühr, höchstens 1,0, bei Betragsrahmengebühren höchstens 260,00 €.

> **Aufgepasst:** Damit erhält der Korrespondenzanwalt auch dann nur eine 1,0 Verfahrensgebühr, wenn der BGH-Anwalt als Prozessbevollmächtigtem beispielsweise eine 2,3 Verfahrensgebühr zusteht.

3. Übersicht über die Verfahrensgebühr des Korrespondenzanwalts

Die nachfolgende Übersicht soll die anfallende Verfahrensgebühr für den Korrespondenzanwalt verdeutlichen:

Prozessbevollmächtigter	Korrespondenzanwalt
1,3 Verfahrensgebühr, Nr. 3100 VV RVG	1,0 Verfahrensgebühr, Nr. 3400 i.V.m. 3100 VV RVG
1,6 Verfahrensgebühr, Nr. 3200 VV RVG	1,0 Verfahrensgebühr, Nr. 3400 i.V.m. 3200 VV RVG
0,8 Verfahrensgebühr, Nr. 3101 Nr. 1–3 VV RVG	0,8 Verfahrensgebühr, Nr. 3400 i.V.m. Nr. 3101 Nr. 1–3 VV RVG
2,3 Verfahrensgebühr, Nr. 3208 VV RVG	1,0 Verfahrensgebühr, Nr. 3400 i.V.m. Nr. 3208 VV RVG
1,1 Verfahrensgebühr, Nr. 3201 VV RVG	1,0 Verfahrensgebühr, Nr. 3400 i.V.m. Nr. 3201 VV RVG

Aber: Da seit dem 01.01.2000 ein RA, der an einem LG zugelassen war, an allen LG in Deutschland, und seit 01.08.2002 ein RA, der an einem OLG zugelassen war, an allen OLG in Deutschland auftreten und verhandeln darf, kommt der Korrespondenzanwalt in der Praxis nur noch selten vor. Häufiger sind die Fälle der Untervollmacht (Beispiel: Ein RA in München reicht in Hamburg Klage ein und beauftragt in Hamburg zum Termin einen Verhandlungsvertreter) oder die Fälle, in denen der Prozessbevollmächtigte auch über weite Strecken anreist. Fälle mit der Konstellation eines Korrespondenzanwalts sind aber rechtlich weiterhin durchaus möglich, so dass nachfolgend auch die Gebühren kurz dargestellt werden sollen.

Denn: Rechtlich **möglich** ist es jederzeit, einen Korrespondenzanwalt einzuschalten, auch beim Landgericht. Es kommt aber in der Praxis seltener vor.

Übrigens: Zum 01.07.2007 ist die 5-jährige Wartezeit für die OLG-Zulassung im Berufsrecht der Rechtsanwälte entfallen. Rechtsanwälte werden jetzt von ihrer »Heimat-Rechtsanwaltskammer« zugelassen. Ein als Rechtsanwalt zugelassener Jurist darf an allen Amts-, Land- und Oberlandesgerichten in Deutschland auftreten. Auch an allen Bundesgerichten, wie z.B. dem Bundesverfassungsgericht oder dem Bundesarbeitsgericht. Nur für den Bundesgerichtshof braucht man in Zivilsachen eine besondere Zulassung, die nur wenige RAe haben.

Übungsfall:

Mandant Müller aus Hamburg möchte Gegner Huber in München verklagen. Sein RA beauftragt im Namen des Mandanten einen RA in München, die Klage einzureichen und den Prozess zu führen. Es kommt zur streitigen Verhandlung, das Gericht bestimmt einen Termin zur Verkündung der Entscheidung. Am 30.01. wird die Entscheidung verkündet, der Klage wird voll stattgegeben, der Beklagte hat die Kosten des Verfahrens zu tragen und das Urteil ist vorläufig vollstreckbar. Der Gegenstandswert beträgt 2.500,00 €.

Bitte erstellen Sie die Vergütungsrechnungen der RAe in München und Hamburg.

Lösungsvorschlag:

Gebühren RA in Hamburg (Korrespondenzanwalt):

Gegenstandswert 2.500,00 €, § 2 I RVG	
1,0 Verfahrensgebühr	
(§§ 2 II, 13 I RVG), Nr. 3400 i.V.m. 3100 VV RVG	€ 161,00
PT-Pauschale, Nr. 7002 VV RVG	€ 20,00
Zwischensumme	€ 181,00
19 % Umsatzsteuer, Nr. 7008 VV RVG	€ 34,39
Summe	**€ 215,39**

Gebühren RA in München:

Gegenstandswert 2.500,00 €, § 2 I RVG	
1,3 Verfahrensgebühr	
(§§ 2 II, 13 I RVG), Nr. 3100 VV RVG	€ 209,30
1,2 Terminsgebühr	
(§§ 2 II, 13 I RVG), Nr. 3104 VV RVG	€ 193,20
PT-Pauschale, Nr. 7002 VV RVG	€ 20,00
Zwischensumme	€ 422,50
19 % Umsatzsteuer, Nr. 7008 VV RVG	€ 80,28
Summe	**€ 502,78**

Achtung: Verdient der Prozessbevollmächtigte lediglich eine ermäßigte Verfahrensgebühr, da sich die Angelegenheit vorzeitig erledigt, so ermäßigt sich die Verfahrensgebühr des Korrespondenzanwalts entsprechend.

Abwandlung:

Gleicher Fall wie zuvor. Der RA in Hamburg überreicht dem RA in München den Entwurf einer Klageschrift. Bevor dieser die Klage einreicht, zahlt der Gegner die gesamte Forderung.

Bitte erstellen Sie die Vergütungsrechnungen der RA in Hamburg und München.

Lösungsvorschlag:

Gebühren RA in Hamburg (Korrespondenzanwalt):

Gegenstandswert 2.500,00 €, § 2 I RVG	
0,8 Verfahrensgebühr	€ 128,80
(§§ 2 II, 13 I RVG), Nr. 3400 VV i.V.m. Nr. 3101 Nr. 1 RVG	
PT-Pauschale, Nr. 7002 VV RVG	€ 20,00
Zwischensumme	€ 148,80
19 % Umsatzsteuer, Nr. 7008 VV RVG	€ 28,27
Summe	**€ 177,07**

Gebühren RA in München:

Gegenstandswert 2.500,00 €, § 2 I RVG	
0,8 Verfahrensgebühr	€ 128,80
(§§ 2 II, 13 I RVG), Nr. 3101 Nr. 1 VV RVG	
Zwischensumme	€ 128,80
PT-Pauschale, Nr. 7002 VV RVG	€ 20,00
Zwischensumme	€ 148,80
19 % Umsatzsteuer, Nr. 7008 VV RVG	€ 28,27
Summe	**€ 177,07**

Aufgepasst! Eine **Erhöhung** nach Nr. 1008 VV RVG für mehrere Auftraggeber **entsteht nicht nur für** den Prozessbevollmächtigten, sondern auch für den Korrespondenzanwalt. Das entspricht der herrschenden Meinung.

Übungsfall:

Die Mandanten Erna und Franz Müller aus Hamburg möchten Gegner Huber in München verklagen. Ihr RA beauftragt im Namen des Mandanten einen RA in München die Klage einzureichen, und den Prozess zu führen. Es kommt zur streitigen Verhandlung, das Gericht bestimmt einen Termin zur Verkündung der Entscheidung. Am 30.01. wird die Entscheidung verkündet, der Klage wird voll stattgegeben, der Beklagte hat die Kosten des Verfahrens zu tragen und das Urteil ist vorläufig vollstreckbar. Der Gegenstandswert beträgt 2.500,00 €.

Bitte erstellen Sie die Vergütungsrechnung der RAe in Hamburg und München

Lösungsvorschlag:

Gebühren RA in Hamburg (Korrespondenzanwalt):

Gegenstandswert 2.500,00 €, § 2 I RVG	
1,0 Verfahrensgebühr	
(§§ 2 II, 13 I RVG)	
Nr. 3400 i.V.m. 3100 VV RVG	€ 161,00
0,3 Erhöhung, Nr. 1008 VV RVG	€ 48,30
PT-Pauschale, Nr. 7002 VV RVG	€ 20,00
Zwischensumme	€ 229,30
19 % Umsatzsteuer, Nr. 7008 VV RVG	€ 43,57
Summe	**€ 272,87**

Gebühren RA in München:
Gegenstandswert 2.500,00 €, § 2 I RVG

1,3 Verfahrensgebühr (§§ 2 II, 13 I RVG), Nr. 3100 VV RVG	€ 209,30
0,3 Erhöhung, Nr. 1008 VV RVG	€ 48,30
1,2 Terminsgebühr (§§ 2 II, 13 I RVG), Nr. 3104 VV RVG	€ 193,20
PT-Pauschale, Nr. 7002 VV RVG	€ 20,00
Zwischensumme	€ 470,80
19 % Umsatzsteuer, Nr. 7008 VV RVG	€ 89,45
Summe	**€ 560,25**

Erläuterung: Sie können hier auch schreiben: 1,6 erhöhte Verfahrensgebühr, Nrn. 3100, 1008 VV RVG.

Aha: Eine Vergütung nach Nr. 3400 VV RVG entsteht auch, wenn im Einverständnis mit dem Auftraggeber mit der Übersendung der Akten an den Rechtsanwalt des höheren Rechtszugs gutachterliche Äußerungen verbunden sind.

Übungsfall:

RA Kitzinger, der vor dem OLG München tätig geworden ist, übersendet an RA Prof. Dr. Martens in Karlsruhe die Handakten im Fall Schneider ./. Kranz und äußert sich auftragsgemäß gutachterlich zum vorliegenden Rechtsfall.

Bitte erstellen Sie die Vergütungsrechnung von RA Kitzinger:

Lösungsvorschlag:

Gebühren RA Kitzinger in München (Korrespondenzanwalt):
Gegenstandswert 2.500,00 €, § 2 I RVG

1,0 Verfahrensgebühr (§§ 2 II, 13 I RVG), Nr. 3400 i.V.m. 3100 VV RVG	€ 161,00
PT-Pauschale, Nr. 7002 VV RVG	€ 20,00
Zwischensumme	€ 229,30
19 % Umsatzsteuer, Nr. 7008 VV RVG	€ 43,57
Summe	**€ 272,87**

Prüfungstipp: *Achten Sie in der Abschlussprüfung auf die Formulierung. So fällt für die Prüfung der Erfolgsaussichten eines Rechtsmittels gegenüber der Partei eine Gebühr von 0,5 bis 1,0 nach Nr. 2100 VV RVG an (mit Gutachten 1,3 nach Nr. 2101 VV RVG). Die gutachterlichen Äußerungen gegenüber einem Anwalt des höheren Rechtszugs werden aber über Nr. 3400 VV RVG abgerechnet.*

Endet der Auftrag, bevor der Verfahrensbevollmächtigte oder der Rechtsanwalt gegenüber dem Verfahrensbevollmächtigten tätig geworden ist, entsteht für die vorzeitige Beendigung eine 0,5 Verfahrensgebühr nach Nr. 3405 Nr. 1 VV RVG; bei Betragsrahmengebühren höchstens 130,00 €.

Wir halten fest:

– *Der Korrespondenzanwalt wird auch Verkehrsanwalt genannt.*

– *Der Korrespondenzanwalt ist der RA, der den Schriftverkehr mit der Partei führt und bei Gericht nicht als Prozessbevollmächtigter tätig wird.*

– *Der Korrespondenzanwalt kann eine Verfahrensgebühr verdienen in Höhe der Verfahrensgebühr eines Verfahrensbevollmächtigten (Prozessbevollmächtigten), jedoch höchstens in Höhe von 1,0 bzw. bei Betragsrahmengebühren max. 260,00 €, auch wenn die Verfahrensgebühr für den Verfahrensbevollmächtigten höher ist, Nr. 3400 VV RVG.*

– *Die Erhöhung fällt nach herrschender Meinung neben der Verfahrensgebühr zusätzlich an.*

– *Eine Terminsgebühr kann der Korrespondenzanwalt nach der herrschenden Meinung in der Literatur nicht berechnen, vgl. Abs. 1 der Vorbem. 3.4. VV RVG.*

– *Der Korrespondenzanwalt kann die Gebühr nach Nr. 3400 VV RVG auch verdienen, wenn er im Einverständnis mit dem Auftraggeber mit der Übersendung der Akten an den Rechtsanwalt des höheren Rechtszugs gutachterliche Äußerungen verbindet.*

– *Die vorzeitige Beendigung löst eine 0,5 Verfahrensgebühr bzw. bei Betragsrahmengebühren höchstens 130,00 € aus, Nr. 3405 Nr. 1 VV RVG.*

4. Haupt- und Unterbevollmächtigter

Wie bereits eingangs erwähnt ist es möglich, dass ein Verfahren vor einem Gericht durchgeführt werden muss, das vom Kanzleiort bzw. Wohnort des Mandanten weit entfernt ist. Für den Mandanten besteht nun die Möglichkeit,

1. einen Rechtsanwalt am Gerichtsort zu beauftragen,
2. seinen Prozessbevollmächtigten an seinem Wohnort zu einem etwaigen Verhandlungstermin anreisen zu lassen, oder aber,
3. einen Rechtsanwalt in Untervollmacht seines Prozessbevollmächtigten auftreten zu lassen.

Mit dieser letzten Möglichkeit wollen wir uns nun weiter beschäftigen.

Der Einfachheit halber sollen hier das Tätigkeitsgebiet des Unter- bzw. Hauptbevollmächtigten und die entsprechenden wichtigsten Gebühren in einer Tabelle veranschaulicht werden:

Hauptbevollmächtigter/ Prozessbevollmächtigter	reicht Klage ein führt den gesamten Schriftwechsel mit Gericht und Mandant	1,3 Verfahrensgebühr Nr. 3100 VV RVG
Unterbevollmächtigter	nimmt den Termin wahr	0,65 halbe Verfahrensgebühr Nr. 3401 VV RVG Terminsgebühr je nach Verhandlung Nr. 3104 oder Nr. 3105 VV RVG

5. Verfahrensgebühr des Unterbevollmächtigten

Der Unterbevollmächtigte erhält die Hälfte der Verfahrensgebühr des Verfahrensbevollmächtigten (Hauptbevollmächtigter oder auch Prozessbevollmächtigter genannt), Nr. 3401 VV RVG.

Damit können beispielsweise folgende Verfahrensgebühren für den Unterbevollmächtigten entstehen:

- 0,65 Verfahrensgebühr nach Nr. 3401 VV RVG i.V.m. Nr. 3100 VV RVG
- 0,4 Verfahrensgebühr nach Nr. 3401 VV RVG i.V.m. Nr. 3101 Nr. 1 VV RVG, wenn sich auch die Angelegenheit für den Hauptbevollmächtigten vorzeitig erledigt (was in der Praxis äußerst selten der Fall sein dürfte, da der Unterbevollmächtigte in der Regel erst dann beauftragt wird, wenn die Klage schon zumindest eingereicht ist)
- 0,5 Verfahrensgebühr nach Nr. 3405 Nr. 2 VV RVG, wenn der Auftrag endet, bevor der Termin begonnen hat
- 0,8 Verfahrensgebühr nach Nr. 3401 VV RVG i.V.m. Nr. 3200 VV RVG
- 0,55 Verfahrensgebühr nach Nr. 3401 VV RVG i.V.m. Nr. 3201 VV RVG

6. Terminsgebühr

Bei der Teilnahme an einem Verhandlungs-, Erörterungs- oder Beweisaufnahmetermin erhält der **Unterbevollmächtigte** eine 1,2 Terminsgebühr gemäß Nr. 3401 VV RVG i.V.m. Nr. 3104 VV RVG.

Ausnahme: Nimmt der Unterbevollmächtigte nur einen Termin war, in dem ein Antrag zur Prozess- oder Sachleitung oder auf Erlass eines Versäumnisurteils gestellt wird, weil eine Partei nicht erschienen oder nicht ordnungsgemäß vertreten war, erhält der Unterbevollmächtigte eine Terminsgebühr in Höhe von 0,5 nach Nr. 3401 VV RVG i.V.m. Nr. 3105 VV RVG für die 1. Instanz.

Vorsicht: Der **Hauptbevollmächtigte erhält nicht automatisch auch eine** Terminsgebühr, nur weil der Unterbevollmächtigte eine solche verdient.

Aber: Der Hauptbevollmächtigte kann die Terminsgebühr dadurch auslösen, dass er beispielsweise mit dem Gegenanwalt oder Gegner eine Besprechung führt, die auf die Erledigung des Verfahrens gerichtet ist, da die Terminsgebühr nach Abs. 3 der Vorbemerkung 3 VV RVG für derartige Besprechungen ausgelöst werden kann, wenn der RA Prozessauftrag hat.

Übungsfall:

RA Schmal (München) reicht für Fritz Fischer (München) Klage gegen Franz Lehmann beim LG Hamburg ein. Gegenstandswert: 6.555,00 €. Im Termin zur mündlichen Verhandlung erscheint RA Lang aus Hamburg. Es kommt zu einer streitigen Verhandlung. Danach ergeht ein Klage abweisendes Urteil.

Bitte berechnen Sie die Vergütung von RA Schmal und RA Lang.

Lösungsvorschlag:

a) Die Vergütung von RA Schmal und RA Lang:

RA Schmal aus München (Hauptbevollmächtigter):
Gegenstandswert: 6.555,00 €, § 2 I RVG

1,3 Verfahrensgebühr	
(§§ 2 II, 13 I RVG), Nr. 3100 VV RVG	€ 487,50
PT-Pauschale, Nr. 7002 VV RVG	€ 20,00
Zwischensumme	€ 507,50
19 % Umsatzsteuer, Nr. 7008 VV RVG	€ 96,43
Summe	**€ 603,93**

RA Lang aus Hamburg (Unterbevollmächtigter):
Gegenstandswert: 6.555,00 €, § 2 I RVG

0,65 Verfahrensgebühr	
(§§ 2 II, 13 I RVG), Nr. 3401 VV RVG i.V.m. Nr. 3100 VV RVG	€ 243,75
1,2 Terminsgebühr	
(§§ 2 II, 13 I RVG), Nr. 3402 VV RVG i.V.m. Nr. 3104 VV RVG	€ 450,00
PT-Pauschale, Nr. 7002 VV RVG	€ 20,00
Zwischensumme	€ 713,75
19 % Umsatzsteuer, Nr. 7008 VV RVG	€ 135,61
Summe	**€ 849,36**

Abwandlung:

Findet nun eine nicht streitige Verhandlung statt, da der Beklagte gar nicht zum Termin erscheint und antragsgemäß Versäumnisurteil ergeht, so sieht die Vergütungsrechnung der beiden Rechtsanwälte folgendermaßen aus:

Lösungsvorschlag:

RA Schmal aus München (Hauptbevollmächtigter):
Gegenstandswert: 6.555,00 €, § 2 I RVG

1,3 Verfahrensgebühr	
(§§ 2 II, 13 I RVG), Nr. 3100 VV RVG	€ 487,50
PT-Pauschale, Nr. 7002 VV RVG	€ 20,00
Zwischensumme	€ 507,50
19 % Umsatzsteuer, Nr. 7008 VV RVG	€ 96,43
Summe	**€ 603,93**

RA Lang aus Hamburg (Unterbevollmächtigter):
Gegenstandswert: 6.555,00 €, § 2 I RVG

0,65 Verfahrensgebühr	
(§§ 2 II, 13 I RVG), Nr. 3401 VV RVG i.V.m. Nr. 3100 VV RVG	€ 243,75
0,5 Terminsgebühr	
(§§ 2 II, 13 I RVG), Nr. 3402 VV RVG i.V.m. Nr. 3105 VV RVG	€ 187,50
PT-Pauschale, Nr. 7002 VV RVG	€ 20,00
Zwischensumme	€ 451,25
19 % Umsatzsteuer, Nr. 7008 VV RVG	€ 85,74
Summe	**€ 536,99**

Aufgepasst: Eine Erhöhung der Verfahrensgebühr nach **Nr. 1008 VV** RVG kann auch beim Unterbevollmächtigten entstehen!

Übungsfall:

RA Voigt aus Düsseldorf nimmt vor dem Landgericht Düsseldorf einen Termin in Untervollmacht für RA Bogs aus Dormagen klägerseits wahr, in dem streitig verhandelt wird. Die Kläger sind Horst und Annemarie Meyer aus Dormagen. Der Gegenstandswert hat 6.322,00 € betragen.

Bitte erstellen Sie die Vergütungsrechnung für RA Voigt.

Lösungsvariante a):

RA Bogs aus Dormagen (Hauptbevollmächtigter):
Gegenstandswert: 6.322,00 €, § 2 I RVG

1,3 Verfahrensgebühr (§§ 2 II, 13 I RVG), Nr. 3100 VV RVG	€ 487,50
0,3 Erhöhung (§§ 2 II, 13 I RVG), Nr. 1008 VV RVG	€ 112,50
PT-Pauschale, Nr. 7002 VV RVG	€ 20,00
Zwischensumme	€ 620,00
19 % Umsatzsteuer, Nr. 7008 VV RVG	€ 117,80
Summe	**€ 737,80**

RA Voigt aus Düsseldorf (Unterbevollmächtigter):
Gegenstandswert: 6.322,00 €, § 2 I RVG

0,65 Verfahrensgebühr (§§ 2 II, 13 I RVG), Nr. 3401 VV RVG i.V.m. Nr. 3100 VV RVG	€ 243,75
0,3 Erhöhung (§§ 2 II, 13 I RVG), Nr. 1008 VV RVG	€ 112,50
1,2 Terminsgebühr (§§ 2 II, 13 I RVG), Nr. 3402 VV RVG i.V.m. Nr. 3104 VV RVG	€ 450,00
PT-Pauschale, Nr. 7002 VV RVG	€ 20,00
Zwischensumme	€ 826,25
19 % Umsatzsteuer, Nr. 7008 VV RVG	€ 156,99
Summe	**€ 983,24**

Man kann auch schreiben:

Lösungsvariante b):

RA Bogs aus Dormagen (Hauptbevollmächtigter):
Gegenstandswert: 6.322,00 €, § 2 I RVG

1,6 **erhöhte** Verfahrensgebühr (§§ 2 II, 13 I RVG), Nrn. 3100, **1008** VV RVG	€ 600,00
PT-Pauschale, Nr. 7002 VV RVG	€ 20,00
Zwischensumme	€ 620,00
19 % Umsatzsteuer, Nr. 7008 VV RVG	€ 117,80
Summe	**€ 737,80**

RA Voigt aus Düsseldorf (Unterbevollmächtigter):
Gegenstandswert: 6.322,00 €, § 2 I RVG

0,95 **erhöhte** Verfahrensgebühr (§§ 2 II, 13 I RVG), Nrn. 3401 VV RVG i.V.m. Nr. 3100, **1008** VV RVG	€ 356,25
1,2 Terminsgebühr (§§ 2 II, 13 I RVG), Nr. 3402 VV RVG i.V.m. Nr. 3104 VV RVG	€ 450,00
PT-Pauschale, Nr. 7002 VV RVG	€ 20,00
Zwischensumme	€ 826,25

Übertrag	€ 826,25
19 % Umsatzsteuer, Nr. 7008 VV RVG	€ 156,99
Summe	**€ 983,24**

Erläuterung: Warum wird hier neben Nr. 3401 VV RVG die Nr. 3100 VV RVG mit angegeben? Weil in Nr. 3401 VV RVG nicht auf Nr. 3100 VV RVG verwiesen wird, sondern vielmehr lediglich geregelt ist, dass der Unterbevollmächtigte die Hälfte der dem Verfahrensbevollmächtigten zustehenden Verfahrensgebühr erhält. Welche Verfahrensgebühr das ist (Nr. 3100 oder 3101 oder 3200) ergibt sich erst aus der Fallgestaltung. Aus diesem Grund ist die entsprechende Nr. der Verfahrensgebühr mitanzugeben! Bei der Verfahrensgebühr für den Unterbevollmächtigten geht die Verfasserin mit der herrschenden Meinung davon aus, dass die Erhöhung Nr. 1008 unvermindert anfällt und nicht nur zu Hälfte.

Prüfungstipp: Der vorangegangene Übungsfall ist ein schönes Beispiel dafür, was so alles im Gebührenrecht streitig ist. Die Experten diskutieren auch zwei Jahre nach In-Kraft-Treten des RVG immer noch darüber:
- *ob die Erhöhung eine eigenständige Gebühr ist, oder aber nur ein Erhöhungsfaktor (als eigenständige Gebühr wäre die Schreibweise unter Lösungsvariante a) richtig, als Erhöhungsfaktor Lösungsvariante b). Für eine eigenständige Gebühr spricht die Formulierung in Vorbem. 1 (»Die Gebühren dieses Teils . . . . .«); für den Erhöhungsfaktor spricht die Formulierung in Nr. 1008 (» . . . . erhöht sich . . . . »;*
- *ob der Unterbevollmächtigte überhaupt die Erhöhung erhält;*
- *und wenn er sie erhält, ob er nur die Hälfte der Erhöhung mit 0,15 oder aber die »volle« Erhöhung mit 0,3 abrechnen kann.*

Die herrschende Meinung in der Literatur ist zur Zeit der Auffassung, dass der Unterbevollmächtigte die Erhöhung voll erhält (Stand: Februar 2007). Es kann sein, dass sich dies irgendwann durch Rechtsprechung ändert.

Nach meiner Auffassung sollten in Prüfungen beide Lösungsvarianten zugelassen werden; ein Streit unter Gebührenexperten nie zu Lasten des Prüflings gehen. Welche Auffassung die einzelnen Prüfungsausschüsse vertreten und ob und wann sie ihre Meinungen ändern, kann ich naturgemäß nicht sagen. Sie sollten sich daher mit Ihren Lehrkräften über dieses Thema unterhalten und grundsätzlich abklären, ob es bestimmte Vorgaben gibt, die eingehalten werden sollten.

7. Entstehung und Erstattungsfähigkeit

Wenn ein Mandant mehreren Rechtsanwälten in derselben Angelegenheit einen Auftrag erteilt hat, muss er grundsätzlich auch für die Mehrkosten aufkommen. Unterschieden werden muss insbesondere bei diesen Gebühren immer nach **Entstehung und Erstattungsfähigkeit**. Sind mehrere Rechtsanwälte in einem Prozess tätig geworden, so sind entsprechend ihrer Tätigkeit die jeweiligen Gebühren auch entstanden. Ob diese Gebühren vom unterlegenen Gegner auch zu erstatten sind, steht auf einem anderen Blatt. Regelmäßig treten Probleme auf, wenn es um die **Erstattungsfähigkeit** dieser Mehrkosten geht. Wenn der Unterlegene die Kosten des Verfahrens tragen muss, prüft das Gericht genau, ob die Einschaltung eines weiteren Rechtsanwalts zur

zweckentsprechenden Rechtsverfolgung oder **Rechtsverteidigung** wirklich **notwendig** gewesen ist, **§ 91 ZPO**.

Da Rechtsprechung zur Erstattungsfähigkeit von Gebühren in der Regel nicht Gegenstand der Abschlussprüfung zur/zum RA-Fachangestellten ist, erfolgen hier keine weiteren Ausführungen. Den Grundsatz des § 91 ZPO sollten Sie jedoch kennen, siehe oben.

Kapitel 17
Prozesskostenhilfe

1. Prozesskostenhilfevoraussetzungen

Kann ein Mandant die Prozesskosten
– nicht,
– nur zum Teil oder
– nur in Raten aufbringen,
ist zu prüfen, ob er Anspruch auf Prozesskostenhilfe (PKH) hat. Hierzu wird ein entsprechender Antrag an das Prozessgericht übermittelt (das Gericht, das für die Klage zuständig wäre bzw. ist), der Sachverhalt mit Angabe der Beweismittel wird dargelegt und eine Erklärung über die persönlichen und wirtschaftlichen Verhältnisse des Mandanten beigefügt. Nur in den Fällen, in denen die beabsichtigte Rechtsverfolgung oder -verteidigung nicht mutlos erscheint, Aussicht auf Erfolg besteht und die persönlichen und wirtschaftlichen Verhältnisse des Mandanten entsprechend schlecht sind, kann PKH bewilligt werden.

PKH kann in zivilgerichtlichen und arbeitsgerichtlichen Verfahren, in Verfahren der freiwilligen Gerichtsbarkeit, in Verfahren der besonderen Gerichtsbarkeit (Verwaltungsgerichts-, Sozialgerichts-, Finanzgerichtsverfahren) sowie anderen Fällen beantragt werden.

Achtung: In Strafsachen gilt Teil 4 des Vergütungsverzeichnisses (Pflichtverteidigung), siehe dort die vierte Spalte.

Und: Ist einem Mandanten PKH bewilligt, so übernimmt der Staat die Gerichtskosten, Anwaltsgebühren, Sachverständigenauslagen und Zeugenauslagen.

Zu beachten ist: Verliert die »arme Partei« den Prozess, muss sie dennoch dem Gegner die Gebühren seines RA ersetzen. Diese Gebühren berechnen sich nach der Tabelle zu § 13 I RVG! Die »arme Partei« schuldet somit die »normalen« Gebühren. Siehe dazu auch § 123 ZPO! **Lesen!** Auf dieses Prozesskostenrisiko ist die Partei bei Klageerhebung hinzuweisen.

2. Vergütung für das PKH-Bewilligungsverfahren

Es gibt Mandanten, die die Klage nur dann einreichen wollen, wenn ihnen PKH bewilligt wird, weil sie die Prozesskosten für das Hauptsacheverfahren nicht aufbringen könnten. Andere beauftragen den Rechtsanwalt mit der Einreichung der Klage und dem gleichzeitigen Antrag auf PKH. Sie wollen die Klage in jedem Fall vor Gericht anhängig machen, unabhängig davon, ob sie PKH bewilligt erhalten, oder nicht. Im Bewilligungsverfahren (auch PKH-Prüfungsverfahren) wird zunächst nur geprüft, ob der

Antragsteller Anspruch auf PKH hat. Die Klage ist dann noch nicht eingereicht. Reicht der RA einen Antrag auf Bewilligung von PKH somit zusammen mit einem Klage**entwurf** (zur Darlegung des Sach- und Streitgegenstands unter Angabe der Beweismittel) ein und wird die Bewilligung abgelehnt und Klage nicht erhoben, erhält der RA eine Verfahrensgebühr in Höhe einer Verfahrensgebühr für das Verfahren, für das die Prozesskostenhilfe beantragt wird, höchstens 1,0 Verfahrensgebühr gemäß Nr. 3335 VV RVG.

Achtung: Die Gebühren für das Bewilligungsverfahren richten sich nach der normalen Tabelle zu § 13 I RVG!

Vorsicht: Wird der RA als Prozessbevollmächtigter beigeordnet und führt er das Klageverfahren ebenfalls durch, kann er die Gebühren nur einmal berechnen, da nach § 16 Nr. 2 RVG das PKH-Bewilligungsverfahren und das Verfahren, für das die PKH beantragt worden ist (das Hauptsacheverfahren) dieselbe Angelegenheit darstellen und nach § 15 II 1 RVG in derselben Angelegenheit die Gebühren nur einmal abgerechnet werden dürfen.

Und: Nach § 16 Nr. 3 RVG sind auch mehrere Verfahren über die PKH in demselben Rechtszug dieselbe Angelegenheit!

Zu beachten ist: Gegenstandswert des PKH-Bewilligungsverfahrens ist der Wert der Hauptsache, Abs. 1 der Anmerkung zu Nr. 3335 VV RVG.

Übungsfall:

Heinz Kalkofen aus Hamburg will Günther Krone auf Rückzahlung eines Darlehens von 9.455,00 € verklagen und beauftragt RAin Dr. Siebold, weil die Voraussetzungen des § 114 ZPO vorliegen würden, mit der Beantragung der Bewilligung von PKH. Die Klage soll noch nicht eingereicht werden. Das Gericht bestimmt im Bewilligungsverfahren Termin zur mündlichen Verhandlung und lädt zur Feststellung der Erfolgsaussichten vorsorglich eine Zeugin.

Nach Erörterung der Sach- und Rechtslage und Vernehmung der Zeugin ergeht ein Beschluss, wonach die Bewilligung von PKH versagt wird. Heinz Kalkofen möchte die Klage nicht ohne PKH einreichen und das Verfahren nicht fortsetzen.

Bitte erstellen Sie die Vergütungsrechnung von RAin Dr. Siebold.

Lösungsvorschlag:

Gegenstandswert: 9.455,00 €, § 2 I RVG, Abs. 1 der Anmerkung zu Nr. 3335 RVG

1,0 Verfahrensgebühr (§§ 2 II, 13 I RVG), Nr. 3335 VV RVG	€ 486,00
1,2 Terminsgebühr (§§ 2 II, 13 I RVG, Vorbem. 3.3.6 VV RVG), Nr. 3104 VV RVG	€ 583,20
PT-Pauschale, Nr. 7002 VV RVG	€ 20,00
Zwischensumme	€ 1.089,20
19 % Umsatzsteuer, Nr. 7008 VV RVG	€ 206,95
Summe	**€ 1.296,15**

Hoppla: Der RA erhält im PKH-Bewilligungsverfahren immer max. eine 1,0 Gebühr, sowohl in der ersten als auch der Rechtsmittelinstanz.

Aha: Wäre aber die Verfahrensgebühr für das Verfahren, für das PKH beantragt wird, niedriger, ist auch die Verfahrensgebühr für das PKH-Verfahren niedriger als 1,0; denn in Nr. 3335 VV RVG heißt es: »max. 1,0«). Wird z.B. PKH für die Zwangsvollstreckung beantragt, die eine 0,3 Verfahrensgebühr nach Nr. 3309 VV RVG auslöst, kann der RA auch für den PKH-Antrag nur eine 0,3 Verfahrensgebühr nach Nr. 3335 VV RVG verlangen, wenn er nur den PKH-Antrag stellt.

Weitere Ausnahme: Eine vorzeitige Beendigung löst nur eine 0,5 Gebühr nach Nr. 3337 VV RVG aus!

Achtung: Der Rechtsanwalt kann eine Terminsgebühr nach Vorbem. 3.3.6 verdienen, die in erster und zweiter Instanz 1,2 beträgt!

Übungsfall:

Heinz Kalkofen aus Hamburg will Günther Krone auf Rückzahlung eines Darlehens von 9.455,00 € verklagen und beauftragt RAin Dr. Siebold, für ihn Prozesskostenhilfe zu beantragen. Der Antrag ist bereits diktiert, aber noch nicht beim Prozessgericht eingereicht. Vogel meldet sich telefonisch bei RAin Dr. Siebold und teilt ihr mit, dass die Angelegenheit sich erledigt hat, da Günther Krone nun doch noch gezahlt habe. Weitere Tätigkeit ist daher von RAin Dr. Siebold nicht veranlasst.

Bitte erstellen Sie die Vergütungsrechnung für RAin Dr. Siebold.

Lösungsvorschlag:

Gegenstandswert: 9.455,00 €, § 2 I, Abs. 1 der Anmerkung zu Nr. 3335 RVG

0,5 Verfahrensgebühr	
(§§ 2 II, 13 I RVG, Nr. 1 der Anm. zu Nr. 3337 VV RVG), Nr. 3337 VV RVG	€ 243,00
PT-Pauschale, Nr. 7002 VV RVG	€ 20,00
Zwischensumme	€ 263,00
19 % Umsatzsteuer, Nr. 7008 VV RVG	€ 49,97
Summe	**€ 312,97**

Prüfungstipp: *Achten Sie bei der Aufgabenstellung unbedingt darauf, ob nach dem Bewilligungsverfahren der RA im Hauptsacheverfahren tätig wird, da diese beiden Verfahren dieselbe Angelegenheit darstellen, mit der Folge, dass nur die Gebühren für das Hauptsacheverfahren abgerechnet werden können.*

Differenzbeträge, die sich aus der Abrechnung des PKH-Verfahrens nach § 13 RVG und des Hauptsacheverfahrens nach § 49 RVG ergeben, dürfen dem Mandanten NICHT in Rechnung gestellt werden, § 122 I Nr. 3 ZPO.

Übungsfall:

RA Dr. Meyer beantragt für seinen Mandanten Guido Korn Prozesskostenhilfe beim Landgericht Düsseldorf. Die Prozesskostenhilfe wird bewilligt. RA Dr. Meyer wird anschließend im Klageverfahren als beigeordneter Rechtsanwalt tätig. Es kommt zu einem Güteverhandlungstermin, in dem die Parteien einen Vergleich schließen. Der Gegenstandswert hat 9.600,00 € betragen.

Bitte erstellen Sie die Vergütungsrechnung für RA Dr. Meyer.

Lösungsvorschlag:

Das PKH-Bewilligungs- und das Hauptsacheverfahren stellen dieselbe Angelegenheit nach § 16 Nr. 2 RVG dar, so dass die Gebühren nur einmal berechnet werden können, § 15 II 1 RVG.

Gegenstandswert: € 9.600,00, § 2 I RVG	
1,3 Verfahrensgebühr	
(§§ 2 II, 49 RVG), Nr. 3100 VV RVG	€ 314,60
1,2 Terminsgebühr	
(§§ 2 II, 49 RVG), Nr. 3104 VV RVG	€ 290,40
1,0 Einigungsgebühr	
(§§ 2 II, 49 RVG), Nr. 1003 VV RVG	€ 242,00
PT-Pauschale, Nr. 7002 VV RVG	€ 20,00
Zwischensumme	€ 867,00
19 % Umsatzsteuer, Nr. 7008 VV RVG	€ 164,73
Summe	**€ 1.031,73**

Hinweis: Eine 1,3 Verfahrensgebühr aus dem Wert 9.600,00 € nach der Tabelle zu § 13 hätte 631,80 € betragen. Die Differenz zwischen beiden Verfahrensgebühren (und weiteren Gebühren) darf dem Mandanten nicht in Rechnung gestellt werden, siehe dazu weiter unten ausführlich.

Abwandlung:

Guido Korn wird die beantragte PKH *nicht* bewilligt. Er beauftragt dennoch RA Dr. Meyer, das Verfahren durchzuführen. Es kommt zu einem Güteverhandlungstermin, in dem die Parteien einen Vergleich schließen.

Bitte erstellen Sie die Vergütungsrechnung für RA Dr. Meyer.

Lösungsvorschlag:

Gegenstandswert: 9.600,00 €, § 2 I RVG	
1,3 Verfahrensgebühr	
(§§ 2 II, 13 I RVG), Nr. 3100 VV RVG	€ 631,80
1,2 Terminsgebühr	
(§§ 2 II, 13 I RVG), Nr. 3104 VV RVG	€ 583,20

Übertrag	€ 1.215,00
1,0 Einigungsgebühr (§§ 2 II, 13 I RVG), Nr. 1003 VV RVG	€ 486,00
PT-Pauschale, § 26 S. 2 RVG	€ 20,00
Zwischensumme	€ 1.721,00
19 % Umsatzsteuer, Nr. 7008 VV RVG	€ 326,99
Summe	**€ 2.047,99**

Anmerkung: Das Verfahren auf Bewilligung von PKH und das Verfahren, für das PKH beantragt worden ist, stellen immer dieselbe Angelegenheit dar, auch wenn die beantragte PKH nicht bewilligt wurde. Das heißt, auch hier kann nur einmal abgerechnet werden. Da die PKH nicht bewilligt und RA Dr. Meyer auch nicht beigeordnet worden ist, erfolgt die Abrechnung nach der normalen Tabelle zu § 13 I RVG!

Wir halten fest:

– *Die Verfahrensgebühr im Bewilligungsverfahren beträgt max. 1,0 in 1. und 2. Instanz nach Nr. 3335 VV RVG.*
– *Die Terminsgebühr im Bewilligungsverfahren beträgt 1,2 in 1. und 2. Instanz nach Nr. 3104 VV RVG i.V.m. Vorbem. 3.3.6.*
– *Bei vorzeitiger Beendigung wird eine 0,5 Verfahrensgebühr nach Nr. 3337 VV RVG ausgelöst.*
– *Für den Antrag auf PKH für eine Zwangsvollstreckungsmaßnahme erhält der RA eine 0,3 Verfahrensgebühr nach Nr. 3335 VV RVG.*
– *Der Gegenstandswert im Bewilligungsverfahren richtet sich nach dem Wert der Hauptsache, Abs. 1 der Anmerkung zu Nr. 3335 VV RVG.*
– *Die Gebühren für das PKH-Verfahren richten sich nach der Tabelle zu § 13 I RVG, somit der »normalen« Gebührentabelle, unabhängig vom Gegenstandswert.*
– *Das PKH-Verfahren und das Verfahren, für das PKH beantragt wurde (auch Hauptsachverfahren genannt) stellen nach § 16 Nr. 2 VV RVG dieselbe Angelegenheit dar, so dass die Gebühr nur einmal abgerechnet werden können, § 15 II 1 RVG.*

3. Vergütung des beigeordneten Rechtsanwalts im Hauptsacheprozess

Vorsicht: Bei einem Gegenstandswert bis einschließlich 3.000,00 € berechnen sich die Gebühren nach der Gebührentabelle als Anlage zu § 13 I RVG. Bei einem Gegenstandswert von mehr als 3.000,00 € sind die Gebühren der Tabelle des § 49 RVG zu entnehmen. Der Höchstwert liegt bei 30.000,00 €. Ab diesem Wert erhält der RA eine Festgebühr von 391,00 € nach § 49 RVG, egal wie hoch der Streitwert über 30.000,00 € liegt.

Achtung: Die Gebühren aus der Tabelle zu § 49 RVG stellen Gebühren in Höhe von 1,0 dar! Sie müssen diese also z.B. mit 1,3 oder 1,2 multiplizieren, um den benötigten Gebührensatz zu ermitteln!

Übungsfall:

RAin Nolte reicht nach Bewilligung von PKH und ihrer Beiordnung für die Mandantin Susanne Sauer beim Landgericht Hannover eine Klage auf Zahlung von 3.567,00 € ein. Nach gescheitertem Gütetermin wird im Termin zur mündlichen Verhandlung streitig verhandelt und Beweis erhoben. Danach ergeht ein Urteil, mit dem die Klage abgewiesen wird. Der Beklagte war ebenfalls anwaltlich vertreten ohne Prozesskostenhilfebewilligung.

Bitte erstellen Sie die Vergütungsrechnung

a) für RAin Nolte
b) für den Beklagtenvertreter.

Lösungsvorschlag a):

Die Gebühren werden nach der Tabelle zu § 49 RVG abgerechnet.
Gegenstandswert: 3.567,00 €, § 2 I RVG

1,3 Verfahrensgebühr	
(§§ 2 II, 49 RVG), Nr. 3100 VV RVG	€ 265,20
1,2 Terminsgebühr	
(§§ 2 II, 49 RVG), Nr. 3104 VV RVG	€ 244,80
PT-Pauschale, Nr. 7002 VV RVG	€ 20,00
Zwischensumme	€ 530,00
19 % Umsatzsteuer, Nr. 7008 VV RVG	€ 100,70
Summe	**€ 630,70**

Lösungsvorschlag b):

Die Gebühren werden nach der Tabelle zu § 13 I RVG abgerechnet.
Gegenstandswert: 3.567,00 €, § 2 I RVG

1,3 Verfahrensgebühr	
(§§ 2 II, 13 I RVG), Nr. 3100 VV RVG	€ 318,50
1,2 Terminsgebühr	
(§§ 2 II, 13 I RVG), Nr. 3104 VV RVG	€ 294,00
PT-Pauschale, Nr. 7002 VV RVG	€ 20,00
Zwischensumme	€ 632,50
19 % Umsatzsteuer, Nr. 7008 VV RVG	€ 120,18
Summe	**€ 752,68**

Vorsicht: Stehen dem beigeordneten RA andere Gebührensätze als 1,0 zu (z.B. **1,3** Verfahrensgebühr), so berechnen sich diese von den in § 49 RVG aufgeführten 1,0 Sätzen.

Übungsfall:

Bitte berechnen Sie eine
a) 1,3 Verfahrensgebühr aus einem Wert von 3.500,00 €
b) 1,2 Terminsgebühr aus einem Wert von 7.000,00 €
c) 0,8 Verfahrensgebühr aus einem Wert von 25.000,00 €,

jeweils nach der Tabelle zu § 49 RVG.

Lösungsvorschlag:

a) (1,0 aus 3.500,00 € = 195,00 € × 1,3 =) 253,50 €
b) (1,0 aus 7.000,00 € = 230 € × 1,2 =) 276,00 €
c) (1,0 aus 25.000,00 € = 318,00 € × 0,8 =) 254,40 €

Prüfungstipp:

*Achten Sie bei der Aufgabenstellung unbedingt darauf, für **welchen** anwaltlichen Vertreter Sie die Vergütung berechnen sollen. Hier können sich mitunter Unterschiede ergeben!*

Beispiel:

RAin Hopf vertritt Klara Schuhmann vor dem AG München in einem Klageverfahren. Sie hat 4.000,00 € eingeklagt. Nach Klagezustellung teilt die Mandantin mit, dass ein Teilbetrag bereits bezahlt war, so dass die Klage wg. 2.000,00 € zurückgenommen wird. Nun bestellt sich RA Wiese für den Beklagten.

Der Wert der Verfahrensgebühr beträgt für RAin Hopf 4.000,00 €; für RA Wiese 2.000,00 €.

Achtung: Nach § 123 ZPO hat die Bewilligung von PKH keinen Einfluss auf die Verpflichtung, dem Gegner die Kosten erstatten zu müssen. Das heißt: Verliert die PKH-Partei den Prozess, muss sie der anderen Partei die Vergütung nach der »normalen« Tabelle zu § 13 I RVG ersetzen!

Übungsfall:

In einem Berufungsverfahren ist RA Pamatat dem Berufungskläger unter Bewilligung von Prozesskostenhilfe beigeordnet worden. Das Verfahren vor dem Oberlandesgericht Köln hat einen Gegenstandswert von 20.400,00 €. Nach der mündlichen Verhandlung, an der die anwaltlichen Vertreter beider Parteien teilgenommen haben, wird der Berufung stattgegeben und das Urteil des Landgerichts Köln wird aufgehoben.

Bitte berechnen Sie die Vergütung des RA Pamatat.

Lösungsvorschlag:

Wert: 20.400,00 €, § 2 I RVG	
1,6 Verfahrensgebühr	
(§§ 2 II, 13 I RVG), Nr. 3200 VV RVG	€ 1.033,60
1,2 Terminsgebühr	
(§§ 2 II, 13 I RVG), Nr. 3202 VV RVG	€ 775,20
PT-Pauschale, Nr. 7002 VV RVG	€ 20,00
Zwischensumme	€ 1.828,80
19 % Umsatzsteuer, Nr. 7008 VV RVG	€ 347,47
Summe	**€ 2.176,27**

Praxishinweis: RA Pamatat könnte nun die gesamte Vergütung nach § 13 I RVG gegen den Berufungsbeklagten festsetzen lassen. Da er aber nicht weiß, ob der Berufungsbeklagte die festgesetzten Kosten bezahlen kann und er möglicherweise lange vollstrecken muss, wird er in der Praxis die PKH-Anwaltsvergütung (nach der Tabelle zu § 49 RVG) von der Staatskasse einfordern und nur die Differenz zwischen der PKH-Anwalts- und Regelvergütung (auch Wahlanwaltsvergütung genannt) nach § 13 RVG im Kostenfestsetzungsverfahren festsetzen lassen. Dies kann er nach § 126 ZPO sogar im eigenen Namen, d.h., der Beklagte wird verpflichtet, die festgesetzten Kosten nicht an den Kläger sondern an RA Pamatat sofort zu zahlen. Die Staatskasse wird sich dann den Betrag, den sie an RA Pamatat nach der Tabelle zu § 49 RVG ausgezahlt hat, vom Beklagten »wiederholen«.

Wir halten fest:

- *In PKH-Angelegenheiten unterscheidet man das Bewilligungsverfahren (Klage ist noch nicht eingereicht – es geht zunächst nur darum, ob PKH bewilligt wird), auch PKH-Prüfungsverfahren genannt und das Hauptsacheverfahren.*

- *Im PKH-Verfahren kann der RA verdienen:*
  - *eine Verfahrensgebühr nach Nr. 3335 VV RVG in Höhe von max. 1,0,*
  - *eine Verfahrensgebühr nach Nr. 3337 VV RVG in Höhe von 0,5 bei vorzeitiger Beendigung,*
  - *eine Verfahrensgebühr in Höhe von 30,00 bis 320,00 € in Verfahren, in denen Betragsrahmengebühren entstehen,*
  - *eine Terminsgebühr in Höhe von 1,2 nach Vorbem. 3.3.6 i.V.m. Nr. 3104 VV RVG (1. Instanz!) und Nr. 3202 VV RVG (2. Instanz!).*

- *Die Gebühren im PKH-Verfahren entstehen nach der »normalen« Tabelle zu § 13 I RVG aus dem Streitwert der Hauptsache, vgl. dazu die Anmerkung Abs. 1 zu Nr. 3335 VV RVG.*

- *Sofern PKH bewilligt worden ist und der RA in der Hauptsache tätig wird, werden die Gebühren ab einem Streitwert von über 3.000,00 € nach der Tabelle zu § 49 RVG abgerechnet, bis 3.000,00 € richten sich die Gebühren nach der Regelvergütungs-Tabelle zu § 13 I RVG. In diesem Fall kann der RA Gebühren aus dem Bewilligungsverfahren nur dann geltend machen, wenn sie nicht im Hauptsacheverfahren entstanden sind (z.B. eine Terminsgebühr ist beispielsweise nur im Bewilligungsverfahren, nicht aber im Hauptsacheverfahren entstanden – das ist aber sehr selten!!).*

- *Das Bewilligungsverfahren und das Verfahren, für das die PKH beantragt worden ist (Hauptsacheverfahren) gelten nach § 16 Nr. 2 RVG als »dieselbe Angelegenheit« mit der Folge, dass die Gebühren nach § 15 II 1 RVG nur einmal berechnet werden können.*

- *Auch mehrere Verfahren über die PKH in demselben Rechtszug gelten als »dieselbe Angelegenheit«, § 16 Nr. 3 RVG.*

- *Verliert die PKH-Partei den Prozess, zahlt die Staatskasse nur die Kosten des eigenen RA; die Kosten des anderen RA sind nach der Regelvergütungs-Tabelle zu § 13 I RVG dem Gegner zu erstatten, § 123 ZPO.*

- *Gewinnt die PKH-Partei den Prozess, muss der Gegner die Kosten des PKH-Anwalts nach der Tabelle zu § 13 I RVG erstatten, selbst wenn ihm selbst PKH bewilligt wurde, da die PKH-Bewilligung immer nur für die Kosten des eigenen Anwalts gilt.*

4. Geltendmachung von Differenz-Gebühren

a) Allgemeiner Grundsatz

Grundsatz: Wegen der Sperrwirkung des § 122 I Nr. 3 ZPO kann der RA grundsätzlich Differenzen, die sich zwischen der PKH-Gebühren-Tabelle und den normalen Gebühren ergeben, **nicht** von der Partei fordern.

Beispiel:

Wäre PKH nicht bewilligt worden, so hätte der RA eine 1,3 Verfahrensgebühr aus 60.000,00 € nach der Tabelle zu § 13 I RVG erhalten. Diese hätte 1.459,90 € betragen. Da aber PKH bewilligt worden ist, erhält der RA lediglich eine 1,3 Verfahrensgebühr nach der Tabelle zu § 49 RVG, und somit 508,30 €. Diese Differenz beträgt 951,60 €. Kann die Differenz vom Auftraggeber geforgert werden?

Lösung:

Nein. Nun gilt im RVG der allgemein bekannte Grundsatz, dass einmal entstandene Gebühren nicht wieder wegfallen. Warum also kann der RA diese Differenz nicht abrechnen?

Weil in § 122 I Nr. 3 ZPO die sogenannte Sperrwirkung geregelt ist, die besagt, dass der RA, solange seinem Mandanten PKH bewilligt worden ist, derartige Differenzgebühren nicht abrechnen darf!

Aber: Hat der Auftraggeber einen Vorschuss geleistet, so darf man diesen Vorschuss verrechnen und zwar bis zur Höhe dieser Differenzen! Das ist in § 58 II RVG geregelt. Dort heißt es:

»*In Angelegenheiten, in denen sich die Gebühren nach Teil 3 des VV bestimmen (haben wir hier!), sind Vorschüsse und Zahlungen, die der RA vor oder nach der Beiordnung erhalten hat, zunächst auf die Vergütungen anzurechnen, für die ein Anspruch gegen die Staatskasse nicht oder nur unter den Voraussetzungen des § 50 RVG besteht!*« *Damit ist die Differenz zwischen Wahlanwalts- und PKH-Anwaltsvergütung gemeint.*

§ 50 RVG regelt die weitere Vergütung und greift nur in den Fällen, in denen dem Auftraggeber PKH unter Ratenzahlung bewilligt worden ist. Dazu im nächsten Kapitel mehr!

b) Verrechnung eines Vorschusses

Wie oben erläutert, kann der RA also einen Vorschuss, den der Auftraggeber geleistet hat, auf die Differenz zwischen Wahlanwalts- und PKH-Anwaltsgebühren verrechnen, § 58 II RVG

Übungsfall:

Auftraggeber Huber beauftragt RA Blumentritt, Prozesskostenhilfe für die Durchführung eines Klageverfahrens wegen Zahlung eines Betrags von 8.700,00 € zu beantragen, die auch bewilligt wird. RA Blumentritt wird antragsgemäß beigeordnet. Huber hat einen Vorschuss von 300,00 € geleistet. Im Hauptsacheverfahren wird nach gescheiterter Güteverhandlung streitig verhandelt und Beweis erhoben. Es ergeht sodann ein Urteil, mit dem der Klage stattgegeben wird

a) Gegenüber wem rechnet RA Blumentritt ab?
b) Bitte erstellen Sie die Vergütungsrechnung von RA Blumentritt.
c) Wie wird RA Blumentritt mit dem Vorschuss verfahren?

(Bitte vollständige Berechnung!)

Lösungsvorschlag:

a) Die Abrechnung von RA Blumentritt erfolgt gegenüber der Bundes- oder Landeskasse (Staatskasse), § 45 I RVG.

b) Gegenstandswert: 8.700,00 €, § 2 I RVG

1,3 Verfahrensgebühr (§§ 2 II, 49 RVG), Nr. 3100 VV RVG	€ 309,40
1,2 Terminsgebühr (§§ 2 II, 49 RVG), Nr. 3104 VV RVG	€ 285,60
PT-Pauschale, Nr. 7002 RVG	€ 20,00
Zwischensumme	€ 615,00
19 % Umsatzsteuer, Nr. 7008 VV RVG	€ 116,85
Summe	**€ 731,85**

c) Der Vorschuss kann auf die Differenz zwischen Wahlanwalts- und PKH-Anwaltsgebühren verrechnet werden.

Wahlanwaltsgebühren:
b) Gegenstandswert: 8.700,00 €, § 2 I RVG

1,3 Verfahrensgebühr (§§ 2 II, 13 I RVG), Nr. 3100 VV RVG	€ 583,70
1,2 Terminsgebühr (§§ 2 II, 13 I RVG), Nr. 3104 VV RVG	€ 538,80
PT-Pauschale, Nr. 7002 VV RVG	€ 20,00
Zwischensumme	€ 1.142,50
19 % Umsatzsteuer, Nr. 7008 VV RVG	€ 217,08
Summe	**€ 1.359,58**

PKH-Anwaltsgebühren siehe unter b)	**€ 731,85**
Differenz zwischen PKH-Anwalts- und Wahlanwaltsgebühren:	**€ 627,73**

Ergebnis: Der Vorschuss kann daher voll einbehalten werden, da er nur 300,00 € betragen hat und somit die Differenz nicht übersteigt!

Anmerkung:
Würde der Vorschuss beispielsweise 700,00 € betragen haben, so würde der RA diesen Vorschuss einbehalten, die Staatskasse würde aber von den zu erstattenden Gebühren in Höhe von 713,40 € den Teil des Vorschusses in Abzug bringen, der die Wahlanwaltsgebühren übersteigt.

Also: Differenz zwischen PKH-Anwalts- und Wahlanwaltsgebühren = 627,73 €. Vorschuss = 700,00 €, übersteigender Teil somit 72,27 €. Die Staatskasse würde also nur noch 731,85 € abzüglich 72,27 € = 659,58 € erstatten.

Ergebnis: Der RA würde also auch mit Vorschuss, unabhängig davon, wie hoch dieser ist, nie mehr als die Wahlanwaltsgebühren erhalten. Damit wird erreicht, dass der PKH-Anwalt nicht besser gestellt wird, als der Wahlanwalt.

c) Weitere Vergütung nach § 50 RVG

Merksatz:

§ 50 RVG gilt nur, wenn dem Antragsteller PKH unter Ratenzahlungen bewilligt worden ist!

Vorweg: Raten muss eine Partei dann leisten, wenn sie dazu wirtschaftlich in der Lage ist (das berechnet das Gericht, bei dem die PKH beantragt worden ist anhand der Erklärung über die persönlichen und wirtschaftlichen Verhältnisse). Muss eine Partei Ratenzahlungen leisten, so leistet sie diese an die Staatskasse (Bundeskasse bei Verfahren vor Bundesgerichten (z.B. BGH), Landeskasse, bei Verfahren vor Gerichten des Landes (Amts-, Land- oder Oberlandesgerichte). Maximal muss eine Partei 48 Monate lang Raten zahlen. Dann ist Schluss, auch wenn die von der Staatskasse übernommenen Kosten noch nicht alle bezahlt sind.

Die Staatskasse übernimmt (§ 122 I Nr. 1 ZPO):
- Kosten des beigeordneten RA
- Gerichtskosten
- Sachverständigenkosten
- Zeugengebühren, etc.

Aber: In einigen Fällen hat der Antragsteller beispielsweise weniger als 48 Monate lang Raten bezahlt und die von der Staatskasse übernommenen Kosten sind schon alle gedeckt. Es ist doch nicht einzusehen, warum ein RA für eine geringe PKH-Vergütung tätig werden soll, wenn der Mandant zumindest ratenweise leistungsfähig ist, oder nicht?

Also: § 50 RVG – weitere Vergütung! D.h. Die Staatskasse zieht weiterhin Raten ein, damit der RA die Differenz zwischen PKH-Anwalts- und Wahlanwaltsvergütung auch noch bekommt!

Übungsfall:

In einem Rechtsstreit erster Instanz mit einem Streitwert von 50.000,00 € fallen eine Verfahrens- und eine Terminsgebühr an. Es erging eine Entscheidung durch Urteil. Der dem Kläger unter Bewilligung von PKH beigeordnete Rechtsanwalt rechnet seine Gebühren mit der Staatskasse ab. Außer den Anwaltsgebühren und Gerichtskosten sind von der Staatskasse keine Kosten übernommen worden. Der beigeordnete Rechtsanwalt teilt seine weitere Vergütung nach § 50 RVG mit. Dem Auftraggeber wurde PKH unter monatlicher Ratenzahlung i.H.v. 95,00 € bewilligt.

Wie ist abzurechnen?

Lösungsvorschlag:

1. Zahlung/Übernahme durch die Staatskasse:

1,3 Verfahrensgebühr (§ 2 II, 49 RVG), Nr. 3100 VV RVG	€ 508,30
1,2 Terminsgebühr (§§ 2 II, 49 RVG), Nr. 3104 VV RVG	€ 469,20
PT-Pauschale, Nr. 7002 VV RVG	€ 20,00
Zwischensumme	€ 997,50
19 % USt., Nr. 7008 VV RVG	€ 189,53
Summe	**€ 1.187,03**
3,0 Gerichtsgebühren, Nr. 1210 KV GKG	€ 1.368,00
Summe	**€ 2.555,03**

2. Wahlanwaltsvergütung/Verrechnung mit Zahlung der Staatskasse:

1,3 Verfahrensgebühr §§ 2 II, 13 I RVG), Nr. 3100 VV RVG	€ 1.359,80
1,2 Terminsgebühr §§ 2 II, 13 I RVG), Nr. 3104 VV RVG	€ 1.255,20
Zwischensumme	€ 2.615,00
19 % USt., Nr. 7008 VV RVG	€ 496,85
Summe	**€ 3.111,85**

Die Staatskasse hat insgesamt 2.555,03 € übernommen. Da die Raten 95,00 € monatlich betragen, sind 27 Monate lang Raten gezahlt worden (26 × 95,00 € = 2.470,00 € + 1 × 85,03 €). Die maximale Ratenzahlungsdauer beträgt 48 Monate. Die Differenz zwischen Wahlanwalts- und PKH-Anwaltsvergütung beträgt: (3.111,85 € ./. 1.187,03 € =) 1.924,82 €. Die PT-Pauschale wurde bereits von der Staatskasse erstattet und kann nicht doppelt verlangt werden. Die monatlichen Ratenzahlungen durch den Auftraggeber i.H.v. 95,00 € werden insgesamt 48 Monate lang eingezogen (Staatskasse: 2.555,03 € + Differenz: 1.924,82 € = 4.479,85 €. 47 Monate lang 95,00 € = 4.465,00 € und im 48. Monat sind vom Auftraggeber nur noch 14,85 € zu bezahlen. Zu beachten ist, dass der Auftraggeber maximal 48 Monate lang die Raten zu bezahlen hat. Wäre nach 48 Monaten noch nicht alles bezahlt, würde die Ratenzahlung trotzdem enden.

Kapitel 18
Kostenquotelung

Sofern eine Partei nur teilweise gewinnt und teilweise verliert, sind die Kosten gegeneinander aufzuheben oder verhältnismäßig zu teilen, § 92 I 1 ZPO. Sind die Kosten gegeneinander aufgehoben, so fallen die Gerichtskosten jeder Partei zur Hälfte zur Last, § 92 I 2 ZPO – die Anwaltskosten trägt dann jede Partei selbst. Häufig werden die Kosten jedoch im Verhältnis der sogenannten Unterliegensquote verteilt, § 92 I 1 ZPO.

Prüfungstipp: *Die Kostenquotelung ist ein beliebtes Prüfungsthema! Sie sollten sie gut beherrschen.*

Aha: Bei einer Kostenquotelung (z.B. Kläger trägt ¼; Beklagter ¾ der Kosten) meldet jede Partei ihre Anwaltskosten und die von ihr gezahlten Gerichtskosten im Kostenfestsetzungsverfahren nach § 106 ZPO zur Ausgleichung an. Der Rechtspfleger nimmt dann die sogenannte Kostenausgleichung vor. RA-Fachangestellte müssen in der Lage sein, diese Kostenausgleichung zu überprüfen.

Beispiel:

Kläger verlangt 9.000,00 €. Die Klage wird wg. 3.000,00 € abgewiesen, wegen 6.000,00 € wird der Klage stattgegeben.

Beispiel für eine Kostenquotelung:

Kläger 1/3, Beklagter 2/3 (d.h. der Kläger muss 1/3 der Kosten tragen, der Beklagte 2/3 der Kosten). Zu berücksichtigen ist, dass der Kläger die Gerichtskosten i.d.R. mit der Klage vorausgezahlt hat, so dass wegen der Gerichtskosten eine eigene Ausgleichung vorzunehmen ist.

Gegenstandswert: 5.000,00 €

Kosten des Klägers:		
1,3 Verfahrensgebühr	€	391,30
1,2 Terminsgebühr	€	361,20
PT-Pauschale	€	20,00
Zwischensumme	€	772,50
19% Umsatzsteuer	€	146,78
Summe	**€**	**919,28**
verauslagte GK vom Kläger	**€**	**363,00**
Kosten des Beklagten (vorsteuerabzugsberechtigt):		
1,3 Verfahrensgebühr	€	391,30
1,2 Terminsgebühr	€	361,20
PT-Pauschale	€	20,00
Zwischensumme	**€**	**772,50**

---

1. Ausgleichung der Gerichtskosten

Gerichtskosten gesamt aus Wert 5.000,00 € vom Kläger vorausgezahlt	€	363,00
hiervon hat der Kläger 1/3	€	121,00
zu tragen, so dass der Beklagte	€	242,00
an den Kläger zu erstatten hat		

2. Ausgleichung der »außergerichtlichen Kosten«

(= Anwaltsgebühren; Hinweis: spricht das Gericht von außergerichtlichen Kosten meint es die Anwaltsvergütung)

Kosten Kläger	€	919,28
Kosten Beklagter	€	772,50
Kosten gesamt	€	1.691,78
hiervon hat der Kläger 1/3, somit	€	563,93
zu tragen.		
Seine eigenen Kosten betragen	€	919,28
so dass der Beklagte an den Kläger	**€**	**355,35**
zu erstatten hat.		

Gegenprobe:

Kosten gesamt	€	1.691,78
hiervon hat der Beklagte 2/3	€	1.127,85
zu tragen.		
Seine eigenen Kosten betragen	./. €	772,50
so dass er an den Kläger	**€**	**355,35**
zu erstatten hat.		

3. Addition

vom Beklagten an den Kläger zu erstattende

Gerichtskosten	€	242,00
außergerichtliche Kosten	€	355,35
Gesamtbetrag, den der Beklagte an den Kläger zu erstatten hat:	**€**	**597,35**

Kapitel 19
Strafsachen

1. Allgemeines

Die Gebühren des **Wahlverteidigers** und **Pflichtverteidigers** in Strafsachen sind in Teil 4 des Vergütungsverzeichnisses geregelt. Aber auch wenn der Rechtsanwalt die folgenden Tätigkeiten übernimmt, erhält er Gebühren nach Teil 4 des VV RVG:

– Beistand oder Vertreter eines Privatklägers,
– Beistand oder Vertreter eines Nebenklägers,
– Beistand oder Vertreter eines Einziehungs- oder Nebenbeteiligten,
– Beistand oder Vertreter eines Verletzten,
– Beistand oder Vertreter eines Zeugen,
– Beistand oder Vertreter eines Sachverständigen
– Tätigkeit im Verfahren nach dem strafrechtlichen Rehabilitierungsgesetz.

Neu: Die Gebühren des Pflichtverteidigers sind Festbeträge, wir finden sie in der 4. Spalte des Vergütungsverzeichnisses!

Achtung: Gebühren in Straf- und Bußgeldsachen sind Betragsrahmengebühren. Der RA bestimmt die Gebühr entsprechend § 14 RVG nach billigem Ermessen. Insofern wird auf die Ausführungen zu § 14 RVG verwiesen. Die Mittelgebühr ergibt sich aus der Addition des Mindest- und Höchstbetrags geteilt durch 2.

Und: Die Gebührenrahmen sind davon abhängig

– auf welche jeweilige **Instanz** sich die Tätigkeit erstreckt,
– ob der Verteidiger im **vorbereitenden Verfahren** und somit **außerhalb** oder **in** der Hauptverhandlung tätig wird
– vor **welchem Gericht** die Sache anhängig **ist** bzw. geworden **wäre**.

Beispiel:

Eine Verfahrensgebühr für die Vertretung in der Hauptverhandlung vor dem Amtsgericht (Strafrichter) beträgt nach Nr. 4106 VV RVG 30,00 € bis 250,00 €.
30,00 € + 250,00 € = 280,00 € : 2 = 140,00 €. Die Mittelgebühr beträgt hier 140,00 €.

Der Pflichtverteidiger erhält eine Festgebühr nach Nr. 4106 VV RVG in Höhe von 112,00 € (siehe vierte Spalte des VV).

Hinweis: In den nachfolgenden Aufgaben ist – wie in Prüfungen üblich – immer von der Mittelgebühr ausgegangen worden.

2. PT-Pauschale

Die PT-Pauschalen können einzeln oder als Pauschale berechnet werden. Wird die Pauschale berechnet, beträgt diese nach dem RVG 20 % der Gebühren, maximal 20,00 € – auch in Strafsachen.

3. Gebühr mit Zuschlag

Befindet sich **der Beschuldigte** nicht auf freiem Fuß, entsteht die Gebühr mit Zuschlag, Vorbemerkung 4 Abs. 4 VV RVG.

Hinweis: Um welche Art Haft es sich handelt, ist unerheblich! Die Gebühr mit Zuschlag entsteht somit bei

– Strafhaft oder
– Untersuchungshaft oder
– Abschiebehaft oder
– Sicherungsverwahrung

etc. des Beschuldigten.

4. Grundgebühr

Die Grundgebühr erhält der RA für

– das erstmalige Einarbeiten in einen Rechtsfall
– unabhängig davon in welchem Verfahrensabschnitt die Einarbeitung erfolgt und
– nur einmal!

Beachte: Hat der RA bereits wegen derselben Tat oder Handlung eine Grundgebühr in einer Bußgeldsache (Nr. 5100 VV RVG) verdient, ist diese auf die Grundgebühr nach Nr. 4100 VV RVG anzurechnen!

Merksatz:
Für die Vertretung in Strafsachen verdient der RA grundsätzlich eine Grundgebühr!

Aber: Für die **Beratung** in Strafsachen (nicht Vertretung!) soll eine Gebührenvereinbarung getroffen werden, § 34 I RVG.

Beispiel:

Mandant Stockmann hat eine Straftat begangen und sucht RA Rock auf und bittet ihn um Rat. RA Rock berät Mandant Stockmann hinsichtlich der drohenden strafrechtlichen Folgen. Ein Verfahren ist noch nicht anhängig. Bei der Ratserteilung teilt RA Rock

---

> seinem Mandanten mit, dass er nun abwarten solle, ob überhaupt ein Verfahren gegen ihn eingeleitet wird. Es bleibt bei dieser Tätigkeit des RA Rock. Was wird RA Rock seinem Mandanten hinsichtlich der Vergütung sagen?
>
> Er wird ihn darauf hinweisen, dass er eine Gebührenvereinbarung nach § 34 I RVG abschließen möchte. (**Anmerkung:** Sofern RA Rock keine solche Vereinbarung abschließt, schuldet der Mandant als Verbraucher beim ersten Beratungsgespräch max. 190,00 €, sonst max. 250,00 €, wobei § 14 I RVG zu beachten ist, § 34 I 3 RVG.)

Und: Die **Grundgebühr** beträgt für den Wahlanwalt 30,00 bis 300,00 €, die Mittelgebühr also 165,00 €. Der Pflichtverteidiger erhält eine Festgebühr von 132,00 €.

Wir halten fest:

Auch die Grundgebühr kann mit Zuschlag entstehen. Sie beträgt dann 30,00 € bis 375,00 € für den Wahlanwalt und für den Pflichtverteidiger 162,00 €.

5. Terminsgebühr für Vernehmungen u.a.

Die Terminsgebühr nach Nr. 4102 VV RVG erhält der RA, wenn er an

– richterlichen Vernehmungen und Augenscheinseinnahmen,
  (Nr. 1 der Anm. zu Nr. 4102 VV RVG)
– Vernehmungen durch die Staatsanwaltschaft oder eine andere Strafverfolgungsbehörde (z.B. die Polizei)
  (Nr. 2 der Anm. zu Nr. 4102 VV RVG)
– Terminen außerhalb der Hauptverhandlung, in denen über die Anordnung oder Fortdauer der Untersuchungshaft oder der einstweiligen Unterbringung verhandelt wird, (z.B. Haftprüfungstermine)
  (Nr. 3 der Anm. zu Nr. 4102 VV RVG)
– Verhandlungen im Rahmen des Täter-Opfer-Ausgleichs sowie
  (Nr. 4 der Anm. zu Nr. 4102 VV RVG)
– Sühneterminen nach § 380 StPO
  (Nr. 5 der Anm. zu Nr. 4102 VV RVG)

teilnimmt.

Weiterer Gebührentatbestand:

– Mehrere Termine an einem Tag gelten als ein Termin.
– Die Gebühr entsteht im vorbereitenden Verfahren und in jedem Rechtszug für die Teilnahme an jeweils bis zu drei Terminen einmal.

Die Höhe:

– Wahlanwalt: 30,00 € – 250,00 €; mit Zuschlag (vgl. Nr. 4103 VV RVG) 30,00 € bis 312,50 €.
– Pflichtverteidiger: 112,00 €; mit Zuschlag (vgl. Nr. 4103 VV RVG) 137,00 €.

6. Vorbereitendes Verfahren

Gemäß Nr. 4104 VV RVG erhält der RA **eine Verfahrensgebühr (auch Vorverfahrensgebühr genannt),** die in ihrer Höhe unabhängig von der Ordnung des Gerichts ist und ebenfalls mit Zuschlag entstehen kann, vgl. Nr. 4105 VV RVG.

Das vorbereitende Verfahren (auch Ermittlungsverfahren genannt) ist:

– das Verfahren bis zum Eingang der Anklageschrift oder des Antrags auf Erlass des Strafbefehls bei Gericht.

Achtung: Der RA kann somit nach RVG, wenn er im Ermittlungsverfahren tätig wird, bereits drei Gebühren verdienen, wenn er entsprechende Tätigkeiten entfaltet.

So z.B.:

– Grundgebühr, Nr. 4100 VV RVG
– Terminsgebühr für die Vernehmung bei der Polizei, Nr. 4102 VV RVG
– Vorverfahrensgebühr für die Tätigkeit im Ermittlungsverfahren, Nr. 4104 VV RVG.

Beispiel:

RAin Müller nimmt zusammen mit dem Beschuldigten Huber an einer staatsanwaltlichen Vernehmung teil. Bisher sind bereits entstanden:

Grundgebühr nach Nr. 4100 VV RVG
Terminsgebühr nach Nr. 4102 VV RVG
Vorverfahrensgebühr nach Nr. 4104 VV RVG

---

7. Gerichtliches Verfahren, erste Instanz

Das gerichtliche Verfahren in erster Instanz ist im VV im 4. Teil, 1. Abschnitt, 3. Unterabschnitt geregelt.

a) Verfahrensgebühr

Die Verfahrensgebühr entsteht für das Betreiben des Geschäfts, einschließlich der Information.

Wird der RA somit in einem gerichtlichen Verfahren in 1. Instanz tätig, erhält er zunächst

– eine Verfahrensgebühr, die in ihrer Höhe abhängig von der Ordnung des Gerichts ist.

So z.B.

– Verfahrensgebühr Nr. 4106 – Amtsgericht
– Verfahrensgebühr Nr. 4112 – Strafkammer
– Verfahrensgebühr Nr. 4118 – OLG, Schwurgericht, etc.

b) Terminsgebühr

Besonderheit: Neben der Verfahrensgebühr erhält der RA für **jeden Termin**, den er wahrnimmt, eine Terminsgebühr, die in ihrer Höhe von der Verfahrensgebühr abhängig ist.

So z.B.

– Terminsgebühr Nr. 4108 – Amtsgericht
– Terminsgebühr Nr. 4114 – Strafkammer
– Terminsgebühr Nr. 4120 – OLG, Schwurgericht, etc.

Wir halten fest:
Eine gebührenrechtliche Unterscheidung zwischen Hauptverhandlung und Fortsetzungsverhandlung gibt es nicht!

Die Terminsgebühr entsteht nach Vorbem. 4 Abs. 3 VV RVG für

– die Teilnahme an gerichtlichen Terminen (Ausnahme: Terminsgebühr Nr. 4102 u. 4103 VV RVG!),
– wenn der RA zum anberaumten Termin erscheint,
– auch wenn dieser Termin aus Gründen, die der RA nicht zu vertreten hat, nicht stattfindet.

Ausnahme: Man hat den RA rechtzeitig über die Aufhebung oder Verlegung des Termins informiert.

Achtung: Jede dieser Verfahrens- oder Terminsgebühren kann mit Zuschlag entstehen.

c) Zusatzgebühr

Hoppla: Wenn der RA maßgeblich daran mitgewirkt hat, dass die Hauptverhandlung entbehrlich wird, und

– das Verfahren nicht nur vorläufig eingestellt wird oder (Abs. 1 Nr. 1 der Anm. zu Nr. 4141 VV RVG) (Anm.: also endgültig, alle etwaigen Auflagen sind erfüllt),
– das Gericht beschließt, ein Hauptverfahren nicht zu eröffnen oder (Abs. 1 Nr. 2 der Anm. zu Nr. 4141 VV RVG) (Anm.: z.B. mangels hinreichendem Tatverdacht)
– das gerichtliche Verfahren durch Zurücknahme des Einspruchs gegen einen Strafbefehl, die Berufung oder die Revision des Angeklagten oder eines anderen Verfahrensbeteiligten erledigt, und die Rücknahme spätestens zwei Wochen vor Hauptverhandlungstermin erklärt wird, wenn bereits Termin bestimmt war, erledigt wird, (Abs. 1 Nr. 3 der Anm. zu Nr. 4141 VV RVG)

kann der RA eine zusätzliche Verfahrensgebühr ohne Zuschlag (beim Wahlanwalt die Mittelgebühr) nach Nr. 4141 VV RVG abrechnen!

Übungsfall:

Rechtsanwältin Schlau wird von dem Mandanten Glück aufgesucht, der ihr erzählt, dass ein polizeiliches Ermittlungsverfahren gegen ihn läuft. Rechtsanwältin Schlau bespricht den Sachverhalt eingehend mit Mandant Glück und beantragt Akteneinsicht bei der Polizei. Zwischenzeitlich wird die Sache an die zuständige Staatsanwaltschaft abgegeben. Nach Vorlage der amtlichen Ermittlungsakte fertigt Rechtsanwältin Schlau nach Akteneinsicht 35 Kopien und übermittelt dem Amtsgericht – Strafrichter –, an den die Sache zwischenzeitlich abgegeben worden ist, eine entsprechende Stellungnahme. Aufgrund ihres Vortrags stellt das Gericht das Verfahren gemäß § 153a StPO vorläufig ein unter der Auflage, 300,00 € an den Verein »Kinder in Not e.V.« zu bezahlen. Nachdem Glück die Auflage erfüllt hat, wird das Verfahren endgültig eingestellt.

Lösungsvorschlag:

Grundgebühr	
(§§ 2 II, 14 I RVG), Nr. 4100 VV RVG	€ 165,00
Vorverfahrensgebühr	
(§§ 2 II, 14 I RVG), Nr. 4104 VV RVG	€ 140,00
Verfahrensgebühr (Amtsgericht)	
(§§ 2 II, 14 I RVG), Nr. 4106 VV RVG	€ 140,00
Zusatz-Verfahrensgebühr (Amtsgericht)	
(§§ 2 II, 14 I RVG), Nr. 4141 VV RVG	€ 140,00
PT-Pauschale, Nr. 7002 VV RVG	€ 20,00
Dokumentenpauschale, Nr. 7000 Nr. 1 a) VV RVG (35 × 0,50 €)	€ 17,50
Zwischensumme	€ 622,50
19 % Umsatzsteuer, Nr. 7008 VV RVG	€ 118,28
Summe	**€ 740,78**

Übungsfall:

RA Gründlich meldet sich auftragsgemäß bei der Staatsanwaltschaft und bittet um Akteneinsicht. Nach Erhalt der Akte trägt er umfangreich für den Mandanten vor und beantragt, die Sache im Vorverfahren einzustellen. Im weiteren Verlauf erhebt die Staatsanwaltschaft jedoch trotzdem Anklage und leitet die Akten an das Gericht weiter. Hier trägt der RA nochmals umfangreich vor und beantragt wiederum, das Verfahren einzustellen. Im Termin zur Hauptverhandlung am 11.01. vor dem Amtsgericht wird der Mandant schließlich auf Kosten der Landeskasse freigesprochen.

Lösungsvorschlag:

Grundgebühr	
(§§ 2 II, 14 I RVG), Nr. 4100 VV RVG	€ 165,00
Vorverfahrensgebühr	
(§§ 2 II, 14 I RVG), Nr. 4104 VV RVG	€ 140,00
Verfahrensgebühr (Amtsgericht)	
(§§ 2 II, 14 I RVG), Nr. 4106 VV RVG	€ 140,00
Zwischensumme	€ 445,00

Übertrag	€ 445,00
Terminsgebühr (Amtsgericht)	
(§§ 2 II, 14 I RVG), Nr. 4108 VV RVG	€ 230,00
PT-Pauschale, Nr. 7002 VV RVG	€ 20,00
Dokumentenpauschale, Nr. 7000 Nr. 1 a) VV RVG (35 × 0,50 €)	€ 17,50
Zwischensumme	€ 712,50
19 % Umsatzsteuer, Nr. 7008 VV RVG	€ 135,38
Summe	**€ 847,88**

8. Berufungs- und Revisionsverfahren

Das Berufungsverfahren in Strafsachen ist in den Nr. 4124 bis 4129 VV RVG geregelt. Das Revisionsverfahren in Strafsachen ist in den Nr. 4130 bis 4135 VV RVG geregelt.

Unterschied zur ersten Instanz (neben der Gebührenhöhe) ist, dass sich die Gebühren nicht nach der Ordnung des Gerichts richten. Ansonsten ist der Aufbau identisch. Bei entsprechender Tätigkeit kann der RA z.B. verdienen:

- eine Verfahrensgebühr für die Vertretung im gerichtlichen Verfahren oder
- eine Verfahrensgebühr mit Zuschlag,
- eine Terminsgebühr je Termin oder
- eine Terminsgebühr mit Zuschlag,
- gestaffelte Zusatzgebühren für den Pflichtverteidiger bei lange andauernder Verhandlung,
- ggf. eine Zusatzgebühr, wenn die Hauptverhandlung entbehrlich wird, weil der RA die Berufung oder Revision rechtzeitig zurückgenommen hat.

Übungsfall:

Gegen ein Urteil des Amtsgerichts – Strafrichter – legt RA Huber als Wahlverteidiger Berufung ein. Er vertritt seinen Mandanten im Berufungsverfahren an drei Verhandlungsterminen. Der Mandant (Beschuldigte) ist während der gesamten Dauer des Verfahrens inhaftiert. RA Huber war in 1. Instanz noch nicht tätig.

Bitte rechnen Sie die Tätigkeit des RA Huber im Berufungsverfahren ab.

Lösungsvorschlag:

Grundgebühr mit Zuschlag	
(§§ 2 II, 14 I RVG), Nr. 4101 VV RVG	€ 202,50
Verfahrensgebühr mit Zuschlag	
(§§ 2 II, 14 I RVG) Nr. 4125 VV RVG	€ 328,75
Terminsgebühr mit Zuschlag	
(§§ 2 II, 14 I RVG) Nr. 4127 VV RVG	€ 328,75
Terminsgebühr mit Zuschlag	
(§§ 2 II, 14 I RVG) Nr. 4127 VV RVG	€ 328,75
Zwischensumme	€ 1.188,75

Übertrag	€ 1.188,75
Terminsgebühr mit Zuschlag	
(§§ 2 II, 14 I RVG) Nr. 4127 VV RVG	€ 328,75
PT-Pauschale, Nr. 7002 VV RVG	€ 20,00
Zwischensumme	€ 1.537,50
19 % Umsatzsteuer, Nr. 7008 VV RVG	€ 292,13
Summe	**€ 1.829,63**

Hinweis: Nach der überwiegenden Meinung in der Rechtsprechung kann die Grundgebühr insgesamt nur einmal entstehen. D.h., hat ein RA die Grundgebühr bereits in 1. Instanz verdient, kann er sie nicht noch einmal in der 2. Instanz verdienen. Begründung: Der RA kann sich schließlich nur einmal in die Sache einarbeiten.

Vorsicht: Die Einlegung des Rechtsmittels in Strafsachen gehört jedoch noch **zum Rechtszug**, § 19 Nr. 10 RVG und löst keine gesonderten Gebühren aus! Siehe dazu nachfolgend unter Ziff. 9.

9. Eine oder mehrere Angelegenheiten?

Hinweis: Im RVG wird in § 17 Nrn. 10 bis 11 und 13 geregelt, welche Tätigkeiten des Rechtsanwalts verschiedene Angelegenheiten darstellen und daher im Umkehrschluss zu § 15 II 1 RVG gesondert abgerechnet werden können.

Verschiedene Angelegenheiten sind danach:

– das strafrechtliche Ermittlungsverfahren und ein nach dessen Einstellung sich anschließendes Bußgeldverfahren (kommt in Unfallsachen recht häufig vor), § 17 Nr. 10 RVG;
– das Strafverfahren und das Verfahren über die im Urteil vorbehaltene Sicherungsverwahrung § 17 Nr. 11 RVG und
– das Wiederaufnahmeverfahren und das wieder aufgenommene Verfahren, wenn sich die Gebühren nach Teil 4 oder 5 des Vergütungsverzeichnisses richten, § 17 Nr. 13 RVG.

Achtung: In Strafsachen gilt die Einlegung des Rechtsmittels nach § 19 Nr. 10 RVG noch zum Rechtszug und kann daher nach § 15 II 2 RVG nicht gesondert abgerechnet werden, wenn das Rechtsmittel durch den Verteidiger eingelegt wird, der bereits in der Vorinstanz tätig war und das Rechtsmittel beim Gericht desselben Rechtszugs eingelegt werden muss!

Aber: Jede Tätigkeit **nach** Einlegung des Rechtsmittels löst die Verfahrensgebühr für das Rechtsmittelverfahren aus.

Übungsfall:

Gegen ein Urteil des Amtsgerichts – Strafrichter – legt RA Huber als Wahlverteidiger fristgerecht Berufung ein. Eine weitere Tätigkeit wird von ihm nicht vorgenommen, da der Beschuldigte nach Einlegung des Rechtsmittels den RA wechselt. Vor dem Amts-

gericht hatte RA Huber drei Termine für den inhaftierten Beschuldigten wahrgenommen.

Bitte erstellen Sie die Vergütungsrechnung für RA Huber.

Lösungsvorschlag:

Grundgebühr mit Zuschlag (§§ 2 II, 14 I RVG), Nr. 4101 VV RVG	€ 202,50
Verfahrensgebühr mit Zuschlag (§§ 2 II, 14 I RVG), Nr. 4107 VV RVG	€ 171,25
Terminsgebühr mit Zuschlag (§§ 2 II, 14 I RVG), Nr. 4109 VV RVG	€ 280,00
Terminsgebühr mit Zuschlag (§§ 2 II, 14 I RVG), Nr. 4109 VV RVG	€ 280,00
Terminsgebühr mit Zuschlag (§§ 2 II, 14 I RVG), Nr. 4109 VV RVG	€ 280,00
PT-Pauschale, Nr. 7002 VV RVG	€ 20,00
Zwischensumme	€ 1.233,75
19 % Umsatzsteuer, Nr. 7008 VV RVG	€ 234,41
Summe	**€ 1.468,16**

Abwandlung:

RA Huber vertritt nun den Beschuldigten auch im Berufungsverfahren und nimmt ausführlich schriftlich Stellung gegenüber dem Gericht. Kann er für diese Tätigkeit gesondert Gebühren abrechnen, ggf. welche?

Lösungsvorschlag:

Ja, für diese Tätigkeit kann RA Huber eine Verfahrensgebühr nach Nr. 4124 VV RVG abrechnen. Bei inhaftiertem Mandanten eine solche nach Nr. 4125 VV RVG. Eine weitere Grundgebühr kann er nicht berechnen.

10. Wiederaufnahmeverfahren

Achtung: Im Wiederaufnahmeverfahren entsteht keine Grundgebühr, vgl. Vorbem. 4.1.4.!

Aber: Für die Vorbereitung des Antrags entsteht eine Geschäftsgebühr nach Nr. 4136 VV RVG, die auch entsteht, wenn von der Stellung des Antrags abgeraten wird.

Der RA kann **drei** verschiedene **Verfahrensgebühren** im Wiederaufnahmeverfahren verdienen:

– für das Verfahren über die Zulässigkeit des Antrags, Nr. 4137 VV RVG;
– für das weitere Verfahren, Nr. 4138 VV RVG;
– für das Beschwerdeverfahren, (§ 372 StPO), Nr. 4139 VV RVG.

Wir halten fest:

Geschäfts- und Verfahrensgebühren entstehen jeweils in Höhe der Verfahrensgebühr für den ersten Rechtszug.

Hinweis: Zudem verdient der RA für jeden Verhandlungstag eine Terminsgebühr in Höhe der Terminsgebühr für den ersten Rechtszug, Nr. 4140 VV RVG.

11. Wir halten fest

- *Der RA erhält für eine Vertretung in einer Strafsache grundsätzlich eine Grundgebühr.*
- *Jede einzelne Gebühr kann mit Zuschlag entstehen, wenn sich der Beschuldigte zum Zeitpunkt des Anfalls der Gebühr nicht auf freiem Fuß befindet.*
- *Für die Wahrnehmung eines Termins außerhalb einer Hauptverhandlung, wie z.B. eines Haftprüfungs- oder Vernehmungstermins erhält der RA eine gesonderte Terminsgebühr nach Nr. 4102 VV RVG.*
- *Für das Vorverfahren/Ermittlungsverfahren erhält der RA eine Verfahrensgebühr (Vorverfahrensgebühr), die in ihrer Höhe unabhängig von der Ordnung des Gerichts ist.*
- *Im gerichtlichen Verfahren verdient der RA für die Vertretung eine Verfahrensgebühr. Für die Wahrnehmung von Verhandlungsterminen erhält er je Termin eine Terminsgebühr. Beide Gebühren richten sich nach der Ordnung des Gerichts.*
- *Sowohl die Verfahrens- als auch die Terminsgebühr können mit Zuschlag entstehen.*
- *Eine Zusatzgebühr in Höhe einer Verfahrensgebühr ohne Zuschlag erhält der RA in den Fällen der Nr. 4141 VV RVG, wenn er daran mitgewirkt hat, dass eine Hauptverhandlung entbehrlich wird.*

12. Pflichtverteidiger

Wird kein **Wahlverteidiger** gewählt (oft aus Kostengründen), ist aber die Verteidigung durch einen RA nach § 140 StPO notwendig, kann das Gericht einen Verteidiger bestellen (**Pflichtverteidiger**). Die Beiordnung eines Pflichtverteidigers dient dem Interesse des geordneten Ablaufs des Verfahrens, der Wahrheitsfindung und der Herbeiführung eines gerechten Urteils. Es kann deshalb auch sein, dass für den Angeklagten **gegen seinen Willen** ein Pflichtverteidiger bestellt wird.

Achtung: Der Gebührenanspruch des Pflichtverteidigers ergibt sich in Strafsachen ebenfalls aus Teil 4 VV RVG. Der Pflichtverteidiger erhält seine Gebühren nach den gleichen VV-Nummern wie ein Wahlverteidiger. Lediglich die Höhe ist niedriger. Die Gebührenhöhe ergibt sich aus der vierten Spalte des Vergütungsverzeichnisses.

Super: Die Gebühren des Pflichtverteidigers sind als Festgebühren ausgerechnet angegeben!

Übungsfall:

RA Überblick ist für Otto Weber zum Pflichtverteidiger bestellt worden. Er war im vorbereitenden Verfahren tätig. Die Hauptverhandlung fand am 14., 15. und 28.11. vor dem Schwurgericht statt. Die Termine haben mehr als 8 Stunden gedauert. Der Mandant (Beschuldigte) war inhaftiert.

Bitte erstellen Sie die Berechnung gegenüber der Staatskasse.

Lösung:

Grundgebühr mit Zuschlag (§ 2 II RVG), Nr. 4101 VV RVG	€ 162,00
Vorverfahrensgebühr mit Zuschlag (§ 2 II RVG), Nr. 4105 VV RVG	€ 137,00
Verfahrensgebühr mit Zuschlag (§ 2 II RVG), Nr. 4119 VV RVG	€ 322,00
Terminsgebühr mit Zuschlag (§ 2 II RVG), Nr. 4121 VV RVG	€ 434,00
Zusatzgebühr für lange dauernde Verhandlung (§ 2 II RVG), Nr. 4123	€ 356,00
Terminsgebühr mit Zuschlag (§ 2 II RVG), Nr. 4121 VV RVG	€ 434,00
Zusatzgebühr für lange dauernde Verhandlung (§ 2 II RVG), Nr. 4123	€ 356,00
Terminsgebühr mit Zuschlag (§ 2 II RVG), Nr. 4121 VV RVG	€ 434,00
Zusatzgebühr für lange dauernde Verhandlung (§ 2 II RVG), Nr. 4123	€ 356,00
PT-Pauschale, Nr. 7002 VV RVG RVG	€ 20,00
Zwischensumme	€ 3.011,00
19 % Umsatzsteuer gem. Nr. 7008 VV RVG	€ 572,09
Summe	**€ 3.583,09**

Anmerkung: § 14 I RVG wird beim Pflichtverteidiger nicht mit angegeben, da es sich um Festgebühren handelt und nicht um Rahmengebühren.

Zur Zusatzgebühr bei lange dauernder Verhandlung siehe auch Ziff. 13.

13. Gestaffelte Zusatzgebühr für den Pflichtverteidiger

Nimmt der Pflichtverteidiger sehr lange an Terminen teil, sind die gesetzlich vorgesehenen Gebühren oft zu niedrig. Der Gesetzgeber hat daher mit dem RVG derartig lange Verhandlungen gebührenmäßig berücksichtigt. Der Pflichtverteidiger erhält daher:

– für Verhandlungen, die mehr als 5 und bis zu 8 Stunden bzw.
– mehr als acht Stunden

andauern, eine Zusatzgebühr neben der sonst üblichen Terminsgebühr, auch Längenzuschlag genannt.

Achtung: Es gibt **pro Verhandlungstag** nur eine Zusatzgebühr! Welche Zusatzgebühr entsteht, hängt von der Länge der Verhandlung ab.

Übungsfall:

Der Pflichtverteidiger, der erst im gerichtlichen Verfahren beauftragt worden ist, nimmt vor dem Amtsgericht München zwei Verhandlungstage für seinen Mandanten teil. Die erste Verhandlung dauerte 4 Stunden. Am zweiten Verhandlungstag dauerte die Verhandlung 9 Stunden. Der Beschuldigte ist nicht inhaftiert.

Lösungsvorschlag:

Grundgebühr (§§ 2 II RVG), Nr. 4104 VV RVG	€ 132,00
Verfahrensgebühr (§§ 2 II RVG), Nr. 4106 VV RVG	€ 112,00
Terminsgebühr (§§ 2 II RVG), Nr. 4108 VV RVG	€ 184,00
Terminsgebühr (§§ 2 II RVG), Nr. 4108 VV RVG	€ 184,00
Zusatz-Terminsgebühr (§§ 2 II RVG), Nr. 4111 VV RVG	€ 184,00
PT-Pauschale, Nr. 7002 VV RVG	€ 20,00
Zwischensumme	€ 816,00
19 % Umsatzsteuer, Nr. 7008 VV RVG	€ 155,04
Summe	**€ 971,04**

Kapitel 20
Bußgeldsachen

1. Gebührenanfall

Die Gebühren in Bußgeldsachen richten sich nach Teil 5 des Vergütungsverzeichnisses.

Nach diesem Teil rechnet der RA ab, wenn er

– als Prozessbevollmächtigter
– als Beistand oder Vertreter eines Einziehungs- oder Nebenbeteiligten,
– als Beistand oder Vertreter eines Zeugen
– als Beistand oder Vertreter eines Sachverständigen

im Bußgeldverfahren tätig wird.

Der Rechtsanwalt kann hier folgende Gebühren verdienen:

– die Grundgebühr
– die Verfahrensgebühr
– die Terminsgebühr
– die Zusatz-Verfahrensgebühr.

Hängt die Höhe der Gebühren von der Höhe der Geldbuße ab, ist die zum Zeitpunkt des Entstehens der Gebühr zuletzt festgesetzte Geldbuße maßgebend, Vorbemerkung 5.1 Abs. 2 S. 1 VV RVG.

Aber: Ist eine Geldbuße nicht festgesetzt, richtet sich die Höhe der Gebühren im Verfahren vor der Verwaltungsbehörde nach dem mittleren Betrag der in der Bußgeldvorschrift angedrohten Geldbuße; sind in einer Rechtsvorschrift Regelsätze bestimmt, sind diese maßgebend.

Wann kommt so etwas vor? So etwas kommt vor, wenn wegen einer Ordnungswidrigkeit zunächst ermittelt wird und noch kein Bußgeldbescheid erlassen wurde, das Verfahren dann z.B. eingestellt wird. Damit der RA einen Anhaltspunkt hat, welche Gebühren er berechnen kann, war diese Regelung notwendig.

Oje: Muss man nun für die Prüfung den Bußgeldkatalog auswendig lernen? Nein. In der Prüfung wird die Höhe der Geldbuße i.d.R. vorgegeben.

Und: Mehrere Geldbußen werden zusammengerechnet, Vorbem. 5.1. Abs. 2 S. 4 VV RVG.

2. Grundgebühr

Der RA erhält für die Vertretung in einer Bußgeldsache zunächst eine **Grundgebühr** für

– das erstmalige Einarbeiten und zwar
– unabhängig davon, in welchem Verfahrensabschnitt er erstmalig tätig wird!

Die Grundgebühr **entsteht nicht:**

– wenn in einem vorangegangenen Strafverfahren für dieselbe Handlung oder Tat die Grundgebühr nach Nr. 4100 VV RVG bereits entstanden ist.

Die Grundgebühr kann nur einmal entstehen, vgl. dazu Abs. 1 der Anm. zu Nr. 5100 VV RVG.

Der Wahlanwalt erhält in Bußgeldsachen seine Gebühren nach der 3. Spalte des VV, der gerichtliche bestellte oder beigeordnete RA erhält sie nach der 4. Spalte des VV.

3. Verfahren vor der Verwaltungsbehörde

Die Gebühren für die Tätigkeit des RA vor der Verwaltungsbehörde sind in Teil 5, Abschnitt 1, Unterabschnitt 2 geregelt. Hierzu gehört auch

– das Verwarnungsverfahren
– und das Zwischenverfahren nach § 69 OWiG bis zum Eingang der Akten bei Gericht.

Der RA kann bei entsprechender Tätigkeit im Verfahren vor der Verwaltungsbehörde eine Verfahrens- und eine Terminsgebühr (für die Teilnahme an Vernehmungen vor Polizei oder Verwaltungsbehörde, z.B. das Landratsamt) verdienen.

Hoppla: Die Höhe der Gebühr richtet sich nach der Höhe der Geldbuße. Wir unterscheiden drei Stufen:

– Geldbußen von weniger als 40,00 €
– Geldbußen von 40,00 € bis 5.000,00 €
– Geldbußen über 5.000,00 €.

4. Verfahren vor dem Amtsgericht

Sobald die Angelegenheit an das Gericht abgegeben wird (z.B. nach Einspruch gegen einen Bußgeldbescheid), läuft das Verfahren vor dem Amtsgericht.

Hier kann der Rechtsanwalt eine

– Verfahrensgebühr (Tätigkeit im gerichtlichen Verfahren) und
– eine Terminsgebühr (je Hauptverhandlungstag)

bei entsprechender Tätigkeit verdienen.

Auch im Verfahren vor dem Amtsgericht richtet sich die Höhe der Gebühr nach der Höhe der Geldbuße, und zwar wird auch hier folgende Staffelung vorgenommen:

– Geldbußen von weniger als 40,00 €
– Geldbußen von 40,00 € bis 5.000,00 €
– Geldbußen über 5.000,00 €.

Wir halten fest:

Die Terminsgebühr entsteht auch für die Teilnahme an gerichtlichen Terminen außerhalb der Hauptverhandlung, vgl. dazu Abs. 1 der Vorbemerkung 5.1.3 VV RVG.

Und: Findet ein Rechtsbeschwerdeverfahren statt, entsteht bei entsprechender Tätigkeit des RA eine Verfahrens- und Terminsgebühr nach Nrn. 5113, 5114 VV RVG.

Hinweis: Auch in Bußgeldverfahren kann der RA eine Zusatz-Verfahrensgebühr verdienen, wenn durch seine Mitwirkung

• das Verfahren vor der Verwaltungsbehörde oder
• die Hauptverhandlung entbehrlich wird, weil
  – das Verfahren nicht nur vorläufig eingestellt wird, Abs. 1 Nr. 1 der Anmerkung zu Nr. 5115 VV RVG; oder
  – der Einspruch gegen den Bußgeldbescheid zurückgenommen wird, Abs. 1 Nr. 2 der Anmerkung zu Nr. 5115 VV RVG; oder
  – der Bußgeldbescheid nach Einspruch von der Verwaltungsbehörde zurückgenommen und gegen einen neuen Bußgeldbescheid kein Einspruch eingelegt wird, Abs. 1 Nr. 3 der Anmerkung zu Nr. 5115 VV RVG; oder
  – sich das gerichtliche Verfahren durch Rücknahme des Einspruchs gegen den Bußgeldbescheid oder der Rechtsbeschwerde des Betroffenen oder eines anderen Verfahrensbeteiligten erledigt; ist bereits ein Termin zur Hauptverhandlung bestimmt, entsteht die Gebühr nur, wenn der Einspruch oder die Rechtsbeschwerde früher als zwei Wochen vor Beginn des Tages, der für die Hauptverhandlung vorgesehen war, zurückgenommen wird, Abs. 1 Nr. 4 der Anmerkung zu Nr. 5115 VV RVG; oder
  – das Gericht nach § 72 I 1 OwiG durch Beschluss entscheidet, Abs. 1 Nr. 5 der Anmerkung zu Nr. 5115 VV RVG.

Und: Die Verfahrensgebühr entsteht in der Höhe der jeweiligen Verfahrensgebühr, d.h. sie richtet sich nach der Höhe der Geldbuße.

| **Achtung:** Der Wahlanwalt erhält eine Mittelgebühr als Zusatzgebühr!

Übungsfall:

RA Huber vertritt den Betroffenen in einer Verkehrsordnungswidrigkeiten-Sache. Der Betroffene, Herr Müller, hat einen Anhörungsbogen erhalten. RA Huber nimmt für seinen Mandanten Müller Stellung und beantragt, das Verfahren einzustellen. In der Folgezeit ergeht jedoch ein Bußgeldbescheid über 75,00 €, gegen den RA Huber auftragsgemäß Einspruch einlegt. Nach Akteneinsicht (15 Kopien) und erneuter Stellungnahme durch RA Huber stellt das Gericht das Verfahren ein. Bitte erstellen Sie die Vergütungsrechnung für RA Huber.

Lösungsvorschlag:

Grundgebühr	
(§§ 2 II, 14 I RVG), Nr. 5100 VV RVG	€ 85,00
Verfahrensgebühr	
(§§ 2 II, 14 I RVG), Nr. 5103 VV RVG	€ 135,00
Verfahrensgebühr	
(§§ 2 II, 14 I RVG), Nr. 5109 VV RVG	€ 135,00
Zusatz-Verfahrensgebühr	
(§§ 2 II, 14 I RVG), Nr. 5115 VV RVG	€ 135,00
PT-Pauschale, Nr. 7002 VV RVG	€ 20,00
Dokumentenpauschale, Nr. 7000 Nr. 1 a) VV RVG	€ 7,50
Zwischensumme	€ 517,50
19 % Umsatzsteuer, Nr. 7008 VV RVG	€ 98,33
Summe	**€ 615,83**

Abwandlung 1:

RA Huber vertritt den Betroffenen in einer Verkehrsordnungswidrigkeiten-Sache. Der Betroffene, Herr Müller, hat einen Anhörungsbogen erhalten. RA Huber nimmt für seinen Mandanten Müller Stellung und beantragt, das Verfahren einzustellen. In der Folgezeit ergeht jedoch ein Bußgeldbescheid über 75,00 €, gegen den RA Huber auftragsgemäß Einspruch einlegt. Nach Akteneinsicht (15 Kopien) und erneuter Stellungnahme durch RA Huber nimmt RA Huber im Termin den Einspruch zurück.

Bitte erstellen Sie die Vergütungsrechnung für RA Huber.

Lösungsvorschlag:

Grundgebühr	
(§§ 2 II, 14 I RVG), Nr. 5100 VV RVG	€ 85,00
– Verfahrensgebühr	
(§§ 2 II, 14 I RVG), Nr. 5103 VV RVG	€ 135,00
– Verfahrensgebühr	
(§§ 2 II, 14 I RVG), Nr. 5109 VV RVG	€ 135,00
Terminsgebühr	
(§§ 2 II, 14 I RVG), Nr. 5110 VV RVG	€ 215,00
PT-Pauschale, Nr. 7002 VV RVG	€ 20,00
Dokumentenpauschale, Nr. 7000 Nr. 1 a) VV RVG	€ 7,50
Zwischensumme	€ 597,50
19 % Umsatzsteuer, Nr. 7008 VV RVG	€ 113,53
Summe	**€ 711,03**

Abwandlung 2:

RA Huber vertritt den Betroffenen in einer Verkehrsordnungswidrigkeiten-Sache. Der Betroffene, Herr Müller, hat einen Anhörungsbogen erhalten. RA Huber nimmt für seinen Mandanten Müller Stellung und beantragt, das Verfahren einzustellen. In der

Folgezeit ergeht jedoch ein Bußgeldbescheid über 75,00 €, gegen den RA Huber auftragsgemäß Einspruch einlegt. Nach Akteneinsicht (15 Kopien) nimmt RA Huber gegenüber dem Gericht den Einspruch 20 Tage vor dem anberaumten Hauptverhandlungstermin zurück.

Bitte erstellen Sie die Vergütungsrechnung für RA Huber.

Lösungsvorschlag:

Grundgebühr (§§ 2 II, 14 I RVG), Nr. 5100 VV RVG	€ 85,00
Verfahrensgebühr (§§ 2 II, 14 I RVG), Nr. 5103 VV RVG	€ 135,00
Verfahrensgebühr (§§ 2 II, 14 I RVG), Nr. 5109 VV RVG	€ 135,00
Zusatz-Verfahrensgebühr (§§ 2 II, 14 I RVG), Nr. 5115 VV RVG	€ 135,00
PT-Pauschale, Nr. 7002 VV RVG	€ 20,00
Dokumentenpauschale, Nr. 7000 Nr. 1 a) VV RVG	€ 7,50
Zwischensumme	€ 517,50
19 % Umsatzsteuer, Nr. 7008 VV RVG	€ 98,33
Summe	**€ 615,83**

Prüfungstipp: *Achten Sie auf Kopien, die aus der Bußgeldakte gefertigt werden! Dies kommt in der Praxis regelmäßig vor und fehlt daher auch selten in den Prüfungsaufgaben!*

5. Wir halten fest:

- *Bußgeldverfahren werden nach Teil 5 des VV RVG abgerechnet.*
- *Der RA erhält in Bußgeldverfahren eine Grundgebühr. Ausnahme: Er hat sie bereits wegen derselben Tat oder Handlung in einer Strafsache erhalten.*
- *Es werden das Verfahren vor der Verwaltungsbehörde und das Verfahren vor dem Amtsgericht unterschieden. Der RA kann hier jeweils eine Verfahrens- und Terminsgebühr verdienen. Die Höhe der Verfahrens- und Terminsgebühr richtet sich nach der Höhe des Bußgeldes.*
- *Bei der Höhe des Bußgeldes werden drei Staffelungen unterschieden:*
  - *Bußgelder bis 40,00 €,*
  - *Bußgelder von mehr als 40,00 bis 5.000,00 €,*
  - *Bußgelder von mehr als 5.000,00 €.*
- *In bestimmten Fällen kann der RA eine Zusatz-Verfahrensgebühr erhalten.*
- *In Bußgeldsachen entstehen sehr häufig Kopiekosten für das Kopieren einer Bußgeldakte.*
- *Die PT-Pauschale liegt bei 20 % der Gebühren und beträgt max. 20,00 €.*

Kapitel 21
Zwangsvollstreckungssachen

1. Gebührenanfall

Die Gebühren in Zwangsvollstreckungssachen und für die Vollziehung einer im Wege des einstweiligen Rechtsschutzes ergangenen Entscheidung (z.B. Zustellung einer einstweiligen Verfügung) sind im 3. Teil, 3. Abschnitt, 3. Unterabschnitt des Vergütungsverzeichnisses geregelt.

Danach kann der Rechtsanwalt verdienen:

– 0,3 Verfahrensgebühr nach Nr. 3309 VV RVG
– 0,3 Terminsgebühr nach Nr. 3310 VV RVG.

Hoppla: Auch eine Erhöhung der Verfahrensgebühr ist möglich, wenn der RA mehrere Personen vertritt, die Auftraggeber sind. Die Erhöhung beträgt für jeden weiteren Auftraggeber 0,3, und zwar unabhängig von der Ausgangsgebühr! Zur Erhöhung siehe auch Kapitel 8 sowie nachstehend unten. Die Erhöhung darf insgesamt nicht mehr als 2,0 betragen!

2. Gegenstandswert

Aha: Der Gegenstandswert wird nach § 25 RVG berechnet! Vgl. dazu auch die Ausführungen in Kapitel 6. Die Bestimmung in § 25 RVG **geht anderen Wertvorschriften vor**!

Bei der Berechnung des Gegenstandswertes werden in **Zwangsvollstreckungsangelegenheiten** – anders als sonst – sämtliche **Neben- und Kostenforderungen** sowie die **Zinsen hinzugerechnet, § 25 I Nr. 1 RVG**. Kosten und Zinsen werden bis zu dem Tage berechnet, an dem die jeweilige Maßnahme durchgeführt wird. Frühere Zwangsvollstreckungskosten in derselben Angelegenheit gehören ebenfalls zur Kostenforderung und sind dem Gegenstandswert hinzuzurechnen.

> **Übungsfall:**
>
> RA Niedermeier vollstreckt aus einem Titel, nach dem die Schuldnerin eine Hauptforderung in Höhe von 3.400,00 € zzgl. 10,5 % Zinsen seit dem 31.05.2008 zu bezahlen hat. Die bisherigen Zwangsvollstreckungskosten haben 115,85 € betragen. Am 14.02.2009 wird ein Antrag auf Erlass eines Pfändungs- und Überweisungsbeschlusses gestellt.
>
> Bitte berechnen Sie die Vergütung für RA Niedermeier einschl. der anfallenden Gerichtskosten.

Lösungsvorschlag:

Gegenstandswert: 3.629,18 €, §§ 2 I, 25 I Nr. 1 RVG

Hauptforderung	€ 3.400,00
10,5 % Zinsen v. 31.05.2008	
bis 14.02.2009	
hieraus – 254 Tage	€ 251,88
bisherige Vollstreckungskosten	€ 115,85
Summe	**€ 3.767,73**
Antrag auf Erlass eines Pfüb:	
0,3 Verfahrensgebühr	
(§§ 2 II, 13 I RVG) Nr. 3309 VV RVG	€ 73,50
PT-Pauschale, Nr. 7002 VV RVG	€ 14,70
Zwischensumme	€ 88,20
19 % Umsatzsteuer, Nr. 7008 VV RVG	€ 16,76
Summe	€ 104,96
Gerichtskosten gem. Nr. 2110 KV GKG Anlage 1 zu § 3 Abs. 2 GKG	€ 15,00
Summe	**€ 119,96**

Übungsfall Abwandlung:

Fall wie zuvor. Die weiteren Zwangsvollstreckungsmaßnahmen gegen die Schuldnerin sind fruchtlos ausgefallen. Inzwischen liegen die Voraussetzungen zur Abgabe der eidesstattlichen Versicherung vor. Weitere Vollstreckungskosten sind in Höhe von 150,44 € angefallen. Bitte erstellen Sie die Vergütungsrechnung des RA Niedermeier für den Antrag auf Bestimmung eines Termins zur Abgabe der eidesstattlichen Versicherung.

Lösungsvorschlag:

Gegenstandswert: € 1.500,00 (Höchstwert), §§ 2 I, 25 I Nr. 4 RVG

0,3 Verfahrensgebühr	
(§§ 2 II, 13 I RVG) Nr. 3309 VV RVG	€ 31,50
PT-Pauschale, Nr. 7002 VV RVG	€ 6,30
Zwischensumme	€ 37,80
19 % Umsatzsteuer, Nr. 7008 VV RVG	€ 7,18
Summe	**€ 44,98**

Achtung: Bei der Herausgabevollstreckung bestimmt sich der Wert nach der herauszugebenden Sache, jedoch darf der Wert nicht den Wert übersteigen, den der Herausgabe- oder Räumungsanspruch (z.B. bei Mietobjekten) nach dem GKG hat, **§ 25 I Nr. 2 RVG.**

Vorsicht: Der Gegenstandswert in Zwangsversteigerungs-, Zwangsverwaltungs- und Insolvenzverfahren ist gesondert in den §§ 26, 27, und 28 RVG geregelt!

Prüfungstipp: Bei der **eidesstattlichen Versicherung** gilt als **Höchstgegenstandswert** ein Betrag von **1.500,00 €,** § 25 I Nr. 4, letzter Halbsatz RVG. Die Gegenstandswerte in ZV-Sachen und damit § 25 RVG sind regelmäßig Prüfungsstoff!

3. Einzelne Tätigkeiten

Aber: Einige Tätigkeiten des Rechtsanwalts, die der Vorbereitung zur Zwangsvollstreckung dienen (z.B. Einholung einer Vollstreckungsklausel) sind mit der Verfahrensgebühr des Prozesses **abgegolten**. Etwas anderes gilt lediglich, wenn der Rechtsanwalt nicht bereits Prozessbevollmächtigter für den Hauptprozess war. Dann werden derartige Tätigkeiten (z.B. Einholung der Vollstreckungsklausel) nach **Nr. 3408 VV** RVG abgegolten (= ermäßigte 0,8 Verfahrensgebühr für eine Einzeltätigkeit).

4. Mehrere Gläubiger

Und: Vertritt der Rechtsanwalt **mehrere** Gläubiger, findet Nr. 1008 VV RVG Anwendung, so dass sich die Zwangsvollstreckungsgebühr für jeden weiteren Auftraggeber um 0,3 **erhöht**, die Erhöhung jedoch maximal 2,0 beträgt!

Übungsfall:

RA Müller vollstreckt für die Eheleute Günther und Maria Meier gegen den Schuldner Michael Pahl aus einem Versäumnisurteil. Die Hauptforderung beträgt 677,00 € zzgl. Zinsen in Höhe von 15,44 € sowie festgesetzte Kosten nebst Zinsen in Höhe von 136,00 €.

Bitte berechnen Sie die Vergütung des RA Müller für diesen Vollstreckungsauftrag.

Lösungsvorschlag:

Gegenstandswert: 677,00 €, zzgl. 15,44 €, zzgl. 136,00 € = 828,44 €, §§ 2 I, 25 I Nr. 1 RVG

0,3 Verfahrensgebühr (§§ 2 II, 13 I RVG), Nr. 3309 VV RVG	€ 19,50
0,3 Erhöhung (§§ 2 II, 13 I RVG), Nr. 1008 VV RVG	€ 19,50
PT-Pauschale, Nr. 7002 VV RVG	€ 7,80
Zwischensumme	€ 46,80
19 % Umsatzsteuer, Nr. 7008 VV RVG	€ 8,89
Summe	**€ 55,69**

Sie können auch schreiben: 0,6 erhöhte Verfahrensgebühr, Nrn. 3309, 1008 VV RVG.

Abwandlung:

Gleicher Fall wie zuvor. Der Rechtsanwalt vertritt aber nicht Eheleute sondern 9 Auftraggeber!

Lösungsvorschlag:

0,3 Verfahrensgebühr	
(§§ 2 II, 13 I RVG), Nr. 3309 VV RVG	€ 19,50
2,0 Erhöhung	
(§§ 2 II, 13 I RVG), Nr. 1008 VV RVG	€ 130,00
PT-Pauschale, Nr. 7002 VV RVG	€ 20,00
Zwischensumme	€ 169,50
19 % Umsatzsteuer, Nr. 7008 VV RVG	€ 32,21
Summe	**€ 201,71**

Sie können auch schreiben: 2,3 erhöhte Verfahrensgebühr, Nrn. 3309, 1008 VV RVG.

5. Mehrere Schuldner

Achtung: Richtet sich die Zwangsvollstreckung **gegen mehrere Schuldner**, so entstehen die Gebühren und Auslagen des Rechtsanwalts **für jeden Schuldner gesondert**. Dies gilt auch dann, wenn die Schuldner **Gesamtschuldner** sind. Dies ist unabhängig davon der Fall, ob die Vollstreckungsmaßnahme getrennt oder in einem einheitlichen Formular beantragt wird.

Übungsfall:

RA Müller beauftragt am 25.08. den Gerichtsvollzieher, gegen die Eheleute Anna und Heinz Schmitz aus einem Vollstreckungsbescheid die Sachpfändung durchzuführen. Die Hauptforderung beträgt 1.200,00 € zzgl. Zinsen in Höhe von 23,70 €. Die Kosten des Mahnverfahrens belaufen sich einschließlich Gerichtskosten auf 198,60 €.

Bitte erstellen Sie die Vergütungsrechnung für RA Müller.

Lösungsvorschlag:

Gegenstandswert: 1.422,30 €
§§ 2 I, 25 I Nr. 1 RVG

Hauptforderung	€ 1.200,00
Zinsen	€ 23,70
Kosten des Mahnverfahrens	€ 198,60
Summe	**€ 1.422,30**

Zwangsvollstreckungsauftrag gegen Anna Schmitz:

0,3 Verfahrensgebühr	
(§§ 2 II, 13 I RVG), Nr. 3309 VV RVG	€ 31,50
PT-Pauschale, Nr. 7002 VV RVG	€ 6,30
Zwischensumme	€ 37,80
19 % Umsatzsteuer, Nr. 7008 VV RVG	€ 7,18
Summe	**€ 44,98**

Zwangsvollstreckungsauftrag gegen Heinz Schmitz:	
0,3 Verfahrensgebühr	
(§§ 2 II, 13 I RVG), Nr. 3309 VV RVG	€ 31,50
PT-Pauschale, Nr. 7002 VV RVG	€ 6,30
Zwischensumme	€ 37,80
19 % Umsatzsteuer, Nr. 7008 VV RVG	€ 7,18
Summe	**€ 44,98**

6. Eine oder mehrere Angelegenheiten?

Aufgepasst: Gemäß § 18 I Nr. 1 RVG gilt **jede Vollstreckungsmaßnahme** zusammen mit den durch diese vorbereitenden weiteren Handlungen bis zur Befriedigung des Gläubigers als **besondere Angelegenheit** mit der Folge, dass im Umkehrschluss zu § 15 II 1 (in **derselben** Angelegenheit Gebühren nur 1 x!) jede Maßnahme gesondert abgerechnet werden kann. Dies gilt entsprechend im Verwaltungszwangsverfahren (Verwaltungsvollstreckungsverfahren), § 18 Abs. 1 Nr. 1 RVG.

Solange die Vollstreckungshandlungen ihre Beziehung zu der einmal gewählten und in Gang gebrachten Vollstreckungsmaßnahme behalten, stellt dies jedoch **eine** Angelegenheit dar. So z.B.,

– wenn Vollstreckungsauftrag erteilt wird, der Schuldner verzogen ist, eine Einwohnermeldeamtanfrage erforderlich wird und neuer Vollstreckungsauftrag innerhalb des gleichen Bezirks folgt
– oder auch, wenn zunächst eine Vorpfändung zugestellt wird und alsdann ein Pfändungs- und Überweisungsbeschluss beim Vollstreckungsgericht beantragt wird.

Aha: Hier kann lediglich **eine** Gebühr nach Nr. 3309 VV RVG in Ansatz gebracht werden.

Und: Als **eine** Angelegenheit zählen z.B. auch

– Antrag auf Bestimmung eines Termins zur Abgabe der eidesstattlichen Versicherung und anschließender evtl. notwendiger Verhaftungsauftrag (ohne erneutem Pfändungsauftrag);
– Antrag auf Abgabe der eidesstattlichen Versicherung und Prüfung des Vermögensverzeichnisses.

Übungsfall:

Wie können die nachfolgenden Tätigkeiten des RA abgerechnet werden?

Bitte geben Sie nur die entsprechende Vergütungsverzeichnis-Nummer und die Gebühr nebst Gebührensatz an!

a) **Antrag auf Erlass eines Pfändungs- und Überweisungsbeschlusses**
b) **Auftrag an Gerichtsvollzieher, eine Zustellung zu bewirken**
c) **Anmeldung einer Insolvenzforderung**
d) **Vertretung des Gläubigers im eidesstattlichen Versicherungsverfahren nebst Terminswahrnehmung**

e) Antrag auf Durchführung der Zwangsversteigerung eines Hausgrundstücks
f) Antrag auf einstweilige Einstellung eines Zwangsversteigerungsverfahrens für den Schuldner
g) Vertretung des Antragsgegners im Zwangsversteigerungsverfahren und Wahrnehmung des Versteigerungstermins
h) Vertretung eines Gläubigers im Verfahren auf Eröffnung des Insolvenzverfahrens

Lösungsvorschlag:

a) 0,3 Verfahrensgebühr, Nr. 3309 VV RVG
b) 0,3 Verfahrensgebühr, Nr. 3309 VV RVG
c) 0,5 Verfahrensgebühr, Nr. 3320 VV RVG
d) 0,3 Verfahrensgebühr, Nr. 3309 VV RVG,
   0,3 Terminsgebühr Nr. 3310 VV RVG
e) 0,4 Verfahrensgebühr, Nr. 3311 VV RVG (Anmerkung Nr. 1 VV RVG)
f) 0,4 Verfahrensgebühr, Nr. 3311 VV RVG (Anmerkung Nr. 6 VV RVG)
g) 0,4 Verfahrensgebühr, Nr. 3311 VV RVG (Anmerkung Nr. 1 VV RVG),
   0,4 Terminsgebühr Nr. 3312 VV RVG
h) 0,5 Verfahrensgebühr, Nr. 3314 VV RVG

Und: Zu jeder besonderen Angelegenheit fallen Auslagen und Umsatzsteuer an.

7. Teilvollstreckungsauftrag

Achtung: Soll der RA aus Kostengründen nur wegen eines Teilbetrages Vollstreckungsauftrag erteilen, so richten sich seine Gebühren nach diesem Wert, § 25 I Nr. 1 RVG.

Übungsfall:

Gegen den Schuldner Ernst Pfandlos liegt ein Vollstreckungstitel mit einer Hauptforderung von 40.000,00 € vor. Aus Kostengründen soll zunächst aus einem Teilbetrag von 1.000,00 € Zwangsvollstreckungsauftrag erteilt werden. RA Furchtlos beauftragt daher den zuständigen Gerichtsvollzieher, wegen eines Teilbetrags von 1.000,00 € die Sachpfändung durchzuführen.

Bitte erstellen Sie die Vergütungsrechnung für RA Furchtlos.

Lösungsvorschlag:

Gegenstandswert: 1.000,00 €, § 25 I Nr. 1 RVG	
0,3 Verfahrensgebühr	
(§§ 2 II, 13 I RVG), Nr. 3309 VV RVG	€ 25,50
PT-Pauschale, Nr. 7002 VV RVG	€ 5,10
Zwischensumme	€ 30,60
19 % Umsatzsteuer, Nr. 7008 VV RVG	€ 5,81
Summe	**€ 36,41**

8. Herausgabevollstreckung

Hinweis: Soll nur ein bestimmter Gegenstand gepfändet werden, und hat dieser einen geringeren Wert als die Forderung aus dem Titel nebst Zinsen und Kosten, gilt nur dieser geringere Wert.

Übungsfall:

Gegen den Schuldner Ernst Pfandlos liegt ein Vollstreckungstitel mit einer Hauptforderung von 40.000,00 € vor. RA Furchtlos erhält von seinem Auftraggeber die Mitteilung, dass der Schuldner Eigentümer eines wertvollen Kupferstichs ist. RA Furchtlos beauftragt daher den zuständigen Gerichtsvollzieher, diesen wertvollen Kupferstich (Wert: 15.000,00 €) zu pfänden.

Bitte erstellen Sie die Vergütungsrechnung für RA Furchtlos.

Lösungsvorschlag:

Gegenstandswert: 15.000,00 €, § 25 I Nr. 1 RVG	
0,3 Verfahrensgebühr	
(§§ 2 II, 13 I RVG), Nr. 3309 VV RVG	€ 169,80
PT-Pauschale, Nr. 7002 VV RVG	€ 20,00
Zwischensumme	€ 189,80
19 % Umsatzsteuer, Nr. 7008 VV RVG	€ 36,06
Summe	**€ 225,86**

Anmerkung:
Unerheblich ist dabei der Ausgang der Vollstreckung! Es kommt auf die Auftragserteilung an. Selbst wenn der Kupferstich nicht gepfändet werden kann, weil der Gerichtsvollzieher diesen beispielsweise nicht findet, ist die Abrechnung wie oben zu erteilen.

9. Pfändung Unterhalt

Wird wegen Unterhalt künftig fällig werdendes Arbeitseinkommen gepfändet, so sind die noch nicht fälligen Ansprüche nach § 51 I 1 GKG zu bewerten, § 25 I Nr. 1 RVG.

Übungsfall:

Gegen den Schuldner Hugo Habenichts liegt ein Unterhaltstitel vor, nach dem der Schuldner seit 01.07.2009 einen monatlich im voraus zu leistenden Unterhalt in Höhe von 364,00 € zu bezahlen hat. Im Oktober 2009 wird eine Lohnpfändung wegen der Rückstände und des laufenden Unterhalts beantragt. Bitte erstellen Sie die Vergütungsrechnung für RA Furchtlos.

Lösungsvorschlag:

Gegenstandswert: 364,00 € × 12, § 25 I Nr. 1 RVG i.V.m. § 51 I FamGKG = 4.368,00 €
zzgl. 4 Monate bereits fälliger Unterhalt (Juli–Oktober) × 364,00 € = 1.456,00 €
gesamt: 5.824,00 €, § 22 I RVG

0,3 Verfahrensgebühr	
(§§ 2 II, 13 I RVG), Nr. 3309 VV RVG	€ 101,40
PT-Pauschale, Nr. 7002 VV RVG	€ 20,00
Zwischensumme	€ 121,40
19 % Umsatzsteuer, Nr. 7008 VV RVG	€ 23,07
Summe	**€ 144,47**

10. Wir halten fest

- *In der Zwangsvollstreckung entsteht für eine Tätigkeit des Rechtsanwalts eine 0,3 Verfahrensgebühr nach Nr. 3309 VV RVG.*

- *Vertritt der RA mehrere Gläubiger in derselben Angelegenheit, kann sich die Verfahrensgebühr je weiterer Person, die Auftraggeber ist, um 0,3 erhöhen, Nr. 1008 VV RVG.*

- *Die Erhöhung darf max. 2,0 betragen (ohne die Ausgangsgebühr nach Nr. 3309) und ist in ihrer Höhe nicht abhängig von der Ausgangsgebühr.*

- *Nimmt der RA an einem gerichtlichen Termin oder aber einem Termin zur Abnahme der eidesstattlichen Versicherung teil, kann die Terminsgebühr nach Nr. 3310 VV RVG in Höhe von 0,3 entstehen. Dies gilt jedoch nur, wenn der RA selbst oder einer seiner in § 5 RVG genannten Vertreter den Termin wahrnimmt!*

- *Richtet sich eine Vollstreckungsmaßnahme gegen mehrere Schuldner, so erhält der RA die Verfahrensgebühr zzgl. Auslagen und Umsatzsteuer für jeden Schuldner gesondert.*

- *Die Gegenstandswertberechnung erfolgt nach § 25 RVG. Besonderheit: Wir addieren die bisherigen Kosten und Nebenforderungen wie Zinsen zum Hauptsachewert dazu und in eidesstattlichen Versicherungsverfahren darf maximal von einem Wert von 1.500,00 € ausgegangen werden.*

Kapitel 22
Familiensachen

1. Gebührenanfall

Zum 01.09.2009 ist das FamFG in Kraft getreten. Im FamFG werden die Verfahren in
- Familiensachen
- Verfahren in Betreuungs- u. Unterbringungssachen
- Verfahren in Nachlass- und Teilungssachen
- Verfahren in Registersachen, unternehmensrechtliche Verfahren
- Verfahren in weiteren FG-Angelegenheiten
- Verfahren in Freiheitsentziehungssachen
- Aufgebotssachen
geregelt.

Aber: Welche Angelegenheiten fallen unter den Begriff »Familiensachen«?

Nach § 111 FamFG sind Familiensachen:
1. Ehesachen
2. Kindschaftssachen
3. Abstammungssachen
4. Adoptionssachen
5. Ehewohnungs- und Haushaltssachen
6. Gewaltschutzsachen
7. Versorgungsausgleichssachen
8. Unterhaltssachen
9. Güterrechtssachen
10. sonstige Familiensachen
11. Lebenspartnerschaftssachen

Diese Familiensachen werden mit den Gebühren des Teil 3 VV RVG abgegolten, siehe dazu auch Kapitel 9, somit regelmäßig eine Verfahrens- und ggf. eine Terminsgebühr. Auch eine Einigungsgebühr oder Aussöhnungsgebühr kann entstehen.

2. Gegenstandswerte

Die Gegenstandswerte in Familiensachen richten sich ausschließlich nach dem FamGKG, das zur Berechnung der Gerichtskosten dient, über § 23 I 1 RVG allerdings auch für die Berechnung der Anwaltsgebühren herangezogen.

Hoppla: Das GKG (Gerichtskostengesetz) gilt für neue Verfahren seit dem 01.09. 2009 nicht mehr zur Berechnung von Gegenstandswerten in Familiensachen, sondern nur noch das FamGKG.

3. Einzelne Berechnungsbeispiele in Familiensachen

Übungsfall:

Frau Ernst verklagt ihren getrennt lebenden Ehemann auf Trennungsunterhalt für sich und ihre Tochter Anna. Es werden für Frau Ernst 500,00 € monatlich geltend gemacht, für Anna 300,00 € monatlich. Rückstand besteht jeweils für 2 Monate. Nachdem die Klage zugestellt worden ist, bestimmt das Gericht Termin zur mündlichen Verhandlung. Der Beklagte erkennt im Termin die Forderung sofort an.

Lösungsvorschlag:

Gegenstandswert: 500,00 € + 300,00 € = 800,00 € × 12 = 9.600,00 € + Rückstand
2 × 800,00 € = 1.600,00 €, zusammen 11.200,00 €,
§§ 23 I RVG, 51 I 1 u. 51 II 1 FamGKG,

1,3 Verfahrensgebühr	
(§§ 2 II, 13 I RVG), Nr. 3100 VV RVG	€ 683,80
1,2 Terminsgebühr	
(§§ 2 II, 13 I RVG), Nr. 3104 VV RVG	€ 631,20
PT-Pauschale, Nr. 7002 VV RVG	€ 20,00
Zwischensumme	€ 1.335,00
19% Umsatzsteuer, Nr. 7008 VV RVG	€ 253,65
Summe	**€ 1.588,65**

Übungsfall:

Vier Jahre nach der Scheidung beantragt Frau Lustig das alleinige Sorgerecht für ihren Sohn Ralf, nachdem seinerzeit die Eheleute das gemeinsame Sorgerecht beibehalten hatten. Es kommt zu einer Verhandlung mit anschließender Anhörung der Eheleute und des Sohnes Ralf. Das Amtsgericht Gelsenkirchen entscheidet schließlich zu Gunsten der Antragstellerin.

Welche Vergütung kann der RA von Frau Lustig berechnen?

Lösungsvorschlag:

Gegenstandswert: 3.000,00 €, §§ 45 I FamGKG

1,3 Verfahrensgebühr	
(§§ 2 II, 13 I RVG), Nr. 3100 VV RVG	€ 245,70
1,2 Terminsgebühr	
(§§ 2 II, 13 I RVG), Nr. 3104 VV RVG	€ 226,80
PT-Pauschale, Nr. 7002 VV RVG	€ 20,00
Zwischensumme	€ 492,50
19% Umsatzsteuer, Nr. 7008 VV RVG	€ 93,58
Summe	**€ 586,08**

Übungsfall:

Herr Fröhlich möchte sich scheiden lassen. Er lebt von seiner Frau bereits 1 Jahr getrennt. Das Kind Florian lebt bei Herrn Fröhlich. RA Kurz reicht die Scheidung ein und beantragt die Durchführung des Versorgungsausgleichs (gesetzliche Rentenversicherung) sowie die Übertragung der elterlichen Sorge auf seinen Mandanten. Das Gericht entscheidet nach Verhandlung und Anhörung des Kindes antragsgemäß. Der Wert für das Sorgerecht wird auf 900,00 € festgesetzt.

Bitte berechnen Sie die Vergütung von RA Kurz.
(Anm.: Hier treffen mehrere Probleme aufeinander. Zunächst sind die Gegenstandswerte auszurechnen. Erst dann kann die Vergütung berechnet werden.)

Lösungsvorschlag:

Ehescheidung (mangels Angaben): Mindestwert: 2.000,00 €, §§ 23 I RVG, 43 I 2 FamGKG + Versorgungsausgleich Mindestwert: 1.000,00 €, §§ 23 I RVG, 50 I FamGKG (10% des Wertes der Ehesache = 200,00 €; hier kommt der Mindestwert zum Tragen) + Sorgerecht (im Verbund 20% des 3-fachen Nettoeinkommens): 900,00 €, §§ 23 I RVG, 44 II FamGKG = **3.900,00 €**, § 44 I FamGKG, § 22 I RVG

1,3 Verfahrensgebühr (§§ 2 II, 13 I RVG), Nr. 3100 VV RVG aus € 3.900,00	€ 318,50
1,2 Terminsgebühr (§§ 2 II, 13 I RVG), Nr. 3104 VV RVG aus € 3.900,00	€ 294,00
PT-Pauschale, Nr. 7002 VV RVG	€ 20,00
Zwischensumme	€ 632,50
19% Umsatzsteuer, Nr. 7008 VV RVG	€ 120,18
Summe	**€ 752,68**

Wichtig: Gerade in Ehe-, Familien- und Lebenspartnerschaftssachen entstehen oft Gebühren aus Teilen des Gesamtstreitwerts. Deshalb ist immer auf die Wortwahl zu achten. Wenn es heißt, aus dem Wert der Ehesache, dann ist damit nicht der gesamte Gegenstandswert einschließlich aller Folgesachen gemeint, sondern vielmehr exakt nur der Gegenstandswert der Ehesache.

4. Aussöhnungsgebühr

Achtung: Aus dem Wert der Ehesache oder Lebenspartnerschaftssache kann der RA niemals eine Einigungsgebühr verdienen, vgl. dazu Anmerkung Abs. 5 zu Nr. 1000 VV RVG.

Was heißt das? Wir müssen bedenken, dass der Gesetzgeber etwas anderes meint, wenn er von der »Ehesache« spricht als wir in der Praxis. Sagen wir »Ehesache Müller«, so meinen wir beispielsweise die dicke Scheidungsakte Müller mit den 7 Folgesachen. Spricht der Gesetzgeber von Ehesache, dann meint er auch nur die Ehesache

(ohne Folgesachen). Was Ehesachen sind oder sein können, ergibt sich aus § 111 Nr. 1 i.V.m. § 121 FamFG:

Unter Ehesachen versteht man nach dem FamFG:

- Verfahren auf Scheidung der Ehe (§ 121 Nr. 1 FamFG)
- Verfahren auf Aufhebung der Ehe (§ 121 Nr. 2 FamFG)
- Verfahren auf Feststellung des Bestehens oder Nichtbestehens einer Ehe zwischen den Beteiligten (§ 121 Nr. 3 FamFG).

Und: Ein Verbundverfahren ist nur mit der klassischen Scheidung möglich! Vgl. dazu § 137 I FamFG!

Also nochmals: Eine Einigungsgebühr kann aus dem Wert der Ehesache nicht entstehen (ein bisschen scheiden lassen geht halt nicht)!

Aber: Der RA kann bei entsprechender Tätigkeit aus dem Wert der Ehesache (auch LPart-Sache) eine Aussöhnungsgebühr verdienen.

Voraussetzungen:

- Mitwirkung des Rechtsanwalts
- ernster Wille zumindest eines Ehegatten, sich scheiden zu lassen
- Fortsetzung der Ehe oder Lebenspartnerschaft bzw. Wiederaufnahme der ehelichen Lebensgemeinschaft

---

Übungsfall:

Eheleute Bissig wollen sich scheiden lassen. Frau Bissig erteilt RA Zügig Auftrag, den Scheidungsantrag einzureichen. Da es in der Ehe schon lange kriselte (Frau Bissig wollte eine Putzfrau, ihr Mann war dagegen), haben beide den Versorgungsausgleich ausgeschlossen. Der Familienrichter genehmigt den Ausschluss des Versorgungsausgleichs. Es sind keine Kinder vorhanden. Das Gericht hört die Eheleute im Termin an, der Wert für das gesamte Verfahren einschl. Versorgungsausgleich wird auf 12.000,00 € festgesetzt. Die Ehe wird rechtskräftig geschieden.

Welche Vergütung kann RA Zügig berechnen?

Lösungsvorschlag:

Wert: 12.000,00 €

1,3 Verfahrensgebühr (§§ 2 II, 13 I RVG), Nr. 3100 VV RVG	€ 683,80
1,2 Terminsgebühr (§§ 2 II, 13 I RVG), Nr. 3104 VV RVG	€ 631,20
PT-Pauschale, Nr. 7002 VV RVG	€ 20,00
Zwischensumme	€ 1.335,00
19% Umsatzsteuer, Nr. 7008 VV RVG	€ 253,65
Summe	**€ 1.588,65**

Übungsfall Abwandlung 1:

Fall wie zuvor. Nach Einreichung des Scheidungsantrags gelingt es RA Zügig noch vor dem Verhandlungstermin die Eheleute auszusöhnen. Er kann nun berechnen:

Wert: 12.000,00 €	
1,3 Verfahrensgebühr	
(§§ 2 II, 13 I RVG), Nr. 3100 VV RVG	€ 683,80
1,0 Aussöhnungsgebühr	
(§§ 2 II, 13 I, Nr. 1001 VV RVG), Nr. 1003 VV RVG	€ 526,00
PT-Pauschale, Nr. 7002 VV RVG	€ 20,00
Zwischensumme	€ 1.229,80
19% Umsatzsteuer, Nr. 7008 VV RVG	€ 233,66
Summe	**€ 1.463,46**

Übungsfall Abwandlung 2:

Fall wie zuvor. Allerdings versöhnen sich die Eheleute im Verhandlungstermin, nachdem die Anträge gestellt waren, denn als sie sich nach 8 Monaten das erste Mal auf dem Gerichtsflur wiedertrafen, entflammte die alte Liebe wieder neu. Der Anwalt des Ehemannes hatte zuvor intensiv die Aussöhnungsbereitschaft gestärkt und somit an der Aussöhnung mitgewirkt.

Wert: 12.000,00 €	
1,3 Verfahrensgebühr	
(§§ 2 II, 13 I RVG), Nr. 3100 VV RVG	€ 683,80
1,2 Terminsgebühr	
(§§ 2 II, 13 I RVG), Nr. 3104 VV RVG	€ 631,20
1,0 Aussöhnungsgebühr	
(§§ 2 II, 13 I, Nr. 1001 VV RVG), Nr. 1003 VV RVG	€ 526,00
PT-Pauschale, Nr. 7002 VV RVG	€ 20,00
Zwischensumme	€ 1.861,00
19% Umsatzsteuer, Nr. 7008 VV RVG	€ 353,59
Summe	**€ 2.214,59**

5. Einstweilige Anordnungen

Vorsicht: Einstweilige Anordnungen werden gesondert abgerechnet. Neu ist mit dem FamFG, dass eine Hauptsache nicht mehr erforderlich ist. Das heißt, eine einstweilige Anordung kann auch ohne anhängige Hauptsache beantragt und erlassen werden.

In einstweiligen Anordnungsverfahren entstehen die gleichen Gebühren wie in jedem anderen Verfahren nach dem FamFG.

Eine Besonderheit gilt für die Gegenstandswerte in einstweiligen Anordnungsverfahren. Nach § 41 FamGKG ist der Wert in der Regel unter Berücksichtigung der geringe-

ren Bedeutung gegenüber der Hauptsache zu ermäßigen. Dabei ist von der Hälfte des für die Hauptsache bestimmten Werts auszugehen.

Aha: In der Prüfung ist daher neben § 41 FamGKG, der den Grundsatz des hälftigen Wertes der Hauptsache regelt, der entsprechende § für die Hauptsache mit anzugeben. So z.B. in Unterhaltssachen anstelle des Jahreswertes den Halbjahreswert, §§ 41 FamGKG i.V.m. § 51 I FamGKG. Die Bestimmungen des FamGKG sind über die Verweisungsvorschrift des § 23 I RVG anzuwenden.

Hinweis: Die Streitwerte in Familiensachen sind zahlreich. Es würde den Rahmen dieses Prüfungsvorbereitungsbuchs sprengen, auf alle einzugehen. Beachten Sie aber bitte, dass es bei der Gegenstandswertberechnung in Familiensachen darauf ankommt, ob die Angelegenheit im Verbund, als selbständiges Verfahren oder aber als einstweilige Anordnung anhängig gemacht wird.

Beispiel:

Sorgerecht:

im Verbund	– 20% des Wertes der Ehesache, höchstens 3.000,00 €, § 44 II FamGKG
Selbständiges Verfahren	– 3.000,00 €, §§ 45 I FamGKG
Einstweilige Anordnung	– 1.500,00 €, § 41 i.V.m. § 45 I FamGKG

Unterhalt:

im Verbund oder als selbständiges Verfahren	– Jahresunterhalt zzgl. Rückstände, § 51 I 1 u. II 1 FamGKG
einstweilige Anordnung	– 6-monatiger Betrag, § 41 i.V.m. § 51 I 1 FamGKG

---

6. Einigung

In Kindschaftssachen entsteht die Einigungsgebühr auch für die Mitwirkung am Abschluss eines gerichtlich gebilligten Vergleichs (§ 156 II FamFG) und an einer Vereinbarung, über deren Gegenstand nicht vertraglich verfügt werden kann, wenn hierdurch eine gerichtliche Entscheidung entbehrlich wird oder wenn die Entscheidung der getroffenen Vereinbarung folgt, Abs. 2 der Anmerkung zu Nr. 1003 VV RVG.
In einer Kindschaftssache (§ 151 FamFG), die

- die Übertragung oder Entziehung der elterlichen Sorge oder eines Teils der elterlichen Sorge, § 45 I Nr. 1 FamGKG
- das Umgangsrecht einschließlich der Umgangspflegschaft, § 45 I Nr. 2 FamGKG oder
- die Kindesherausgabe, § 45 I Nr. 3 FamGKG
  betrifft, beträgt der Verfahrenswert 3.000 €.

Übungsfall:

Zwei Jahre nach der Scheidung beantragt der Vater, dass das Umgangsrecht für sein Kind Amadeus deutlich ausgeweitet wird. Die Mutter von Amadeus schließt mit dem Antragsteller einen Vergleich, wonach Amadeus statt 2 Wochen seinen Vater 4 Wochen in den Sommerferien und zusätzlich ein weiteres Wochenende pro Monat besuchen darf. Das Gericht billigt den Vergleich zwischen den Beteiligten nach § 156 II FamFG.

Bitte berechnen Sie die Vergütung des Antragsteller-Vertreters.

Wert: 3.000,00 €, § 45 I Nr. 2 FamGKG	
1,3 Verfahrensgebühr	
(§§ 2 II, 13 I RVG), Nr. 3100 VV RVG	€ 245,70
1,2 Terminsgebühr	
(§§ 2 II, 13 I RVG), Nr. 3104 VV RVG	€ 226,80
1,0 Einigungsgebühr	
(§§ 2 II, 13 I RVG), Nr. 1003 VV RVG	€ 526,00
PT-Pauschale, Nr. 7002 VV RVG	€ 20,00
Zwischensumme	€ 1.018,50
19% Umsatzsteuer, Nr. 7008 VV RVG	€ 193,52
Summe	**€ 1.212,02**

7. Wir halten fest:

- *In Familiensachen berechnet sich der Gegenstandswert nach dem FamGKG.*
- *Bei der Wertberechnung ist zu unterscheiden, ob ein Hauptsacheverfahren, ein Verbundverfahren oder eine einstweilige Anordnung anhängig ist.*
- *Die Scheidungssache und die Folgesachen sind dieselbe Angelegenheit nach § 16 Nr. 4 RVG, mit der Folge, dass die einzelnen Gegenstandswerte zu addieren sind und der RA nach § 15 II 1 RVG die Gebühren nur einmal erhält.*
- *Die Lebenspartnerschaftssache und die Folgesachen sind dieselbe Angelegenheit nach § 16 Nr. 4 RVG, mit der Folge, dass die einzelnen Gegenstandswerte zu addieren sind und der RA nach § 15 II 1 RVG die Gebühren nur einmal erhält.*
- *Aus dem Wert der Ehesache oder LPart-Sache kann eine Einigungsgebühr nicht entstehen.*
- *Bei entsprechender Mitwirkung an einer Aussöhnung kann der RA ggf. eine Aussöhnungsgebühr nach Nr. 1001 VV RVG berechnen, sie beträgt, wenn noch kein gerichtliches Verfahren anhängig ist 1,5. Ist ein gerichtliches Verfahren anhängig beträgt die Aussöhnungsgebühr nach Nr. 1003 VV RVG 1,0 in der ersten und 1,3 in der Rechtsmittelinstanz.*
- *Rechnet man ein Verbundverfahren ab, so sind die Werte der jeweiligen Gegenstände (z.B. Unterhalt, Sorgerecht etc.) einzeln zu ermitteln. Sodann addiert man die Gegenstandswerte nach § 44 I GKG und erstellt **eine** Gebührenabrechnung, vgl. auch: § 22 I RVG.*
- *In einstweiligen Anordnungsverfahren wird der Wert in der Regel die Hälfte des Hauptsachewertes betragen. Der Gesetzgeber bestimmt, dass von der Hälfte auszugehen ist. Das Gericht kann alerdings auch einen anderen Wert bestimmen,*

wenn es dies für gerechtfertigt hält. Ist in der Abschlussprüfung nichts besonderes angegeben, kann man ebenfalls vom hälftigen Wert der Hauptsache ausgehen.

- Mehrere Kinder führen in einer Kindschaftssache nicht zu einer Multiplikation des Wertes.

Kapitel 23
Auslagen

1. PT-Pauschale

Der RA hat nach Nr. 7002 VV RVG Anspruch auf Ersatz der von ihm entrichteten Post- und Telekommunikationsdienstleistungen.

Achtung: Er kann dabei nach seiner Wahl entweder die **tatsächlich** gezahlten Entgelte weiterberechnen Nr. 7001 VV RVG oder aber eine sogenannte **PT-Pauschale** in Höhe von 20 % der Gebühren berechnen, Nr. 7002 VV RVG.

Hinweis: In diesem Buch wird grundsätzlich der Begriff PT-Pauschale gewählt, da die Bezeichnung »Entgelte für Post- und Telekommunikationsdienstleistungen« extrem lang ist. Auch »Auslagenpauschale« ist ein gängiger Begriff für Aufwendungen nach Nr. 7002 VV RVG. Bitte erkundigen Sie sich – sofern Sie unsicher sind –, ob in dem für Sie zuständigen Kammerbezirk diese Schreibweisen zugelassen sind.

Wichtig: Die PT-Pauschale darf in gerichtlichen Angelegenheiten maximal 20,00 € betragen, dies gilt auch in Straf- und Bußgeldsachen!

Aber: Wird eine **Einzelberechnung** der Auslagen nach Nr. 7001 VV RVG vorgenommen, so können die tatsächlich entstandenen Auslagen berechnet werden, auch wenn diese über 20,00 € liegen.

Jedoch: Für die durch die Geltendmachung der Vergütung entstehenden Entgelte (Übersendung der Vergütungsrechnung) kann kein Ersatz verlangt werden! Siehe dazu die Anmerkung zu Nr. 7001 VV RVG.

Übungsfall:

Bitte berechnen Sie die PT-Pauschale nach Nr. 7002 VV RVG für folgende Gebührenbeträge in zivilgerichtlichen Angelegenheiten:
a) 95,00 €
b) 758,00 €
c) 25,00 €

Lösungsvorschlag:

a) 19,00 €
b) 20,00 €
c) 5,00 €

---

2. Dokumentenpauschale

Eine Pauschale für die Herstellung und Überlassung von Dokumenten (Dokumentenpauschale) erhält der RA nach Nr. 7000 Nr. 1 a) bis d) VV RVG

1. für Ablichtungen aus Behörden- und Gerichtsakten, soweit deren Herstellung zur sachgemäßen Bearbeitung der Rechtssache geboten war, Nr. 7000 Nr. 1 a) VV RVG
2. für Ablichtungen zur Zustellung oder Mitteilung an Gegner oder Beteiligte und Verfahrensbevollmächtigte aufgrund einer Rechtsvorschrift oder nach Aufforderung durch das Gericht, die Behörde oder die sonst das Verfahren führende Stelle, soweit hierfür mehr als 100 Ablichtungen zu fertigen waren, Nr. 7000 Nr. 1 b) VV RVG;
3. für Ablichtungen zur notwendigen Unterrichtung des Auftraggebers, soweit hierfür mehr als 100 Ablichtungen zu fertigen waren, Nr. 7000 Nr. 1 c) VV RVG
4. für Ablichtungen in sonstigen Fällen nur, wenn sie im Einverständnis mit dem Auftraggeber zusätzlich, auch zur Unterrichtung Dritter, angefertigt worden sind, Nr. 7000 Nr. 1 d) VV RVG

in Höhe von 0,50 € für die ersten 50 abzurechnenden Seiten und für jede weitere Seite 0,15 €.

Achtung: Die Höhe der Dokumentenpauschale nach Nr. 7000 Nr. 1 VV RVG ist in derselben Angelegenheit und in gerichtlichen Verfahren in demselben Rechtszug **einheitlich** zu berechnen.

Das heißt:

– Ablichtungen nach Nr. 7000 Nr. 1 a) können ab der ersten Kopie gezählt werden;
– Ablichtungen nach Nr. 7000 Nr. 1 b) können ab der 101. Kopie gezählt werden (100 Kopien sind kostenlos zu fertigen!);
– Ablichtungen nach Nr. 7000 Nr. 1 c) können ebenfalls ab der 101. Kopie gezählt werden (auch hier sind 100 Kopien kostenlos zu fertigen!);
– Ablichtungen nach Nr. 7000 Nr. 1 d) können ab der ersten Kopie gezählt werden.

Aber: Bei der Berechnung der Dokumentenpauschale nach Nr. 7000 Nr. 1 VV RVG muss dann eine Addition der nach den Buchstaben a bis d zählbaren Kopien erfolgen. Die ersten 50 Kopien davon sind mit 0,50 €, alle weiteren mit 0,15 € zu berechnen.

Beispiel:

Es wurden folgende Ablichtungen gefertigt:

Ablichtungen nach Nr. 7000 Nr. 1a VV RVG:	Anzahl 116
Ablichtungen nach Nr. 7000 Nr. 1b VV RVG:	Anzahl 124
Ablichtungen nach Nr. 7000 Nr. 1c VV RVG:	Anzahl 25
Ablichtungen nach Nr. 7000 Nr. 1d VV RVG:	Anzahl 5

Wir können addieren:

Ablichtungen nach Nr. 7000 Nr. 1a VV RVG:	**Anzahl 116** (können alle addiert werden)
Ablichtungen nach Nr. 7000 Nr. 1b VV RVG:	**Anzahl 24** (100 sind kostenlos!)

Ablichtungen nach Nr. 7000 Nr. 1c VV RVG: **Anzahl 0** (100 sind kostenlos und noch nicht erreicht)

Ablichtungen nach Nr. 7000 Nr. 1d VV RVG: **Anzahl 5** (können alle addiert werden)

Summe **Anzahl 145**

$$50 \times 0{,}50 = 25{,}00 \text{ €}$$
$$95 \times 0{,}15 = \underline{14{,}25 \text{ €}}$$
Summe $\quad\quad\quad 39{,}25$ €

Die Dokumentenpauschale nach Nr. 7000 Nr. 1 VV RVG beträgt: 39,25 €.

Zur Erläuterung:

– Die in Nr. 7000 Nr. 1 b) VV RVG angesprochene Rechtsvorschrift ist z.B. § 133 ZPO.
– Die in Nr. 7000 Nr. 1 d) VV RVG angesprochenen »sonstigen Fälle« betreffen z.B. Kopien für eine Rechtsschutzversicherung oder z.B. für den Steuerberater des Mandanten.

Achtung: Für die Überlassung von elektronisch gespeicherten Dateien anstelle der in Nr. 7000 Nr. 1 d) genannten Abschriften und Ablichtungen erhält der Rechtsanwalt je Datei € 2,50.

Übungsfall:

RA Müller hat in einer Strafsache 67 Kopien aus einer Strafakte gefertigt. Bitte berechnen Sie die Dokumentenpauschale.

Lösungsvorschlag:

Für die ersten 50 Kopien je 0,50 € = 25,00 €, für die weiteren 17 Kopien je 0,15 € = 2,55, zusammen 27,55 € gem. Nr. 7000 Nr. 1 a) VV RVG.

Hoppla: Eine Übermittlung durch den RA per **Telefax** steht der Herstellung einer Ablichtung gleich, Satz 2 der Anm. zu Nr. 7000 VV RVG.

3. Reisekosten

Sofern der RA eine Geschäftsreise unternimmt (Reise an einen anderen als den Wohn- oder Kanzleiort des RA), hat er Anspruch auf Ersatz seiner Reise- und Fahrtkosten, Übernachtungskosten sowie ein Tage- und Abwesenheitsgeld. Grundsatz und Höhe ergeben sich aus Vorbemerkung 7 Abs. 2 und 3 sowie Nrn. 7003 bis 7006 VV RVG (bitte lesen).

Achtung: Eine Geschäftsreise liegt nur dann vor, wenn das Reiseziel außerhalb der Gemeinde liegt, in der sich die Kanzlei oder die Wohnung des Rechtsanwalts befindet, Vorbemerkung 7 Abs. 2 VV RVG.

Übungsfall:

RA Müller aus Köln reist nach Düsseldorf zu einem Gerichtstermin. Die Fahrt von Köln nach Düsseldorf beträgt 45 km. Er ist aufgrund der langen Verhandlung 7 Stunden fort. Er ist mit dem eigenen PKW gereist. Parkgebühren hat er nicht entrichtet. Bitte berechnen Sie die Reisekosten.

Lösungsvorschlag:

RA Müller hat Anspruch auf Ersatz seiner Fahrtkosten sowie eines Tage- und Abwesenheitsgeldes. Diese berechnen sich wie folgt:

Fahrtkosten 45 km hin und zurück, somit × 2 = 90 km × 0,30 €, Nr. 7003 VV RVG	€ 27,00
Tage- und Abwesenheitsgeld für 7 Stunden, Nr. 7005 Nr. 2 RVG	€ 35,00
Zwischensumme	€ 62,00
19 % Umsatzsteuer, Nr. 7008 VV RVG	€ 11,78
Summe	**€ 73,78**

Kapitel 24
Hebegebühr

1. Entstehung

Die Hebegebühr ist in Nr. 1009 VV RVG geregelt.

Die Hebegebühr **entsteht:**

- Für die Auszahlung oder Rückzahlung von entgegengenommenen Geldbeträgen, vgl. dazu Anmerkung Abs. 1 zu Nr. 1009 VV RVG.
- Unbare Zahlungen stehen baren Zahlungen gleich, Anmerkung Abs. 2 S. 1 zu Nr. 1009 VV RVG.
- Die Hebegebühr kann bei der Ablieferung an den Auftraggeber entnommen werden, Anmerkung Abs. 2 S. 2 zu Nr. 1009 VV RVG.
- Erfolgt die Aus- oder Rückzahlung in mehreren Beträgen gesondert, wird auch die Hebegebühr von jedem Betrag gesondert erhoben, Anmerkung Abs. 3 zu Nr. 1009 VV RVG.
- Für die Ablieferung oder Rücklieferung von Wertpapieren oder Kostbarkeiten entsteht die Hebegebühr nach dem Wert, Anmerkung Abs. 4 zu Nr. 1009 VV RVG.

Die Hebegebühr **entsteht nicht:**

- wenn Kosten an ein Gericht oder eine Behörde weitergeleitet oder
- eingezogene Kosten an den Auftraggeber abgeführt oder
- eingezogene Beträge auf die Vergütung verrechnet werden, Abs. 5 der Anmerkung zu Nr. 1009 VV RVG.

2. Höhe

Die **Höhe beträgt:**

- bis einschließlich 2.500,00 € – 1% (Nr. 1009 Nr. 1 VV RVG)
- von dem Mehrbetrag
  bis einschließlich 10.000,00 € – 0,5% (Nr. 1009 Nr. 2 VV RVG)
- von dem Mehrbetrag über 10.000,00 € – 0,25% (Nr. 1009 Nr. 3 VV RVG

Übungsfall:

Kann RA Huber für folgende Vorgänge eine Hebegebühr berechnen?

a) **Zahlung von Gerichtskosten an die Justizkasse?**
b) **Rückerstattung von zuviel gezahlten Gerichtskosten an den Mandanten?**
c) **Weiterleitung des von der gegnerischen Versicherung gezahlten Schmerzensgeldes per Überweisung an den Auftraggeber?**
d) **Überweisung der durch den Gerichtsvollzieher eingetriebenen Hauptforderung an den Auftraggeber?**

Lösungsvorschlag:

a) Nein, denn nach Abs. 5 der Anmerkung zu Nr. 1009 VV RVG entsteht die Hebegebühr nicht, soweit Kosten an ein Gericht weitergeleitet werden.

b) Nein, denn nach Abs. 5 der Anmerkung zu Nr. 1009 VV RVG entsteht die Hebegebühr nicht, soweit eingezogene Kosten an den Auftraggeber abgeführt werden.

c) Ja, die Hebegebühr entsteht für die Auszahlung von entgegengenommenen Geldbeträgen, auch wenn dies unbar erfolgt, Abs. 1 u. 3 zu Nr. 1009 VV RVG.

d) Ja, die Hebegebühr entsteht für die Auszahlung von entgegengenommenen Geldbeträgen, auch wenn dies unbar erfolgt, Abs. 1 u. 3 zu Nr. 1009 VV RVG.

Achtung: Da es sich bei der Hebegebühr um eine Gebühr handelt, fallen auf diese auch Auslagen und Umsatzsteuer an!

Prüfungstipp: Die Hebegebühr beträgt mindestens 1,00 €!

Übungsfall:

RA Müller zahlt in einer Unfallsache folgende Beträge an seinen Mandanten gesondert aus:

a) **von der Versicherung erstatteten Sachschaden 4.500,00 €**

b) **von der Versicherung erstattetes Schmerzensgeld 1.000,00 €**

Bitte berechnen Sie die Hebegebühr.

Lösungsvorschlag:

a) 4.500,00 €

Hebegebühr	
bis einschl. 2.500,00 € = 1%, Nr. 1009 Nr. 1 VV RVG	€ 25,00
Hebegebühr	
von 2.501,00 € bis 4.500,00 €, 0,5%, Nr. 1009 Nr. 2 VV RVG	€ 10,00
PT-Pauschale, Nr. 7002 VV RVG	€ 7,00
Zwischensumme	€ 42,00
19% Umsatzsteuer, Nr. 7008 VV RVG	€ 7,98
Summe	**€ 49,98**

b) 1.000,00 €

Hebegebühr bei 1.000,00 € = 1%, Nr. 1009 Nr. 1 VV RVG	€ 10,00
PT-Pauschale, Nr. 7002 VV RVG	€ 2,00
Zwischensumme	€ 12,00
19% Umsatzsteuer, Nr. 7008 VV RVG	€ 2,28
Summe	**€ 14,28**

3. Wir halten fest

- *Die Hebegebühr erhält der RA für die Auszahlung oder Rückzahlung von entge-gengenommenen Geldbeträgen, die er an den Auftraggeber abliefert.*
- *Die Hebegebühr fällt auch für unbare Zahlungen an.*
- *Die Hebegebühr entsteht neben anderen Gebühren.*
- *Die Hebegebühr entsteht gestaffelt in Höhe von 1 bis 0,25% und ist von jeder ge-sonderten Weiterleitung zu berechnen, sofern die Zahlung an den RA auch geson-dert erfolgte.*
- *Die Hebegebühr entsteht nicht, wenn der RA Kosten an ein Gericht oder eine Behörde weiterleitet, eingezogene Kosten an den Auftraggeber abführt oder einge-zogene Beträge auf seine Vergütung verrechnet.*
- *Die Hebegebühr beträgt mindestens 1,00 €.*
- *Auf die Hebegebühr enstehen Auslagen und Umsatzsteuer.*

II. Übungsklausur mit Lösungsvorschlag

Rechtsanwaltsgebührenrecht

Zeit: 90 Min.

Erlaubte Hilfsmittel:

Taschenrechner, Gebührentabelle, unkommentierte Textausgabe von RVG, GKG u. FamGKG

Hinweis:

Bei Rahmengebühren geben Sie bitte, sofern nichts anderes in der Aufgabe vorgegeben ist, immer die Mittelgebühren an; bei der Geschäftsgebühr ist von der Regelgebühr auszugehen. Bitte geben Sie immer die gesetzlichen Bestimmungen an und begründen Sie Ihre Antworten.

Teil I
Allgemeine Fragen

Aufgabe 1:

RAin Klar hat ihren Mandanten im Prozess vor dem Landgericht Hamburg vertreten. Die Klage wurde abgewiesen, das Urteil im November 2008 zugestellt. RAin Klar stellt im Januar 2009 ihre Rechnung. Wann verjährt der Vergütungsanspruch von RAin Klar?

Aufgabe 2:

Nach einem beendeten Rechtsstreit vor dem Zivilgericht zahlt der Auftraggeber des klägerischen Anwalts die entstandene Vergütung nicht. Aus diesem Grund wird die Festsetzung der Kosten gegen den eigenen Auftraggeber beantragt. Der Auftraggeber wendet im Vergütungsfestsetzungsverfahren ein, dass der Anwalt den Verlust des Prozesses zu vertreten hat. Wie wird der Rechtspfleger reagieren?

Aufgabe 3:

Nennen Sie bitte drei Voraussetzungen für das Entstehen einer Einigungsgebühr nach Nr. 1000 VV RVG.

Aufgabe 4:

RA Huber soll für seinen Mandanten eine Geschäftsreise von München nach Hamburg vornehmen. Kann er von seinem Auftraggeber einen Vorschuss für die Reisekosten verlangen?

Aufgabe 5:

In einer außergerichtlichen Angelegenheit ist eine Geschäftsgebühr Nr. 2300 VV RVG in Höhe von 2,3 aus einem Streitwert von 7.000,00 € entstanden. Der Schuldner zahlt einen Teilbetrag in Höhe von 3.000,00 €. Wegen des Restbetrages wird eine Klage erhoben.

In welcher Höhe und mit welchem Gebührensatz ist die Geschäftsgebühr auf die Verfahrensgebühr des gerichtlichen Verfahrens anzurechnen?

Teil II
Vollständige Vergütungsrechnungen

Aufgabe 1:

RA Korsch erhebt Klage auf Zahlung von 3.000,00 €. Nach Zustellung der Klage wird diese um den Betrag von 1.300,00 € erweitert. Es findet ein Termin zur mündlichen Verhandlung statt. Der Beklagte erscheint nicht, so dass antragsgemäß Versäumnisurteil ergeht. Gegen dieses Versäumnisurteil wird Einspruch eingelegt. Im anschließenden Termin zur mündlichen Verhandlung wird die Sach- und Rechtslage erörtert. Die Parteien schließen sodann einen Vergleich, wonach der Beklagte zur Abgeltung der streitgegenständlichen Forderung einen Betrag von 2.400,00 € an den Kläger bezahlt.

Bitte erstellen Sie die Vergütungsrechnung für RA Korsch.

Aufgabe 2:

Zwei Jahre nach rechtskräftiger Scheidung einer Ehe beantragt RAin Gründlich für ihre Mandantin die Übertragung des alleinigen Sorgerechts für das Kind Josef. Der Antragsgegner ist mit der Übertragung des alleinigen Sorgerechts auf die Antragstellerin nicht einverstanden und lässt durch seinen RA vortragen, dass es nach seiner Auffassung keinen Grund gibt, das bisher gemeinsame Sorgerecht allein auf die Antragstellerin zu übertragen. Das Gericht bestimmt einen Termin. In diesem Termin rät das Gericht der Antragstellerin, ihren Antrag zurückzunehmen, was sodann geschieht.

Bitte erstellen Sie die Vergütungsrechnung für RAin Gründlich.

Aufgabe 3:

Anton Flott ist deutlich zu schnell gefahren und dabei geblitzt worden. Er bekommt einen Anhörungsbogen der Zentralen Bußgeldstelle zugestellt. Flott ist innerhalb geschlossener Ortschaft 39 km/h zu schnell gefahren. Er sucht RA Karstensen auf. RA Karstensen bestellt sich für Flott und bittet um Akteneinsicht. Eine Stellungnahme wird nicht abgegeben. Nach erfolgter Akteneinsicht (2 Fotokopien) ergeht ein Bußgeldbescheid. Flott soll 160,00 € Geldbuße bezahlen und erhält 3 Punkte im Verkehrszentralregister eingetragen sowie 1 Monat Fahrverbot. Gegen den Bußgeldbescheid wird Einspruch eingelegt. Im Verfahren vor dem Amtsrichter wird der Einspruch schließlich im Termin zurückgenommen.

Bitte erstellen Sie die Vergütungsrechnung für RA Karstensen.

Aufgabe 4:

In einem Klageverfahren vor dem Landgericht Traunstein ist ein Anspruch von 12.000,00 € rechtshängig. In der mündlichen Verhandlung macht das Gericht einen Vergleichsvorschlag. Der Klägervertreter weist darauf hin, dass noch weitere bisher nicht rechtshängige Ansprüche von 24.000,00 € fällig geworden sind. Diese nicht rechtshängigen Ansprüche, für die Klageauftrag besteht in Höhe von 24.000,00 € werden im Termin ebenfalls erörtert. Die Parteien schließen sodann einen Vergleich, nach dem der Beklagte zur Abgeltung aller Ansprüche einen Betrag in Höhe von 18.500,00 € an den Kläger bezahlt.

Bitte erstellen Sie die Vergütungsrechnung des Klägervertreters.

Aufgabe 5:

Gegen ein Urteil in 1. Instanz wird fristwahrend Berufung eingelegt. Nach Rücksprache mit dem Mandanten soll das Berufungsverfahren nicht durchgeführt werden, so dass die Berufung zurückgenommen wird. Der Gegenstandswert des Rechtsanwalts des Berufungsklägers hat 2.455,00 € betragen.

Bitte berechnen Sie die Vergütung des Rechtsanwalts des Berufungsklägers.

Teil III
Vergütung in der Zwangsvollstreckung

Aufgabe 1:

In einer Zwangsvollstreckungs-Angelegenheit stehen folgende Beträge offen:

Hauptforderung gemäß Vollstreckungsbescheid 697,30 € nebst Zinsen i.H.v. 5 Prozentpunkten über dem Basiszinssatz seit dem 02.07.2009
Kosten des Mahnverfahrens 152,57 €
bisherige Vollstreckungskosten 57,30 €

a) Von welchem Gegenstandswert ist auszugehen, wenn der RA am 20.07.2009 einen Antrag auf Erlass eines Pfändungs- und Überweisungsbeschlusses stellen möchte?
b) Welche Gerichtskosten fallen für den Antrag auf Erlass eines Pfändungs- und Überweisungsbeschlusses an?

Aufgabe 2:

In einer Zwangsvollstreckungs-Angelegenheit hat der Gerichtsvollzieher einen Breitwandbildschirm im Wert von 3.500,00 € gepfändet. Der Gläubiger stellt einen Antrag auf Zulassung der Austauschpfändung nach § 811a ZPO. Die Vollstreckungsforderung beträgt einschließlich Kosten und Zinsen 7.395,00 €.

Bitte erstellen Sie die Vergütungsrechnung für den RA des Gläubigers.

Aufgabe 3:

a) In einer ZV-Sache richtet sich ein Sachpfändungsauftrag gegen zwei Schuldner (Eheleute). Was hat der Gläubigervertreter bei seiner Abrechnung zu beachten?

b) In einer ZV-Sache (Sachpfändungsauftrag) vertritt der Gläubigervertreter Eheleute gegen einen Schuldner. Was hat der Gläubigervertreter bei der Abrechnung zu beachten?

Rechtsanwaltsgebührenrecht
Lösungsvorschlag

Teil I
Allgemeine Fragen

Lösungsvorschlag 1:

Anwaltliche Vergütungsansprüche verjähren in drei Jahren, § 195 BGB (regelmäßige Verjährungsfrist), wobei die Verjährungsfrist mit dem Schluss des Jahres zu laufen beginnt, in dem der Anspruch entstanden ist. Der Lauf der Verjährungsfrist ist von der Mitteilung der Berechnung nicht abhängig, § 10 I 2 RVG, sondern vielmehr von der Fälligkeit. Da der Rechtszug 2008 beendet und die Vergütung damit fällig wurde, § 8 I 2 RVG, verjährt die Forderung zum 31.12.2011.

Lösungsvorschlag 2:

Da der Auftraggeber Einwendungen erhebt, die nicht im Gebührenrecht ihren Grund haben, wird der Rechtspfleger die Festsetzung ablehnen, § 11 V 1 RVG.

Lösungsvorschlag 3:

Voraussetzungen für das Entstehen einer Einigungsgebühr nach Nr. 1000 VV RVG sind z.B.

- Abschluss einer Vereinbarung
- Wirksamkeit der Vereinbarung
- Beseitigung von Streit oder Ungewissheit über ein Rechtsverhältnis

Lösungsvorschlag 4:

Ja, nach § 9 RVG kann der Rechtsanwalt von seinem Auftraggeber einen angemessenen Auslagenvorschuss verlangen.

Lösungsvorschlag 5:

2,4 Geschäftsgebühr Nr. 2300 VV RVG aus 7.000,00 € = 862,50 € anzurechnen hiervon 1/2 (= 1,2, jedoch maximal 0,75 nach Vorbem. 3 Abs. 4 VV RVG), somit 0,75 Geschäftsgebühr Nr. 2300 VV RVG aus 4.000,00 € (da nur über diesen Betrag ein gerichtliches Verfahren anhängig wird) = 183,75 €

Teil II
Vollständige Vergütungsrechnungen

Lösungsvorschlag 1:

Gegenstandswert: 4.300,00 €, § 2 I RVG
1,3 Verfahrensgebühr

(§§ 2 II, 13 I RVG), Nr. 3100 VV RVG	€ 354,90

1,2 Terminsgebühr

(§§ 2 II, 13 I RVG), Nr. 3104 VV RVG	€ 327,60

1,0 Einigungsgebühr

(§§ 2 II, 13 I RVG), Nr. 1003 VV RVG	€ 273,00
PT-Pauschale, Nr. 7002 VV RVG	€ 20,00
Zwischensumme	€ 975,50
19% Umsatzsteuer, Nr. 7008 VV RVG	€ 185,35
Summe	**€ 1.160,85**

Lösungsvorschlag 2:

Gegenstandswert: 3.000,00 €, § 23 I RVG, 45 I Nr. 1 FamGKG
1,3 Verfahrensgebühr

(§§ 2 II, 13 I RVG), Nr. 3100 VV RVG	€ 245,70

1,2 Terminsgebühr

(§§ 2 II, 13 I RVG), Nr. 3104 VV RVG	€ 226,80
PT-Pauschale, Nr. 7002 VV RVG	€ 20,00
Zwischensumme	€ 492,50
19% Umsatzsteuer, Nr. 7008 VV RVG	€ 93,58
Summe	**€ 586,08**

Lösungsvorschlag 3:

Grundgebühr

(§§ 2 II, 14 I RVG), Nr. 5100 VV RVG	€ 85,00

Verfahrensgebühr

(§§ 2 II, 14 I RVG), Nr. 5103 VV RVG	€ 135,00

Verfahrensgebühr

(§§ 2 II, 14 I RVG), Nr. 5109 VV RVG	€ 135,00

Terminsgebühr

(§§ 2 II, 14 I RVG), Nr. 5110 VV RVG	€ 215,00
Dokumentenpauschale Nr. 7000 Nr. 1a VV RVG (Anzahl 2)	€ 1,00
PT-Pauschale, Nr. 7002 VV RVG	€ 20,00
Zwischensumme	€ 591,00
19% Umsatzsteuer, Nr. 7008 VV RVG	€ 112,29
Summe	**€ 703,29**

Lösungsvorschlag 4:

Gegenstandswert: 12.000,00 €/24.000,00 €, § 2 I RVG	
1,3 Verfahrensgebühr aus 12.000,00 €	
(§§ 2 II, 13 I RVG), Nr. 3100 VV RVG	€ 683,80
0,8 Verfahrensgebühr aus 24.000,00 €	
(§§ 2 II, 13 I RVG), Nr. 3101 VV RVG	€ 548,80
insgesamt	€ 1.232,60
§ 15 Abs. 3 RVG höchstens:	
1,3 aus 36.000,00 € =	€ 1.172,60
1,2 Terminsgebühr aus 36.000,00 €	
(§§ 2 II, 13 I, 15 V I RVG), Nr. 3104 VV RVG	€ 1.082,40
1,0 Einigungsgebühr aus 12.000,00 €	
(§§ 2 II, 13 I RVG), Nr. 1003 VV RVG	€ 526,00
1,5 Einigungsgebühr aus 24.000,00 €	
(§§ 2 II, 13 I RVG), Nr. 1000 VV RVG	€ 1.029,00
insgesamt	€ 1.555,00
§ 15 Abs. 3 RVG höchstens:	
1,5 aus 36.000,00 € =	€ 1.353,00
PT-Pauschale, Nr. 7002 VV RVG	€ 20,00
Zwischensumme	€ 3.628,00
19% Umsatzsteuer, Nr. 7008 VV RVG	€ 689,32
Summe	**€ 4.317,32**

Lösungsvorschlag 5:

Gegenstandswert: 2.455,00 €, § 2 I RVG	
1,6 Verfahrensgebühr	
(§§ 2 II, 13 I RVG), Nr. 3200 VV RVG	€ 257,60
PT-Pauschale, Nr. 7002 VV RVG	€ 20,00
Zwischensumme	€ 277,60
19% Umsatzsteuer, Nr. 7008 VV RVG	€ 52,74
Summe	**€ 330,34**

Teil III
Vergütung in der Zwangsvollstreckung

Lösungsvorschlag 1:

a) Zinsen (20 Tage) 5,12% = 1,98 €

Der Gegenstandswert bestimmt sich nach § 25 I Nr. 1 RVG nach dem Betrag der zu vollstreckenden Geldforderung einschließlich der Nebenforderungen und beträgt somit 697,30 € + 1,98 € + 152,57 € + 57,30 € = 903,15 €

b) Die Gerichtskosten betragen 15,00 €, Nr. 2110 KV GKG

Lösungsvorschlag 2:

Da hier die Pfändung nur einen bestimmten Gegenstand betrifft, ist dessen Wert maßgebend, da er geringer ist als der Betrag der zu vollstreckenden Geldforderung einschließlich der Nebenforderungen. Da das Verfahren auf Zulassung der Austauschpfändung nach § 811a ZPO eine besondere Angelegenheit darstellt, § 18 Nr. 7 RVG, entstehen hier die Gebühren besonders.

Gegenstandswert: 3.500,00 €, § 25 I Nr. 1 RVG	
0,3 Verfahrensgebühr	
(§§ 2 II, 13 I RVG), Nr. 3309 VV RVG	€ 65,10
PT-Pauschale, Nr. 7002 VV RVG	€ 13,02
Zwischensumme	€ 78,12
19% Umsatzsteuer, Nr. 7008 VV RVG	€ 14,84
Summe	**€ 92,96**

Lösungsvorschlag 3:

a) Der Zwangsvollstreckungsauftrag stellt gegen jeden Schuldner eine besondere Angelegenheit dar, so dass die Zwangsvollstreckungsgebühr nach Nr. 3309 VV RVG in Höhe einer 0,3 Verfahrensgebühr zuzüglich PT-Pauschale und Umsatzsteuer jeweils gesondert abgerechnet werden kann (somit zwei mal).

b) Da der RA zwei Auftraggeber vertritt, erhält er eine Erhöhung nach Nr. 1008 VV RVG in Höhe von 0,3 zusätzlich zu der 0,3 Verfahrensgebühr nach Nr. 3309 VV RVG nebst PT-Pauschale und Umsatzsteuer.

III. Die etwas andere Prüfungsvorbereitung

1. Häufig gestellte Fragen

Leider gibt es keine bundeseinheitlichen Regelungen betreffend erlaubter Verweise in Gesetzen etc. Dies führt dazu, dass unter Prüflingen teilweise eine große Unsicherheit herrscht, was denn nun erlaubt ist, und was nicht. Zu beachten ist, dass Dinge, die in dem einen Kammerbezirk erlaubt sind, noch lange nicht für die anderen Kammerbezirke gelten müssen. Bei wichtigen Fragen, die Ihnen Ihre Lehrer nicht beantworten können, sollten Sie sich daher rechtzeitig an die entscheidenden Stellen wenden. Dies sind in der Regel die Prüfungsausschüsse. Entsprechende Anfragen können Sie daher an die für Sie zuständige Rechtsanwaltskammer, z. Hd. des Prüfungsausschussvorsitzenden bzw. Aufgabenausschusses richten. Bedenken Sie bitte, dass diese Ausschüsse oft nur alle paar Monate tagen und wenden Sie sich **rechtzeitig** mit Ihren Fragen an sie. Vorteilhaft ist es, wenn Sie alle diesbezüglichen Fragen in einem Brief von einem Vertreter/einer Vertreterin stellen lassen. Dies kann die/der jeweilige Klassensprecher/in sein, aber auch ein Vertrauenslehrer.

Grundsätzlich haben in einem Kammerbezirk alle Prüflinge dieselben Voraussetzungen, d.h. wichtige Entscheidungen werden üblicherweise allgemein bekanntgegeben.

Nun zu häufig gestellten Fragen:

a) Abkürzungen:
Ist es möglich, einmal auf der 1. Seite der Prüfung zu schreiben: »Alle §§- und VV-Angaben beziehen sich, soweit nichts anderes angegeben auf das RVG?« und dann »RVG« nicht mehr hinter jede Gebühr zu schreiben?
Eine Standard-Antwort für die gesamte Bundesrepublik gibt es hierzu nicht, da die Prüfungsausschüsse diese Frage sehr individuell beantworten. Selbst wenn man Ihnen diese Vorgehensweise erlaubt, beachten Sie jedoch bitte, dass z.B. in der Gebührenrechts-Prüfung auch das GKG abgefragt wird. Es besteht die Gefahr, dass man in den Fällen, wo eben nicht das RVG gilt, auch vergisst, das GKG zu benennen. Das kann wichtige Punkte kosten. Gleiches gilt im Übrigen auch für die Abkürzung von Gebührenbezeichnungen (z.B. TG statt Terminsgebühr). Woher soll der Prüfer wissen, ob Sie bei »EG« die Einigungs- oder Erledigungsgebühr meinen? Auch in einer Rechnung in der Praxis sind die Gebühren ja zu bezeichnen, vgl. § 10 RVG.

b) Ich hab nur eine »alte« RVG-Textausgabe. Reicht die aus?

Ganz klar: Nein! Sie sollten grundsätzlich mit ganz aktuellen Textausgaben arbeiten. Denken Sie auch bitte daran, dass Sie für die Gebührenrechts-Prüfung eine Ausgabe des GKG und des FamGKG benötigen.

c) Darf ich schriftliche Anmerkungen in meinen Gesetzestexten haben?

In den Gesetzestexten dürfen grundsätzlich §§-Verweise angemerkt werden. Einige Prüfungsausschüsse erlauben »Ein-Wort-Hinweise«, die sich aus dem Gesetz selbst auch ergeben, wie z.B. an den § 110 BGB das Wort »Taschengeldparagraf«. Dies wird aber unterschiedlich gehandhabt, daher sollte auch hier unbedingt rechtzeitig eine Rückfrage erfolgen. Nicht erlaubt sind Erläuterungen und Kommentierungen (z.B. »Das gilt nicht für FG-Verfahren.«).

d) Darf ich farbige Markierungen in meinen Gesetzestexten haben?

Der Verfasserin ist aus verschiedenen Kammerbezirken nichts Gegenteiliges bekannt.

e) Darf ich mein Handy als Taschenrechner in der Prüfung benutzen?

Nein. Das ist grundsätzlich verboten.

f) Welche Hilfsmittel sind für die jeweilige Prüfung zugelassen?

Die zugelassenen Hilfsmittel ergeben sich aus der Prüfungsbenachrichtigung und sind zudem in der Regel oben auf dem Aufgabenblatt der Prüfung nochmals vermerkt. Achten Sie darauf, dass sich am Prüfungstag auf Ihrem Tisch nichts befindet, was nicht als Hilfsmittel zugelassen ist.

2. Last-Minute-Tipps für die Prüfung

Drei Wochen vor der schriftlichen Prüfung

- Gesetzestexte kontrollieren. Unerlaubte Anmerkungen ausradieren, oder – sofern dies nicht möglich ist – neue Gesetzestexte kaufen und diese mit den §§-Verweisen versehen. Hierdurch wird zusätzlich noch mal das Kurzzeitgedächtnis trainiert.
- Achtung: Gerade der Schönfelder ist mit aktuellster Ergänzungslieferung kurz vor Prüfungen gerne vergriffen! Unbedingt frühzeitig daran denken, eine aktuelle Version nachzubestellen, sofern dies notwendig ist.

Drei Wochen vor der mündlichen Prüfung

- Täglich die Nachrichten verfolgen. Gerade im Fach Sozialkunde werden gerne aktuelle Tagesgeschehen in die mündliche Prüfung aufgenommen, z.B. Fragen nach laufenden Tarifverhandlungen; evtl. auch wichtige aktuelle Entscheidungen des Bundesverfassungsgerichts oder Fragen zur Bundestagswahl.
- Berichtsheft ok? Prüfen, ob alle notwendigen Unterschriften vorhanden sind und das Berichtsheft lückenlos geführt ist. Das Berichtsheft ist in der mündlichen Prüfung dem Prüfungsausschuss vorzulegen! Ohne korrektes Berichtsheft gibt es in der Regel keine Prüfungsbestätigung!

Der Abend vor der schriftlichen Prüfung

- Der letzte Tag sollte – wenn überhaupt – nur zum Wiederholen des bereits gelernten Stoffes genutzt werden. Am besten lenkt man sich jedoch mit den letzten Vorbereitungen ab.
- Hilfsmittel bereitlegen,
  - Taschenrechner (Achtung: am besten einen Rechner, der sowohl mit Solarenergie als auch Batterie funktioniert, keinesfalls nur auf Solarrechner verlassen – manche Prüfungsräume sind zu dunkel für Solarrechner, Batterien prüfen u. ggf. auswechseln)
  - Fristenkalender (und zwar für das in der Einladung ausgeschriebene Jahr, Feiertage/Samstage und Sonntage sollten deutlich erkennbar sein)
  - benötigte und als Hilfsmittel erlaubte Gesetzestexte
  - Regenschirm, Taschentücher, ggf. Asthmaspray, etc. nicht vergessen.
- Ausweis und Prüfungseinladung einpacken.
- Fahrtroute zum Prüfungsort bereitlegen.
- Handy aufladen, nur zum Eigengebrauch mitnehmen, nicht anrufen lassen! Telefonnummer der jeweiligen Rechtsanwaltskammer oder von Mitprüflingen mitnehmen, falls unterwegs Unvorhergesehenes passiert. Handy vor der Prüfung ausschalten!
- Rechtzeitig schlafen gehen, um am nächsten Tag ausgeschlafen zu sein.
- 1 bis 2 Stunden vor dem Schlafengehen auf jeden Fall mit dem Lernen aufhören und entspannen (warmes Bad, Musik hören).
- Extreme Spannungen kann man gut mit Sport bekämpfen, z.B. Schwimmen gehen, Inlinern, Joggen, Walken, etc.
- Zwei Wecker stellen mit Abstand von 5 Minuten. Batterien prüfen.
- Das passende Outfit (ein bisschen Büro-Chic darf schon sein) vorbereiten und zurechtlegen. (Alles gebügelt, Schuhe geputzt?).
- Genug Zeit am Morgen einplanen, damit keinesfalls Hektik aufkommt.

Der Abend vor der mündlichen Prüfung

Die Vorbereitungen sind ähnlich wie bei der schriftlichen Prüfung. Besonderheit:
- Berichtsheft, Ausweis, Einladung zur Prüfung bereitlegen

Der Prüfungstag

- Ordentlich frühstücken, z.B. mit Müsli oder Vollkornbrot.
- Nicht zu viel Kaffee oder schwarzen Tee – macht nervös.
- Rechtzeitig zum Prüfungsort losfahren. Überschüssige Wartezeit kann man zu einem kleinen Spaziergang nutzen.
- Optimistisch sein und sich freuen, dass man es bald geschafft hat.
- Ruhig bleiben, tief durchatmen und los geht's . . . .

Die schriftliche Prüfung

- Legen Sie sich zu Beginn der Prüfung alle »Utensilien«, die Sie benötigen, zurecht. Späteres Kramen in der Tasche ist nicht erlaubt, stört die anderen und bringt Sie in Hektik.

- Hören Sie bei der Begrüßung durch die Aufsicht genau zu. In der Regel wird ein Mitglied des Prüfungsausschusses die Prüflinge begrüßen und wichtige Anweisungen erteilen. Achten Sie darauf, die richtige Anzahl von Lösungsblättern zu erhalten (z.B. im Kombi-Fach ReWiSo (Recht, Wirtschaft u. Soziales) wichtig!)

- Bearbeitungszeit einteilen.

- Leserlich schreiben – auch der Korrektor ist nur ein Mensch – schwer lesbare Schriften ärgern, weil das Korrigieren länger dauert. Problematisch wird es, wenn man tatsächlich nicht erkennen kann, was gemeint ist – da kann der Prüfer auch bei viel Good-Will keine Punkte vergeben.

- Nicht vergessen, den vollen Namen und das Prüfungsfach auf das Lösungsblatt zu schreiben.

- Keinesfalls erst alle Aufgaben lesen, um zu sehen (und sich zu beruhigen), dass man alles kann – das kostet wertvolle Zeit – die Gefahr, Aufgabenstellungen zu verwechseln (Berechnen Sie bitte die Gebühren des Klägervertreters/Beklagtenvertreters) ist groß.

- Lösen Sie eine Aufgabe nach der anderen – Aufgaben, die Ihnen zu schwierig erscheinen oder bei denen Sie viel im Gesetz nachblättern müssen, hinten anstellen. Markieren Sie auf dem Aufgabenblatt die Aufgaben, die Sie ausgelassen haben (z.B. mit einem Kringel) und die, die Sie schon fertig gestellt haben (z.B. mit einem Haken).

- Denken Sie daran, die allgemeinen Vorgaben für die jeweilige Prüfung auch zu lesen! Diese befinden sich in der Regel oben auf dem Aufgabenblatt und geben Ihnen genaue Anweisungen, was zu tun ist (z.B. Berechnen Sie bei Rahmengebühren die Mittelgebühr! Oder: Lösungsschritte sind anzugeben. Oder: Bitte immer gesetzliche Bestimmungen angeben, außer es ist etwas anderes vermerkt.) Gerade §§ werden oft nicht angegeben, das kostet wertvolle Punkte!

- Wenn Zeitnot aufkommt zumindest noch die Gebühren bezeichnen und mit VV-Nrn. oder §§-Angaben versehen – ausrechnen kann man dann immer noch, wenn Zeit bleibt.

- Wichtige Hinweise in Aufgaben markieren (Leuchtstift oder unterstreichen), um nichts zu übersehen.

Beispiel:

RA Josef Huber **verklagt** im Auftrag der **Eheleute Müller** Otto Meier vor dem LG München I. Nach **gescheiterter Güteverhandlung** wird streitig verhandelt. Die Zeugen Schneidhuber werden gehört. Schließlich wird ein **Vergleich geschlossen**. Der Beklagte zahlt zur Abgeltung aller Ansprüche einen Betrag von 2.000,00 €.

Gebührenrechtlich Wichtiges wurde unterstrichen:

verklagt	–	1. Instanz
Eheleute Müller	–	Erhöhung, Nr. 1008 VV RVG
Teilnahme Güteverhandlung	–	1,2 Terminsgebühr
Vergleich	–	1,0 Einigungsgebühr

Die mündliche Prüfung

- Ruhig bleiben; die Prüfer sind auch nur Menschen.
- Prüfungsfragen mit eigenen Worten wiederholen: Man gewinnt Zeit und geht sicher, nicht am Thema vorbeizureden.
- Nachfragen, wenn man eine Frage nicht zu 100% verstanden hat oder nicht genau weiß, worauf der Prüfer hinaus will.
- Laut und deutlich sprechen.
- Nicht zu schnell sprechen.
- Nicht zu kompliziert denken. Vom Einfachen zum Speziellen vorarbeiten.
- Halbwissen nicht von sich aus ansprechen, es sei denn, es wird konkret danach gefragt.
- Den Dialog mit dem Prüfer suchen. Durch geschicktes Einflechten des eigenen Wissens, kann man das Prüfungsthema manchmal in eine Richtung führen, wo man selbst gut Bescheid weiß.
- Bereits Gesagtes unter Umständen mit anderen Worten noch mal wiederholen, denn oft will der Prüfer einen bestimmten Begriff hören.
- Bei mündlichen Prüfungen wird besonders positiv bewertet:
  - authentische Aussagen, keine Phrasendrescherei
  - gute Begründungen
  - Argumentationsweise mit Schlussfolgerungen
  - Transfer auf Praxissituationen
- Nicht von scheinbar klügeren Mitprüflingen nervös machen und sich verunsichern lassen.
- Fragen und Antworten der anderen Prüflinge genau mitverfolgen, da unbeantwortete Fragen oft weitergegeben werden.
- Und bitte: Lassen Sie sich Ihr Wissen nicht aus der »Nase ziehen«. Sprechen Sie mit Ihrem Prüfer. Er möchte mehr als nur zwei Worte von Ihnen hören.
- Und schließlich nach der Prüfung: Dem Prüfling Mut machen, der nach einem dran ist und schon bibbernd vor der Tür wartet.

VIEL ERFOLG UND GLÜCK
BEI DER PRÜFUNG!

Stichwortverzeichnis

Stichwortverzeichnis

Stichwortverzeichnis

Tipps und Taktik

C.F. Müller

Das Prüfungspaket für Rechtsfachwirte:
aktuell und komplett!

Tipps und Taktik ReFaWi

Herausgegeben von Sabine Jungbauer

Enders/Jungbauer

Kosten- und Gebührenrecht
Übungsfälle für Rechtsfachwirte
Von Horst-Reiner Enders und Sabine Jungbauer.
2., neu bearbeitete Auflage. 2009.
130 Seiten. Kartoniert. € 28,-
ISBN 978-3-8114-4851-3

Behr/Kreutzkam/Messias

Zwangsvollstreckung
Übungsfälle für Rechtsfachwirte
Von Prof. Johannes Behr, Johannes Kreutzkam
und Manuela Messias.
2., neu bearbeitete Auflage. 2009.
115 Seiten. Kartoniert. € 28,-
ISBN 978-3-8114-4852-0

Debler/Okon

Betriebliches Rechnungswesen
Übungsfälle für Rechtsfachwirte
Von Michael Debler und Waltraud Okon.
2., neu bearbeitete Auflage. 2009.
110 Seiten. Kartoniert. € 28,-
ISBN 978-3-8114-4853-7

Gottwald

Verfahrensrecht und Insolvenzordnung
Übungsfälle für Rechtsfachwirte
Von Uwe Gottwald.
2., neu bearbeitete Auflage. 2009.
120 Seiten. Kartoniert. € 28,-
ISBN 978-3-8114-4856-8

Boiger

Materielles Recht
Übungsfälle für Rechtsfachwirte
Von Wolfgang Boiger.
2., neu bearbeitete Auflage. 2009.
100 Seiten. Kartoniert. € 28,-
ISBN 978-3-8114-4854-4

Nolte

Personalwirtschaft
Übungsfälle für Rechtsfachwirte
Von Katharina Nolte.
2., neu bearbeitete Auflage. 2009.
130 Seiten. Kartoniert. € 28,-
ISBN 978-3-8114-4855-1

Das Sparpaket: ReFaWi Übungsfälle.
Alle 6 Bände zum Vorzugspreis. € 150,- statt € 168,- ISBN 978-3-8114-3957-3

C.F. Müller, Verlagsgruppe Hüthig Jehle Rehm GmbH, Im Weiher 10, 69121 Heidelberg
Bestell-Tel. 089/2183-7928, Bestell-Fax 089/2183-7620
E-Mail: kundenbetreuung@hjr-verlag.de, www.cfmueller.de

C.F. Müller